환경정책론

위험사회의 환경과 재난

최충익

박영사

위험사회의 환경정책
: 도시화와 기후변화 그리고 위험사회의 역동성

도시민들의 삶은 지금 안전하지도 쾌적하지도 않다. 편리한 도시생활의 이면에는 좁은 공간에서 북적거리는 혼잡함과 끊이지 않는 사건·사고의 위험이 늘 공존한다. 게다가 도시민의 나들이는 번번이 뿌연 미세먼지로 무산되기 일쑤이며 마음 편히 숨쉬기조차 어려운 때가 많다.

필자는 근대화 과정에서 배태된 위험사회(risk society)의 속성이 기후변화와 도시화로 인해 더욱 역동적 양상으로 전개됨에 주목한다. 이 위험사회의 역동성을 시간적·공간적·사회적 관점에서 해석하고 미래 안전사회에 대한 창조적·발전적 담론과 함께 위험사회의 환경정책이 나가야 할 방향을 모색하고 있다.

1900년대를 지배한 현상이 도시화였다면 2000년대의 국제적 화두는 단연 기후변화라고 할 수 있다. 인문현상인 도시화와 자연현상인 기후변화는 지난 세기 동안 거역할 수 없는 현상으로 인식되며 세계 곳곳에서 막대한 영향을 미쳤다. 국제사회를 지배하고 있는 기후변화와 도시화의 흐름에 대한 이해는 이제 국가의 지속가능한 발전뿐만 아니라 삶의 질을 결정하는 유력한 조건이 되었다. 필자는 내적 위험요소인 도시화와 외적 위험요소인 기후변화로 인해 현대사회가 더욱 역동적인 위험 속성을 지니게 됨에 주목한다. 이에 필자는 가속화된 도시화 추세와 기후변화 영향력에 의해 형성된 위험사회의 속성을 시·공간적, 사회적 관점에서 파악하고 미래사회의 안전을 위한 대안적 담론을 모색하고자 한다.

지금 세계는 전례 없는 속도로 도시화되고 있다. 세계 도시화 비율은 1950년 28.3%에서 2010년에는 50%로 확대되었다(UN, 2012). 도시화는 일정 공간에 다양한 시설과 기능이 집중됨에 따르는 인구집중 현상으로 여러 가지 환경 및 사회문제를 동반하는 경향을 지닌다. 국가나 도시의 상이한 인구집중 패턴은 예측할 수 없는 기후변화 영향을 더욱 위협적으로 만들 수 있음을 시사한다.

기후변화는 이미 우리 사회 전반에 막대한 영향을 미치고 있으며 일상생활 깊숙이 침투하여 정치, 경제, 사회, 문화 시스템과 아울러 삶의 패턴을 급속히 변화시키고 있다. 그럼에도 기존 기후변화에 대한 대응은 주로 기술적 접근을 강조하며 자연과학적, 공학적 대응방법에 의존해 왔다. 정작 기후변화의 가장 큰 영향력하에 있는 인간의 삶과 공간에 대한 환경정책적인 고려는 충분히 성숙되지 못해온 것이 현실이었다.

이에 대해 필자는 도시화와 기후변화 영향이 현실화된 위험사회에서 기술과 공학이라는 거대포장 속에 파묻혀 소외되었던 인간과 안전의 담론을 위험사회의 관점에서 다루고자 한다. 도시화와 기후변화가 주민들의 삶에 어떤 영향을 미쳤는지, 국가와 지방자치단체는 어떤 철학을 가지고 위험에 대응해 나가야 하는지, 위험사회를 극복하고 안전사회로 이행하기 위해 바람직한 환경정책이 무엇인지에 대한 진솔한 담론을 담고자 한다.

춘천에서

玄巖 최 충 익

차 례
——CONTENTS——

제2편 위험사회의 시간적 역동성

제3편 위험사회의 사회적 역동성

제1장
도시화와 기후변화 그리고 위험의 담론

1 도시화와 기후변화

1900년대를 지배한 현상이 도시화였다면 2000년대의 국제적 화두는 단연 기후변화라고 할 수 있다. 이들은 지난 세기 동안 거역할 수 없는 현상으로 인식되며 세계 곳곳에서 막대한 영향을 미쳤다. 국제사회를 지배하고 있는 기후변화와 도시화의 흐름에 대한 이해는 이제 국가의 지속가능한 발전뿐만 아니라 삶의 질을 결정하는 유력한 조건이 되었다.

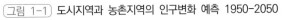

그림 1-1 도시지역과 농촌지역의 인구변화 예측 1950-2050

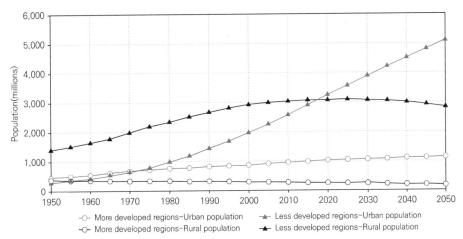

-○- More developed regions-Urban population   -▲- Less developed regions-Urban population
-○- More developed regions-Rural population   -▲- Less developed regions-Rural population

출처: UN, 2012

내적 위험요소인 도시화와 외적 위험요소인 기후변화로 인해 현대사회는 더욱 역동적인 위험 속성을 지니게 되었다. 가속화된 도시화 추세와 기후변화 영향력에 의해 형성된 위험사회의 속성을 시·공간적, 사회적 관점에서 파악하고 미래사회의 안전을 위한 대안적 담론의 모색이 필요한 시점이다.

〈그림 1-1〉을 보면 기개발 지역(more developed regions)의 인구증가패턴은 도시와 농촌을 막론하고 안정적인 반면 저개발 지역(less developed regions)의 인구증가 패턴은 농촌지역과 달리 도시지역에서 폭발적인 양상을 보인다. 문제는 급격한 인구증가를 이끄는 저개발지역의 도시화가 산업경제적 측면에서 긍정적일 수 있지만, 위험의 취약성 측면에서는 부정적일 수 있다는 점이다. 이처럼 국가나 지역마다 상이한 인구집중 패턴은 위험사회에서 예측할 수 없는 기후변화 영향을 더욱 위협적으로 만들 수 있기에 주의를 요한다. 우리나라는 이미 도시화 인구가 90%에 달한지 오래다. 동아시아를 비롯한 여타 국가들에 비해 한국의 도시화 정도는 매우 높다. 1950년대에 비해 2020년 이후 도시지역 비율은 농촌지역에 비해 압도적으로 높다 (〈그림 1-1〉 참조). 문제는 도시지역의 확장이 국민들의 삶의 질 향상에 얼마나 기여할 수 있을까 하는 것이다.

지금 세계는 전례 없는 속도로 도시화되고 있다. 세계 도시화 비율은 1950년 28.3%에서 2010년에는 50%로 확대되었다(UN, 2012). 실시간 전 세계 통계자료를 서비스하는 Worldometers에 의하면 2017년 5월 현재 세계 인구는 75억을 넘어섰다(출처: http://www.worldometers.info/). 여기서 주목할 만한 것은 아시아 개발도상국들의 도시화 속도가 눈에 띄게 증가하고 있다는 점이다. 도시화는 일정 공간에 다양한 시설과 기능이 집중됨에 따르는 인구집중 현상으로 여러 가지 환경 및 사회문제를 동반하는 경향을 가지고 있다.

IPCC(2014)에서는 경제성장과 인구증가가 기후변화의 주원인임을 오래전부터 주장해오고 있다. 인구증가와 산업발달이 온실가스 배출량을 늘렸다는 것이다. 이는 도시화와 경제성장으로 인해 전례 없는 수준의 온실가스 배출증가가 발생하고, 이로 인해 지구 전체의 기후 시스템이 영향을 받아 온난화 발생 가능성이 높아짐을 의미한다. 초기에는 학자들 간 이견이 많았지만 이제 대다수의 기후과학자들이 인간 활동이 지구 시스템에 미치는 영향으로 기후변화가 나타나고 있다는 사실에 대해 동의하고 있다는 점이다. 최근 수십 년간 기후변화가 일어나고 있으며 이로 인해 자연생태계와 인간 활동이 영향을 받고 있다(<그림 1-2> 참조). 기후변화 원인에 대한 학술적 합의는 완전하게 이루어지지 않았지만, 지금까지 관측된 바로 기후변화가 많은 영향을 초래하고 있으며 인간과 자연 모두 기후변화에 민감하게 반응한다는 사실에 대해서는 큰 이견이 없다는 것이다(IPCC, 2014).

　　기후변화는 이미 우리 사회 전반에 막대한 영향을 미치고 있으며 일상생활 깊숙이 침투하여 정치, 경제, 사회, 문화 시스템과 아울러 삶의 패턴을 급속히 변화시키고 있다. 그럼에도 기존 기후변화에 대한 대응은 주로 기술적 접근을 강조하며 자연과학적, 공학적 대응방법에 의존해왔다. 정작 기후변화의 가장 큰 영향력하에 있는 인간의 삶과 공간, 즉 위험사회에 대한 논의는 충분히 성숙되지 못해온 것이 현실이었다(Giddens, 2009; Beck, 1992; Beck, 1999; Norman, 2009; Klein et al., 2007; 최충익, 2013).

그림 1-2 한국의 도시화 전망

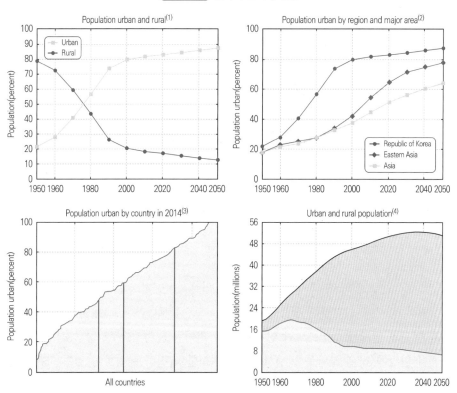

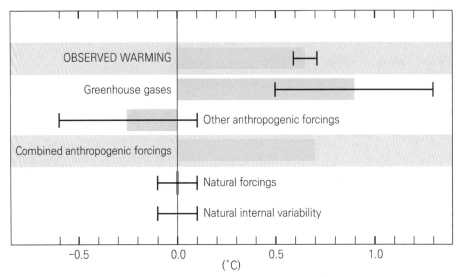

그림 1-3 1951-2010년 기간 지표면 온도변화 기여도

출처: IPCC, 2014

안전한 국토는 안전한 사회에서 시작될 수 있다. 아무리 안전한 국토공간이라도 공간을 이루는 인간의 행태가 위험하다면 위험한 공간으로 바뀌게 된다. 국토안전관리가 도시화 및 위험사회와 함께 논의되어야 할 이유가 여기 있다. 도시화의 가속화와 함께 기후변화 영향이 현실화되고 있는 지금 현대 사회의 안전과 위험에 관한 인간중심의 담론이 어느 때보다 절실하다.

2 도시화와 자연재해

세계적인 도시화 추세와 기후변화 영향의 확산은 거스르기 어려운 거대한 흐름이면서 동시에 인간정주 활동에 있어서는 모순관계(trade-off)에 있다. 도시화는 공간 활용의 밀도를 높임으로써 인간 활동에 편리함을 가져다주지만 동시에 개발과정에서 환경에 많은 부담을 발생시켜 기후변화를 촉진하는 경향이 있기 때문이다.

환경정책론:
위험사회의 환경과 재난

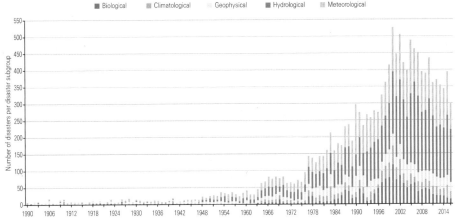

출처: http://www.emdat.be/disaster_trends/index.html

〈그림 1-4〉는 1900년에서 2014년까지 전 세계의 자연재해 유형별 발생 패턴을 보여준다. 여기에서 가장 주목할 만한 부분은 과거에 비해 뚜렷하게 자연재해가 증가하였다는 것이다. 이 같은 패턴은 두 가지 측면에서 해석될 수 있다. 첫째, 과거에는 과학기술이 발달하지 못해 자연재해를 제대로 측정하지 못하여 횟수 측정에 있어서 빈도가 낮게 측정될 수밖에 없는 한계를 보인다는 점이다. 둘째, 기술발달의 정도를 감안하더라도 1970년대 이후 자연재해 발생 횟수가 눈에 띄게 늘고 있다는 것이다. 이러한 변화는 피해액을 보면 더욱 뚜렷하게 나타난다. 〈그림 1-5〉는 대륙별 자연재해 피해액 추이를 나타내는데 시계열 비교를 위해 각 연도의 피해액 수치는 2014년도 미국 달러기준으로 조정되어있다. 과거 피해액 추이가 부정확하여 수치가 적게 나올 수도 있지만 이를 감안하더라도 1990년대 이후 자연재해 피해액은 기하급수적으로 늘고 있음을 알 수 있다.

물론, 이 모든 것이 도시화의 탓이라고 단정하기는 성급한 측면이 있다. 하지만 적어도 도시화가 자연재해 피해의 규모를 늘리는 역할을 했음에는 부인할 수 없다. 공간의 활용밀도를 높여 자산 가치를 높인다는 것은 결국 자연재해로 인한 피해규모의 확대로 이어질 수밖에 없기 때문이다.

Kunkel et al.(1999) 역시 부가 축적되면서 재산 가치가 증가하고 동일한 위험 수준에도 피해의 규모가 더욱 커질 수 있음을 지적하고 있다. 그러면서 도시화가

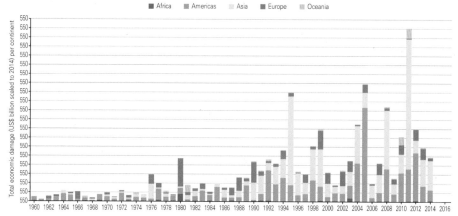

그림 1-5 1900-2014 기간 대륙별 자연재해 피해액 추이

출처: http://www.emdat.be/disaster_trends/index.html

진행됨에 따라 자연재해에 취약한 지역으로 사람들이 밀집하게 되어 더욱 취약해
지고 있음을 강조한다. 이는 산업과 인구 두 가지 측면에서 이해될 수 있다. 첫째는
인구가 증가하고 국가산업이 발전함에 따라서 지금까지는 자연재해 취약지역까지
주택과 산업시설이 들어서기 때문에 상대적으로 시설 피해액이 확대되는 것으로
볼 수 있으며 둘째는 사회적 취약계층의 사람들이 주로 재해 취약지역에 집중거주
하게 됨으로써 그 인명 피해가 커지게 된다는 것이다. 이러한 인문사회적인 요인의
핵심을 이루는 요소로서 학자들은 도시화를 들고 있다. 도시화는 인간에게 여러 가
지 문명의 혜택과 편리함을 가져다 주었지만 자연재해의 측면에서 보면 그렇지 못
한 경우가 많기 때문이다. 자연재해 피해를 논함에 있어서 인문사회적인 요인을 고
려해야 한다면 마찬가지 논리가 도시화에도 적용된다고 하겠다(최충익, 2008).

　　도시라는 물적 공간에 인간 활동이 일어나지 않는다면 재해피해가 일어날 수
없다는 의미에서 재해는 보다 근본적인 사회적 프레임 차원에서 이해되어야 한다.
이에 대해 Fritz(1961)는 "재해는 정상적인 기능을 하며 작동하는 자족적인 사회에
심대한 피해를 입히면서 물리적 시설파괴로 인하여 그 사회구성원들에 영향을 미
쳐 사회의 본질적인 기능수행에 장애를 일으키는 사건으로서, 우연적이고 통제 불
가능하게 발생하며 시·공간상에 집중적으로 나타나는 실제적·위협적 사건"이라고
정의하고 있다(Drabek, 1986: 7). 그에 더하여 Kreps(1984)는 재해를 "사회나 그 구성

조직이 물리적 피해나 손실 또는 일상적 기능의 장애를 받게 되는 시·공간상의 관측 가능한 사건으로서, 이러한 사건의 원인과 영향은 사회구조와 사회의 작동과정에 관련된다"고 주장하였다. 3년 후 Kreps(1987)는 일상적 비상상황(routine emergency)과 대비시키면서 재해에 대한 개념을 보다 명쾌하게 하였다. 재해는 비일상적 사건으로 정의될 수 있으며 이것은 사회적 또는 물리적으로 사회전체 시스템에 해로운 영향을 미칠 수 있다는 것이다. 그러면서 비일상적 사건을 구분하는 핵심적인 특징으로 예고기간(length of forewarning), 충격의 크기(magnitude of impact), 충격의 범위(scope of impact), 충격의 기간(duration of impact)을 들고 있다. 재해를 보다 구체적이고 실체적으로 파악하기 위해 재해의 특징을 구별하는 기준을 제시하는 시도도 있다. Dynes(1970)는 재해의 특성을 결정짓는 속성으로 ① 빈도(frequency), ② 예측가능성(predictability), ③ 통제가능성(controllability), ④ 원인(cause), ⑤ 진행속도(speed of onset), ⑥ 예고가능기간(length of possible forewarning), ⑦ 충격의 범위(scope of impact), ⑧ 파괴력(destructive potential) 이상 8가지를 들고 있다(Drabek, 1986: 45).

Foster(1976)는 생명에 영향을 미치는 사고를 구분하기 위해 사망자수(number of fatalities), 중상자수(number of seriously injured), 사회간접자본시설의 피해정도(infrastructural stress), 영향을 받은 인구(total population affected) 이상 4가지 기준을 제시하고 있다(Drabek, 1986: 45). 한편, Schulberg(1974)는 재해의 개념을 재해발생의 가능성과 결부시켜 재해 위험성을 정의하면서 위험스러운 상태에 내재되어 있는 위험의 정도와 그 상태에 노출되어 있는 사람들의 위험도와 그들의 취약성 및 적응능력을 곱한 함수로 파악할 수 있음을 제안했다.

과거에는 자연재해가 주로 자연적 현상에 의해 발생하는 것으로 인식되었으며 인간의 힘으로 통제할 수 없는 '신의 행위(Acts of God)'로 파악되어 사람의 행위가 수해에 영향을 미칠 수 있다는 생각은 배제되어 왔다. 하지만, 이제 대부분의 학자들이 자연재해가 자연적 현상에 의해서만 발생하지 않음에 동감하고 있다. 자연재해에 대한 원인이 1차적으로는 지진, 태풍, 호우 등의 자연적 요소에 기인하지만 최근 수십 년간 재해 증가에는 사회적 요소의 변화가 중요한 원인을 제공했다는 주장이 일반적이다(Pielke & Downton, 2000: 3635; Rubiera et al., 2003: 101). Pielke & Downton(2000)은 실증분석을 통해 자연적 요소가 매우 중요하지만 인문사회적인 변수의 영향을 종합적으로 고려할 필요가 있음을 주장하고 있다. 다시 말해 자연적 요소는 피해 발생에 있어서 중요한 요소이지만 피해 규모를 결정짓는 것은 인문사회적인 변수라는 것이다. 이는 인간의 개발행위에 의해서 재해피해에 대한 취약성이 증가했다면 마찬가지 논리로 인간의 노력에 의해 재해 취약성을 감소시킬 수 있음을 시사한다(최충익, 2008).

3 위험사회의 도래와 기후변화 담론의 확장

Beck(1992)은 일찍이 근대화 과정의 산물로서 위험사회를 거론하였으며 새로운 위험이 초국가적이며 비계급적 특징을 갖는다고 주장하였다(Beck, 1992; Beck, 1999). 이제 새로운 위험은 기후변화라는 실체가 되어 나타났으며 이는 초국가적이며 모든 계급에게 막대한 영향을 미치기 시작했다. 문제는 기후변화의 영향은 전지구적으로 공평하게 미치지만 기후변화 대응은 전혀 공평하게 이루어지지 않음에 있다. 일부 선진 국가들의 근대화 과정에서 심화된 기후변화 문제가 전 지구적인 영향을 미치는 것 자체가 공평하지 않다. 문제를 일으킨 국가와 해결해야 하는 국가가 서로 일치하지 않음에 따라 증폭되는 갈등이 내재하는 것이다. 때문에 기후변화 시대에 위험사회는 국가와 지역에 다양한 역동적 상황을 연출시킨다. "빈곤은 위계적이지만 스모그는 민주적이다"라는 Beck(1992)의 표현은 위험사회의 특징을 단적으로 나타낸다. 이 같은 위험사회는 시간·공간·사회라는 다양한 차원에 의해 역동적(dynamic)으로 변화될 수 있기에 안전사회로의 이행을 위해서는 우선 이 역동성의 논리를 이해할 필요가 있다.

기든스는 그의 역설(Giddens's Paradox)을 통해 불확실한 기후변화 위험이 직접 손으로 만져지지 않기에 대부분 수동적인 대응이 이루어지기 쉬움을 지적한다(Giddens, 2009). 우리 사회 역시 눈부신 경제성장과 더불어 근대화과정을 거치면서도 안전과 위험에 대한 고민은 일천하였다. 최근 활발한 위험 대응논의 역시 기술적인 목표수치에 가려 기후변화에 대응하는 바람직한 인간정주 환경을 제공하는 대응책이 무엇인지, 국가와 지역이 어떤 철학을 가지고 대응해 나가야 하는지, 도시와 지역에 사는 주민들의 삶에 어떤 영향을 미치는 지에 대한 인문학적 논의는 소홀히 다루고 있다. 결국 위험으로 인해 영향을 받는 인간 자체에 대한 진솔한 담론은 기술과 공학이라는 거대포장 속에 파묻히는 비극을 맞게 된 셈이다. 위험과 재난에 대한 영향이 현실화되고 있는 지금 현대 사회의 안전과 위험에 관한 담론이 절실하다.

새롭게 인간과 위험사회에 대한 담론은 기후변화와 도시화 흐름 속에서 다루어져야 한다. 안전사회로 나아가기 위한 국민들의 관심과 전문가들의 논의 역시 지속될 필요가 있다. 기후변화가 주민들의 삶에 어떤 영향을 미치는지, 국가와 지역이 어떤 철학을 가지고 대응해 나가야 하는지, 위험사회를 극복하는 바람직한 정주 환경이 무엇인지에 대한 창조적 담론이 이루어질 때다. 위험사회에서는 인간의 가치와 존엄성에 대한 담론이 배제된 공학기술의 발달이 위험을 오히려 양산할 수 있기 때문이다. 기후변화 영향이 현실화되고 있는 지금 위험사회의 국토안전과 위험에 관한 인문학적 담론이 기술적·공학적 대응과 더불어 형성되어야 하는 이유다.

초기 기후변화 대응은 환경문제로만 여겨졌으며 기술적 조치에 의해 쉽게 해결될 것으로 간주되었다. 하지만 기후변화의 위해성과 영향에 관한 기술적 접근은 근본적인 문제를 해결하는 데에 많은 한계를 드러냈다. 국제사회에서는 기술적 논의를 넘어 정치경제적 해결을 위한 공조 노력이 복합적으로 연계되기 시작하였으며 형평성(equity), 정의(justice), 공정성(fairness) 등 새로운 인문학적 담론들을 주목하기 시작했다(Adger et al., 2006; Wilbanks et al., 2007; Giddens, 2009). 기후변화 대응 논의를 기술적인 환경문제로만 여기고 과학적 단일 학문접근(mono-disciplinary)을 주장했던 연구추세가 이제 변화되어 인문·사회과학의 역할론이 주목받고 있다. 기후변화시대 그리고 위험사회의 국토안전관리 역시 인문사회과학을 포괄하는 초학문적 접근(trans-disciplinary approach)에 기초해야 하는 이유가 여기에 있다(Biesbroek et al., 2009; Bizikova et al., 2007; 최충익, 2011; Dang et al., 2003). 위험사회에서 국민안전을 위한 국토관리시스템 구축은 공학적·기술적 논의를 넘어 인문학의 영역으로 확장될 필요가 있다.

많은 경우 대형 사고나 자연재해가 발생하면 으레 국민들의 관심은 사고 관련자들의 사법처리에 쏠리거나 사고처리 관한 공학·자연과학 중심의 대증적 처방에 집중한다. 이 과정에서 '위험과 안전'에 관한 진지한 인문학적 담론은 거의 이슈화되지 못하고 있다. 눈부신 경제성장과 더불어 근대화과정을 거치면서도 정작 안전과 위험에 대한 고민은 여전히 뒷전인 현실이다. 이제 근대화 과정에서 배태된 위험사회(risk society)의 속성이 기후변화로 인해 더욱 역동적 양상으로 전개되고 있음을 주목해야 한다. 위험사회의 역동성을 고려한 안전사회에 대한 발전적 담론에 대한 진지한 모색이야말로 미래 삶의 질 향상을 위한 튼튼한 초석이 될 것이다.

4 불확실성과 위험사회

불확실성은 현대 위험사회의 특징을 가장 잘 드러내는 표현이라고 볼 수 있다. 불확실성이 존재하지 않는다면 각종 재난 및 재해 관련 정책결정은 매우 수월하게 이루어질 수 있다. 더불어 위험사회도 정적인 양상이기에 위험관리의 어려움도 크게 줄 것이다. 하지만 현실은 급격한 과학기술의 발달에도 불구하고 위험의 불확실성은 더욱 커지고 있으며 위험사회는 더욱 역동적 양상으로 치닫고 있다는 점이다 (최충익, 2013).

불확실성은 위험과 관련된 지식의 정도로 표현될 수 있으며 위험은 결과가 일어날 가능성과 그 규모(정도)의 지식이 결합된 것으로 볼 수 있다(UKCIP, 2003). 결국, 불확실성은 의사결정에 필요한 지식이 부족한 상황을 설명하게 된다. 미래의 위험상황에 대한 지식은 불확실성을 가지게 되는데 이 불확실성은 인간의 사회경제적 활동의 정도와 관련이 있다. 이는 불확실성에 대한 효과적 대응이 향후 위험사회에서의 위기대응능력 향상에 기여할 수 있음을 의미한다(최충익, 2011). 하지만 과학기술을 통해 모든 불확실성을 통제할 수 있다는 과도한 자신감은 위험사회의 위기를 더욱 악화시킬 수 있다. 오늘날 불확실성은 더 많은 지식으로 극복되기보다 잘못된 지식으로 더 많이 발생하기도 한다는 지적을 간과하기 어려운 이유다(Beck, 2007; 최충익, 2013). 위험사회의 불확실성은 특정 재해(particular events)에 대한 발생예측정도(knowledge of probability)와 결과예측정도(knowledge of consequence)로 표현될 수 있다(최충익, 2013).

〈그림 1-6〉에서 1사분면의 불확실성은 발생예측정도와 결과예측정도가 모두 높기에 조절 가능한 불확실성으로 간주되며 상대적으로 대처하기 용이하다. 예를

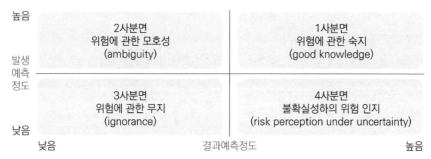

그림 1-6 불확실성의 개념

높음	2사분면 위험에 관한 모호성 (ambiguity)	1사분면 위험에 관한 숙지 (good knowledge)
발생 예측 정도	3사분면 위험에 관한 무지 (ignorance)	4사분면 불확실성하의 위험 인지 (risk perception under uncertainty)
낮음	낮음 결과예측정도	높음

출처: 최충익, 2013에서 수정

들어, 선진국의 경우 첨단기술에 의한 태풍예보기술이 발생예측의 정확도를 높일 수 있으며 과거 다년간 잘 구축된 자료에 의해 결과예측에 대한 정보도 비교적 풍부한 경우에 해당된다. 하지만 위험사회에서는 이 같은 통제 가능한 불확실성하에서도 여전히 예측 불가능한 불확실성이 존재하기에 맹신하기보다 꾸준한 관심과 주의를 기울일 필요가 있다는 것이다.

2사분면에 존재하는 불확실성은 발생예측정도는 높지만 그 결과와 영향에 대한 예측정도가 낮은 불확실성을 의미한다. 기상변화로 인한 각종 재난·재해가 여기에 해당될 수 있다. 과학기술의 발달은 형성된 홍수나 태풍의 규모와 발생 경로를 정확히 추적할 수 있지만 이 사상(events)이 인간 정주공간에 상륙했을 때 미치는 영향은 아무도 정확히 예측할 수 없다. 발생예측정도는 높지만 결과예측정도는 매우 낮기 때문이다. 처음에 소형으로만 인식되었던 태풍이 도시를 강타하면서 대형급 이상의 피해를 입히는 일이 다반사이기 때문이다. 재해 발생가능성이 높음에도 이러한 재해로 입을 수 있는 피해영향에 대한 분석이 미비할 경우 피해정도를 과소평가하게 되어 이에 대한 효과적인 대응이 제대로 이루어지기 어려움을 주목해야 한다. 2사분면의 불확실성이 위험사회에서 가장 우선적·집중적으로 다루어져야 할 이유가 여기에 있다(최충익, 2011).

3사분면의 불확실성은 무지(ignorance)의 불확실성으로 구분된다. 언제 발생할지 모르는 불확실성과 더불어 발생하여도 어떤 영향을 받을지 모르는 지식의 부재는 위험사회의 국토안전관리에 가장 큰 걸림돌이 될 수 있다. 전 지구의 온실가스 배출증가로 인한 온난화로 기후변화가 가속화되고 있지만 이 위험이 언제 재앙으로 다가올지 예측하기 어려우며 게다가 인류의 사회경제시스템에 미치는 영향에 대한 대처는 여전히 미비하여 불안을 가중시키고 있기 때문이다. 더욱 위험한 것은 무지의 불확실성에 대한 해석이 자칫 안전하다는 인식으로 주입되는 것이다. 임박한 위험이지만 대중에게 알려져 있지 않고 명확하지 않다는 이유로 이를 안전하다고 간주하는 어리석음이 더 큰 재앙이 될 수 있기 때문이다. 더욱 심각한 문제는 기후변화가 실제 국토공간에 막대한 영향을 미치고 있지만 명확하게 규명되지 않고 있으며 앞으로도 어떤 영향을 미칠지 전혀 예측이 불가능하다는 데에 있다. 무지의 불확실성으로 인해 기후변화 영향을 제대로 이해하고 이에 대비하기란 어려운 것이 현실이기 때문이다. 기후변화의 정도와 범위는 지극히 불확실하기 때문에 이에 대한 지식은 제한되고 불완전할 수밖에 없기 때문에 현대 위험사회에서 더 신중하게 대비할 필요성이 있음을 시사한다.

4사분면의 불확실성은 불확실성하의 위험인지로 구분되며 위험이 언제, 어떻게 발생할지에 대한 예측 정도는 낮지만 발생 후 결과 예측 정도는 높은 불확실성을 의미한다. 감염 경로가 애매한 전염병 감염을 예로 들 수 있다. 일단 전염병에 감염되어 발병된 후 증상이 어떻게 나타나는지 확연하게 파악할 수 있지만 사전에 어떻게 전염병에 걸리게 되는지에 대한 명확한 정보 파악이 어려운 경우 이에 해당된다. 4사분면의 불확실성에 의한 위험은 국민들로 하여금 공포감을 줄 수 있기에 각별한 대응체계 구축이 필요한 영역이다.

위험사회의 안전관리는 불확실성의 유형에 따라 차별적으로 이루어질 필요가 있으며 이에 대한 구체적 시사점을 정리해보면 다음과 같다. 첫째, 결과와 발생의 예측정도가 모두 높은 영역의 경우 과학기술적 대응이 상대적으로 효과적일 수 있으며 이에 대한 예산 투자가 적절할 수 있음을 시사한다. 둘째, 2사분면과 4사분면의 불확실성은 불확실성에 대한 정보파악이 완벽하게 이루어지지 않았기에 지속적인 모니터링과 기술투자가 이루어져야 하며, 이 과정에서 과학기술에 대한 과신이 오히려 위험을 키울 수 있음을 주지해야 한다. 예측하기 어려운 불확실성은 큰 위험이 마치 조절 가능한 위험으로 포장되었을 때 나타나는데 그로 인한 위해는 더욱 심각할 수 있기 때문이다. 셋째, 3사분면의 불확실성은 발생예측정도뿐만 아니라 결과예측정도도 낮기 때문에 지속적인 관찰과 연구가 이루어져야 함을 시사한다. 기후변화로 발생하는 위험은 발생예측정도가 낮을 뿐만 아니라 결과예측도 어렵기에 성급한 기술적 대응이 오히려 화를 키울 수 있다는 점이다. 때문에 3사분면의 불확실성에 대한 대응은 장기적으로 이루어져야 하며 공학적·기술적 대응과 함께 안전관리에 대한 인문학적 대응이 성숙될 필요가 있다. 이는 위험을 바라보는 사회적 시각이 전환될 필요가 있음을 의미한다. 기후변화와 같이 불확실성이 큰 위험에 대한 논의는 위험사회의 국토안전관리의 핵심적 담론을 구성한다. 공학과 인문사회과학과의 소통과 더불어 불확실성을 어떻게 다룰 것인지에 대한 사회적 합의가 이루어져야 할 때다.

5 불확실성과 위험유형

미지의 세계와 불확실성을 다루는 영역은 의사결정의 어려움을 야기한다. Loch et al.(2006)은 불확실성에 대한 파악은 불확실성의 근원과 복잡성에 근거하여 이루어져야 함을 강조한다. 불확실성의 근원 축은 변화의 정도와 예측가능한 사건 그리고 미지의 사건으로 구분된다. 여기서 불확실성은 예측가능한 불확실성(variation과

그림 1-7 불확실성의 근원과 복잡성

출처: Managing The Unknown: A New Approach to Managing High Uncertainty and Risk in Projects, Christoph Loch, Arnoud DeMeyer, & Michael Pich, Wiley, 2006.

foreseeable)과 예측불가능한 불확실성(unknown unknowns)으로 구분된다. 예측가능한 불확실성 영역에서는 변화무쌍한 사건(variation)과 예측가능한 사건을 포함한다.

이 같은 구분은 상황에 따른 적절한 위험관리를 가능하게 해줄 수 있다는 점에서 유용하다. 무엇보다 추진하고 있는 사업의 복잡성을 고려하고 있다는 점에서 분류의 의미가 크다. Loch et al.(2016)는 사업추진의 복잡성을 시스템(system domain), 업무(task domain), 조직(organizational domain)이라는 세 가지 관점에서 파악하고 있으며 이들 간 상호작용(interactions)이 많을수록 복잡성의 정도가 심한 것으로 이해한다. 특히 예측 불가능한 영역을 얼마나 예측 가능한 영역으로 변화시킬 수 있는지에 대해 강조한다. 무엇을 알고 있고 또 무엇을 모르고 있는지 그리고 그 차이를 만들어 내는 것이 무엇인지에 대해 고민한다. 그러면서 예측불가능성과 예측가능성을 가르는 지식의 차이(knowledge gaps)에 대한 파악이 다섯 단계로 이루어질 수 있음을 제안한다. 첫째, 문제의 구조를 명확히(identify) 한 후, 둘째, 문제들을 세부적으로 나누는 작업이다. 셋째, 각각의 세부 문제에 대해서 위험이 무엇인지에 대한 규명작업(risk identification)을 하고 시스템, 업무, 조직의 관점에서 지식의 차이를 명확히 한다. 넷째, 개별 사업과 전체 사업의 복잡성을 동시에 파악한다. 다섯째, 모든 사업 단위들을 위험관리의 틀 안에서 동등하게 관리한다.

위험관리를 위해서는 위험의 실체에 대한 명확한 이해가 필요하다. 이에 대해 Klinke & Renn(2002)은 위험의 영역을 피해정도와 발생확률로 구분하여 파악하고 있다. 〈그림 1-8〉에서 위험 발생확률과 피해의 정도에 따라 위험은 정상영역(normal area), 중간영역(intermediate area), 견디기 어려운 영역(intolerable area)으로 구분된다.

정상영역은 불확실성도 낮고 위험상황이 발생해도 피해정도가 크지 않은 영역을 의미한다. 대체로 위협의 정도가 낮아 문제 발생의 심각성이 크지 않은 영역이다. 하지만 정상영역에서도 발생확률은 매우 낮지만 피해정도가 큰 사건이 발생할 수 있음을 주지해야 한다. 이에 반해 중간영역과 견디기 어려운 영역은 피해의 범위가 다양하다. 위험상황의 발생확률과 더불어 피해정도에 대한 불확실성이 매우 커진 영역이다. 흥미로운 점은 발생확률이 매우 높을 경우 피해정도는 매우 낮은 경우부터 극심한 경우까지 광범위하게 분포할 수 있다는 것이다. 또한 피해가 극심한 위험상황이 반드시 드물게만 발생하는 것이 아니라 높은 발생확률 가운데서도 일어날 수 있다는 점이다. 이 같은 위험영역의 개념은 불확실성과 피해정도에 따른

그림 1-8 위험영역(Risk Areas)

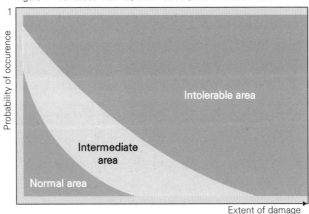

Figure 1: Risk areas: normal, intermediate, and intolerable area.

출처: Klinke & Renn(2002)

그림 1-9 위험분류(Risk classes)

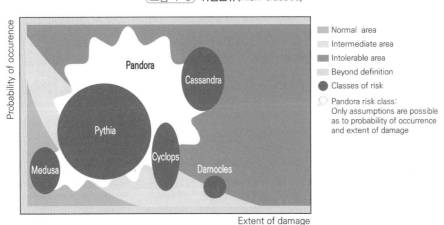

출처: Klinke & Renn(2002)

개념적 구분인 것일 뿐 실제 상황에 기계적으로 적용되어서는 안 됨을 시사한다.

Klinke & Renn(2002)는 세계변화에 대한 독일위원회(German Council on Global Change)의 보고서 내용을 토대로 6개의 위험유형을 제시하고 있다. 이 같은 위험유형은 위험영역에 기반하며 그리스 신화의 내용을 빌리고 있다.

첫째, 다모클레스(Damocles) 유형은 확률이 낮은 거대 위험을 의미한다. 다모클

레스의 칼(sword of Damocles)은 신변에 늘 따라다니는 위험을 뜻하는데, 왕좌 위에 한 올의 말총으로 칼을 매달아 놓아 왕의 자리의 행복에는 항상 위험이 따름을 나타낸 말이다. 이는 1961년 UN 총회 당시 미국 케네디 대통령의 연설에서 우연히 일어날 수 있는 핵전쟁의 위험을 경고하면서 등장하였다. 위험 피해의 정도는 매우 높으나 발생 확률은 낮은 유형을 의미하며 원자력 발전소, 화학 공장, 댐 등에 의한 위험사건이 해당될 수 있다.

둘째, 사이클로프스(Cyclops)는 한 측면에서는 위험하지만, 다른 측면에서는 위험하지 않은 위험유형을 말한다. 그리스 신화에 등장하는 사이클로프스는 하나의 커다란 눈을 가진 외눈의 거인족을 말한다. 피해 발생 확률은 높지 않으나 피해 정도를 예측할 수 있는 경우이다. 경우에 따라 다르지만 홍수, 지진, 화산과 같은 자연재해와 에이즈가 이 같은 유형의 위험에 해당된다고 볼 수 있다.

셋째, 피티아(Pythia) 위험유형은 모호하면서 피해가 큰 위험에 해당한다. 피티아는 그리스 신화에서 아폴로 신전의 사제로 신탁을 전달하는 일종의 무당이다. 환각작용을 일으키는 연기를 들이마시고 몽롱한 상태에서 모호한 구절을 전달한다고 하여 눈먼 예언자로 불리기도 한다. 피티아 위험유형은 거대한 위험이 발생할 수 있으나 피해 정도, 발생 확률, 발생 장소 등에 대해 불확실한 상황의 위험상태를 의미한다. 기후변화, 유전자 변형물질, 바이오 기술 발전 등으로 인한 위험상황을 예로 들 수 있다.

넷째, 판도라의 상자(Pandora's box)는 불확실성이 큰 비가역적인 위험을 야기하는 위험유형이다. 그리스신화에서 판도라가 인간에게 해가 되는 온갖 것들이 봉인된 항아리를 열게 되고, 그 안에서 죽음과 병, 질투와 증오, 다양한 재난과 같은 해악이 한꺼번에 튀어나와 사방에 흩어지게 됨에 기인한다. 여기서 중요한 것은 각종 해악과 위험이 항아리 안에 있을 경우 별 문제가 발생하지 않지만, 일단 발생하게 될 경우 수습이 어렵고 비가역적인 위험이 발생하게 된다는 것이다. 나타나지 않으면 큰 문제가 없지만 일단 나타나게 될 경우 강한 지속성과 비가역성을 지니기에 파급영향이 큰 위험유형이다. 다이옥신, VOC, 환경호르몬 등을 예로 들 수 있다.

다섯째, 카산드라(Cassandra)는 위험 발생에 대한 예측정보는 있지만 대응이 더딘 위험유형을 의미한다. 그리스신화에서 카산드라는 아폴론에게 예언의 능력을 받았으나, 그의 사랑을 거절한 대가로 설득력을 빼앗겨버린 불운의 예언자다. 카산드라는 트로이 목마를 성안으로 들이면 안 된다고 주장했지만 결국 그녀의 주장을 받아들이지 못한 트로이가 결국 멸망하게 된다. 이와 같이 카산드라 위험유형은 위험 발생확률과 위험에 따른 피해정도가 잘 알려져 있음에도 위험이 언제 발생할지 모르는 탓에 미처 대응을 제대로 하지 못하는 경우가 많다. 기후변화에 대한 대응이 이 위험유형에 해당되며 기든스의 역설(Giddens's Paradox)은 카산드라 위험유형을 잘 나타낸다. Giddens(2009)는 "지구온난화에 따른 기화변화의 위험이 손으로 직접 만져지는 것이 아니고 우리 일상생활에서 거의 감지할 수 없기 때문에 아무리 무시무시한 위험이 다가온다 한들 대부분의 사람들은 그저 가만히 앉아서 기다릴 뿐"이라며 "그렇게 기다리다가 중요한 대응조치를 취하기도 전에 위기가 눈앞에 닥친다면 이미 때는 늦은 것이다"라고 경고한다.

여섯째, 메두사(Medusa)는 대중의 파급력이 큰 위험유형을 뜻한다. 메두사는 그리스 신화에서 나오는 괴물이며, 메두사의 얼굴은 무시무시하여 사람들이 얼굴을 보기만 해도 돌로 변해버리는 괴물이다. 메두사 위험유형은 피해의 정도가 크지 않지만 발생확률이 높아 대중에 대한 파급효과와 정치적 이동력이 높은 위험 특성을 지닌다. 전자파와 같은 전자기장에 의한 위험을 예로 들 수 있다.

이상에서 살펴본 위험유형은 국가적, 사회적 맥락에 따라 달라질 수 있음에 주의해야 한다. 아울러 과학기술의 발달에 따른 위험유형도 변화할 수 있다. 첨단기술에 의해 예측하지 못했던 위험이 예측 가능의 영역으로 들어올 수 있기 때문이다. 또한, 국가마다 문화적인 차이도 위험유형에 영향을 미칠 수 있기에 절대적 기준이 아님을 주지할 필요가 있다.

6 위험평가와 위험관리

위험을 바라보는 관점은 다양하며 평가 기준도 상이하다. 앞서 불확실성과 피해정도에 따라 다양한 위험유형이 존재함을 확인한 것처럼 위험은 다양한 위험기준에 따라 보다 구체적으로 파악될 수 있다. 위험을 해석하는 몇 가지 중요한 기준에 대해 소개하면 다음과 같다.

발생확률(probability of occurrence)은 통상 0에서부터 1까지의 범위를 지니며 위험한 사건이 발생할 가능성을 숫자로 표현한 것이다. 피해가 발생할 수 있는 가능성을 과거의 데이터나 시뮬레이션을 통해 통계적으로 계산한다. 발생확률이 높다는 것은 위험의 정도가 높아짐을 의미하며 발생확률이 낮다는 것은 위험의 정도가 낮다는 것을 의미한다. 피해정도(extent of damage)는 위험발생의 결과로 피해가 얼마나 발생하는지에 대한 지표이다. 피해정도에 대한 단위는 보통 금액으로 나타나며, 인명피해의 경우 피해자 수로 표기될 수 있다. 위험발생의 피해 정도는 직접피해(direct loss)와 간접피해(indirect loss)에 따라 다르게 나타날 수 있으며 피해 정도가 클수록 위험의 정도가 큰 것으로 파악된다. 편재성(ubiquity)은 위험이 존재하는 공간적 범역을 의미하며, 커뮤니티에 국한적으로 미치는 위험에서 전 세계적인 파급력을 지닌 위험에 이르기까지 위험의 공간적 광범위성을 나타낸다. 반면, 지속성(persistency)은 위험이 존재하는 시간적 범역을 의미한다. 위험 발생이 시작해서 단기간에 끝나버리는 경우가 있는가 하면, 환경호르몬과 같이 오랫동안 지속되는 경우가 있다. 지속성이 높은 위험의 경우 위험 발생 후 대응이 더 어려운 경향이 있기에 사전예방적 조치가 이루어지는 것이 효과일 수 있다.

가역성(reversibility)은 위험발생으로 인한 피해에 대해 예전상태로 회복시킬 수 있는 가능성을 의미한다. 불가역성을 지닌 위험발생은 가역성을 지닌 위험발생에 비해 위험의 정도가 큰 것으로 파악되며 사전예방적 조치를 통해 사건을 미연에 방지하는 것이 중요하다. 가역성에서 중요한 것은 피해를 입기 전 상태로 얼마나 빨리 회복하는가에 대한 회복력과 관련된다. 예전 상태 회복이 가능하더라도 시간이 너무 많이 걸릴 경우 불가역성을 지닌 위험발생과 다름이 없게 된다. 지체효과(delay effect)는 위험사건이 발생한 초기 시간과 실제 피해가 발생한 시간과의 간격을 의미한다. 지체 효과가 짧을수록 위험에 대응하는 속도가 빨라야 하며 지체 효과가 긴 경우 위험인지가 느려지기 때문에 위험발생에 대한 모니터링이 중요하게 된다. 파급력(potential of mobilization)은 위험발생에 따른 개인이나 집단의 사회적 파급정도를 의미한다. 위험발생은 개인이나 집단의 심리적, 사회적, 문화적 이해에 따라 반응정도가 다르게 나타날 수 있으며 이는 위험인식이 정치적으로도 밀접하게 관련될 수 있음을 의미한다.

한편, 위험의 종류와 유형에 따라 이를 관리하는 시스템은 달라질 수 있다. 단순 위험상황에서 복잡한 상황, 불확실한 상황, 모호한 상황에 이르기까지 발생할 수 있는 위험은 다양하다. 단순 위험상황의 경우 내부 관리자의 일상적인 조치와 간단한 내부 회의를 통해 위험을 관리할 수 있다. 하지만 위험상황이 복합적일 경우 보다 과학적인 위험상황에 대한 진단이 필요하며 외부 전문가의 도움이 필요해진다. 위험관리에 대한 논의 역시 인지적(cognitive)으로 이루어지는 경우가 많다. 위험상황이 복잡해진 경우는 위험평가를 위해 외부전문가의 개입이 필요하며 나아가 위험에 영향을 받는 이해관계자들가 관리자들의 투입이 요구된다. 위험관리에 대한 논의는 인지적(cognitive)이고 평가적(evaluative)으로 이루어지게 된다. 가장 힘든 경우는 위험이 모호한 경우이다. 위험관리를 위해 다양한 이해관계자들이 참여해야 하며 영향을 받는 당사자와 함께 관리자들 모두 참여해야 하는 단계다. 이 경우

그림 1-10 위험단계에 따른 관리

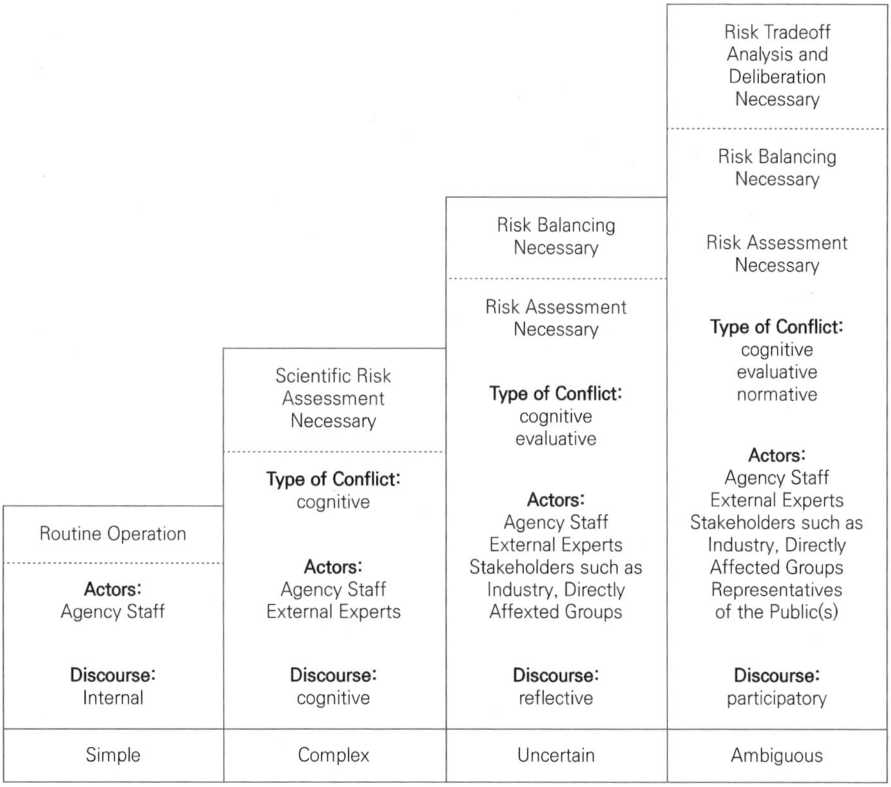

			Risk Tradeoff Analysis and Deliberation Necessary
			Risk Balancing Necessary
		Risk Balancing Necessary	Risk Assessment Necessary
		Risk Assessment Necessary	Type of Conflict: cognitive evaluative normative
	Scientific Risk Assessment Necessary	Type of Conflict: cognitive evaluative	
	Type of Conflict: cognitive		Actors: Agency Staff External Experts Stakeholders such as Industry, Directly Affected Groups Representatives of the Public(s)
Routine Operation		Actors: Agency Staff External Experts Stakeholders such as Industry, Directly Affexted Groups	
Actors: Agency Staff	Actors: Agency Staff External Experts		
Discourse: Internal	Discourse: cognitive	Discourse: reflective	Discourse: participatory
Simple	Complex	Uncertain	Ambiguous

출처: Klinke & Renn(2002)

위험평가와 위험분배(risk balancing)가 동시에 이루어져야 한다. 불확실하고 모호한 위험상황에 대해 발생하는 위험을 어떻게 배분하여 저감할 것인지에 대한 구체적인 논의가 이루어질 필요가 있다.

위험상황과 관련된 모든 이해당자사들은 위험관리와 분배와 관한 의사결정에 있어서 참여하게 되며 이때 위험관리에 대한 논의는 인지적, 평가적, 규범적 성격을 지닌다. 관계 공무원, 외부 전문가, 주민, 지역사회, 산업관계자 등 다양한 참여구성원들 간 갈등이 발생하기 쉬우며 위험관리와 이에 따른 갈등관리가 중요하게 된다.

그림 1-11 위험기반, 예방기반 전략의 흐름

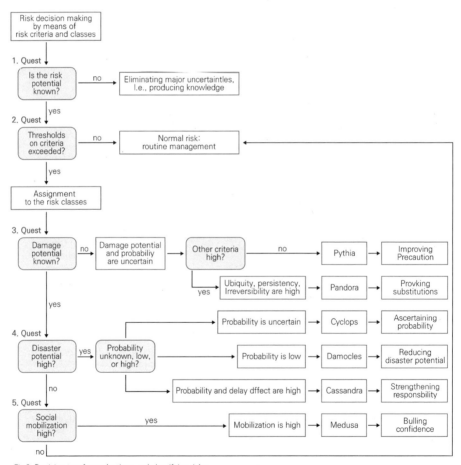

Fig 3. Decision tree for evaluationg and classifying risks.

1 불확실성의 개념을 결과예측정도와 발생예측정도의 관점에서 설명하시오.

2 도시화가 자연재해에 어떤 영향을 줄 수 있는지에 대해 긍정적 관점과 부정적 관점에서 논하시오.

3 도시화와 기후변화가 어떻게 위험사회를 가속화시키는지에 대해 설명하시오.

4 도시개발의 몰인정성을 인지적 유동성(cognitive fluidity)의 관점에서 논하시오.

5 '자연의 타자화'가 인류문명에 미친 긍정적 영향과 부정적 영향에 대해 설명하시오.

제1편
위험사회의 공간적 역동성

제 1 편

제2장
위험과 경제성장의 역동성[1]

1 개요

　본 장은 기후변화로 극심해지는 자연재해 패턴과 국가발전을 위한 경제성장 그리고 경제발전의 공간적 기제로 기능해온 도시화와의 역동적인 관계성 파악에 초점을 맞추고 있다. 무엇보다 기후변화로 극심해지는 자연재해 패턴과 국가발전을 위한 경제성장 그리고 경제발전의 공간적 기제로 기능해온 도시화와의 역동적

그림 2-1 전세계 자연재해 발생현황

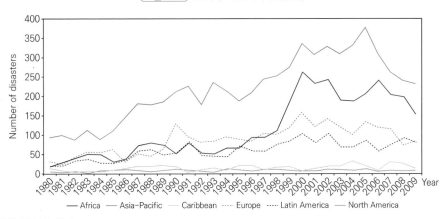

출처: ESCAP, 2010

1 본 장은 국토계획 49권 3호 "도시화와 재해피해 그리고 경제성장에 관한 지수분해분석" 내용을 수정 및 보완하여 작성함.

인 관계가 어떻게 이루어졌는지 살펴보고자 한다.

1980년부터 2009년까지 전 세계 재해발생현황을 보면 아시아의 수치가 가장 높게 나타난다. 전 세계적으로도 재해발생 수는 2000년대 들어 급격히 증가하고 있으며 기후변화에 따른 영향으로 그 유형이 점차 다양화되고 있음을 알 수 있다. 특히, 지표면의 이동현상인 매스 무브먼트 현상이 지속적으로 증가하고 있는데, 이 같은 현상은 지진, 해빙, 폭우 등으로 인해 토양의 내부마찰이 감소하여 일어나는 재해로 2000년대 들어 발생횟수가 급격히 늘었다(〈그림 2-1〉 참조). 향후 기후변화의 영향이 다양한 자연재해 발생으로 연결될 수 있음을 시사하고 있어 국가 및 지역차원의 대응이 절실한 시점임을 보여준다.

〔그림 2-2〕 동아시아 지역의 재해유형

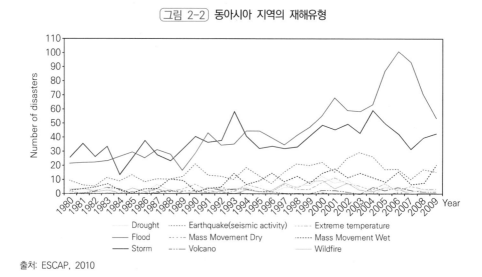

출처: ESCAP, 2010

아시아 지역의 자연재해 피해액은 타 지역보다 월등히 크다. 재해피해는 주로 중국과 인도네시아 등 동남아 국가들에게 집중되고 있다. 선진국의 경우 재해발생 증가에 따라 재산피해는 늘어나는 반면 사망 및 실종과 같은 인명피해는 감소하는 추세이나 이들 아시아 지역의 경우 모두 늘어나는 독특한 양상을 보인다(〈그림 2-2〉 참조).

유사한 재해라도 파급영향은 상이하다. 재해로 인한 경제적 손실액을 비교해 보면 중국(3,220억 달러), 일본(1,880억 달러), 인도(520억 달러), 북한(460억 달러) 등으로 나타난다(ESCAP, 2010). 우리나라는 200억 달러의 피해를 입었는데 북한은 우리보다 많은 자연재해피해를 입었다. 한반도라는 유사한 기후재해유발 여건을 갖추고 있음에도 피해액에 있어서는 큰 차이를 보이고 있음은 대응여건과 기술의 갭(Gap)이 존재함을 시사한다. 자연재해 피해에 대한 바람직한 해석을 위해서는 해당 국가나 지역이 가지는 사회경제적 맥락이 함께 고려되어야 하는 이유가 여기에 있다.

표 2-1 GDP 대비 자연재해피해 상위 10개국

Rank	Floods		Cyclones		Earthquakes	
	Absolute ($billions)	Relative (%)	Absolute ($billions)	Relative (%)	Absolute ($billions)	Relative (%)
1	China[1] (12.5)	Bangladesh[1] (14.5)	Japan[1] (1,226.7)	North Marina ISI.[2] (59.4)	Japan[1] (340.7)	Vanuatu[1] (96.5)
2	Bangladesh[3] (9.7)	Cambodia[2] (14.0)	Rep. of Korea[4] (35.6)	Vanuatu[9] (27.1)	China[7] (16.0)	Solomon ISI.[2] (46.3)
3	India[4] (9.3)	Viet Nam[3] (4.4)	China[5] (28.5)	Niue[11] (24.9)	Philippines[9] (11.4)	Tonga[6] (22.7)
4	Japan[6] (4.5)	Philippines[5] (2.5)	Philippines[6] (24.3)	Fiji[13] (24.1)	Indonesia[11] (7.9)	Papua New G.[8] (22.1)
5	Thailand[8] (3.0)	Thailand[6] (1.8)	Hong Kong[7] (13.3)	Fiji[8] (16.0)	Turkey[14] (5.7)	Timor Leste[13] (14.9)
6	Philippines[9] (2.5)	India[8] (1.3)	India[9] (8.0)	Japan[14] (23.9)	Iran[17] (3.8)	Philippines[14] (11.2)
7	Viet Nam[10] (2.2)	Myanmar[9] (1.1)	Bangladesh[13] (3.9)	Philippines[5] (23.9)	Australia[25] (2.7)	Japan[23] (6.6)
8	Rep. of Korea[19] (1.2)	Lao PDR[11] (1.1)	North Marina ISI.[19] (1.5)	New Caledonia[16] (22.4)	India[25] (2.1)	Kyrgystan[35] (4.0)
9	Indonesia[19] (1.0)	Nepal[13] (0.9)	Australia[23] (0.8)	Samoa[21] (19.2)	Pakistan[31] (1.4)	Azerbaijan[36] (4.0)
10	Cambodia[21] (0.9)	Sri Lanka[18] (0.6)	New Caledonia[25] (0.7)	Tonga[24] (17.4)	New Caledonia[34] (1.0)	Indonesia[41] (3.5)

출처: ESCAP, 2010

〈표 2-1〉의 경제규모를 고려한 재해피해액을 비교해보면 재해저감능력의 차이(Gap)가 명확히 드러난다. 홍수로 인해 가장 많은 피해가 입은 곳은 중국, 방글라데시, 인도이지만 GDP를 고려할 경우 방글라데시, 캄보디아, 베트남 순서가 된다. 이들 지역의 경우 재해피해액은 크지 않지만 GDP 규모에 비해 심각한 타격을 입

은 것임을 의미한다. 태풍의 경우 일본과 한국이 많은 피해를 입은 것으로 나타나지만, GDP 규모를 고려하면 오히려 피지, 바누아투 등 남태평양의 저개발 국가들이 상대 피해액 상위에 기록된다. 지진의 경우도 일본, 중국, 인도네시아 등이 많은 경제적 피해를 입은 것으로 나타나지만, GDP 대비 상대 피해액을 살펴보면 대부분 솔로몬제도, 바누아투, 통가 등 남태평양 소국가들이 피해액 상위에 있다.

본 장에서는 저개발 국가나 지역의 경우 자연재해 대응에 더욱 취약할 수 있음을 실증하고, 해당 지역의 상황과 여건에 맞는 맞춤형 정책이 수립될 필요가 있음을 정책적으로 제언하고자 한다. 이를 위해 시간적·공간적 맥락에 따라 전혀 다른 파급효과를 가지는 재해피해의 동태적 특성을 파악하기 위해 IPAT 모형을 구축하고 지수분해분석을 통해 그에 내재된 거시적 구조와 특징을 고찰할 것이다. 아울러 자연재해 피해를 환경충격으로 파악하고 있으며 사회경제적인 변수를 활용하여 국가별·지역별 발생하는 자연재해 피해 패턴을 구조적으로 파악하고 있다. 온실가스 배출 등으로 한정된 환경영향 변수를 자연재해피해로 확장시켜 향후 IPAT 모형의 응용분야를 넓혔다는 점에서 의미가 있다. 또한, 환경영향변수를 기후변화 취약성 및 자연재해피해로 확장시킴으로써 국가 및 지방자치단체의 바람직한 환경정책 수립에 기초자료로 활용될 수 있다.

2 재해 피해의 동태성

재해피해는 지극히 동태적 양상을 지닌다. 언제 어느 곳에서 어떤 규모의 재해가 발생할지 정확한 파악이 어렵기에 그 불확실성에 대한 대응노력은 인류가 존재하는 한 지속될 수밖에 없다. 재해피해가 고도로 도시화된 지역에 발생하는지 인적이 드문 농촌지역에 발생하는지, 선진국에 발생하는지 아니면 저개발국가에 발생하는지에 따라 유사한 자연재해라도 전혀 다른 파급효과를 갖게 된다(Grasso, 2007; World Bank and UNISDR, 2010). 한편, 국가별 다양한 자연재해 위험인자는 사회경제적 여건에 따라 공간적 맥락을 달리하며 피해를 발생시킨다. 이는 기후변화에 따라 발생하는 자연재해의 영향과 특징을 파악하는 것도 중요하지만, 국가나 지역 간 존재하는 재해저감 여건의 차이도 중요하게 다루어져야 함을 의미한다(Adger et al., 2006).

전 세계 자연재해피해는 시·공간적 다양성을 지닌다. 때문에 복잡한 피해양상을 단순화하여 파악하는 것이 필요하다. 이에 본 장에서는 사회경제적 맥락을 고려하여 인구와 GRDP 그리고 자연재해피해액과 같은 핵심 변수들을 통해 입체적으로 파악하고자 하였다. 국가나 지역에 따라 발생하는 자연재해피해를 경제적 빈부와 도시화 심화 정도, 재해저감 능력차이 등의 사회경제적 여건을 반영하여 살펴봄으로써, 해당 국가나 지역의 역동적 상황에 맞는 전략적 정책수립을 위한 기초정보를 제공하고자 한다. 아울러 도시화와 경제규모는 지역의 개발 상태에 따라 다양한 재해피해 패턴을 나타내기에 각 지역별 피해특성을 요인별로 파악하여 향후 지역발전의 방향을 위한 시사점을 도출하고자 한다.

이를 위해 본 장은 시간적·공간적 맥락에 따라 전혀 다른 파급효과를 가지는 재해피해의 통태적 특성 파악을 위해 수정된 IPAT 모형을 통해 접근하고 있다. 이를 위해 자연재해 피해를 환경충격으로 파악하고 있으며 사회경제적인 변수를 활용하여 국가별·지역별 발생하는 자연재해 피해 패턴을 구조적으로 파악하고자 시도한다. 기존 IPAT 모형은 주로 에너지 분야에서 온실가스 배출요인을 규명할 때 활용되었으나(Ang et al., 2001; Liu et al, 2007), 본 연구에서는 재해피해를 인간 활동에 의해 촉발되는 일종의 환경충격 변수로 파악하여 수정된 IPAT모형을 새롭게 구축하였다. 나아가 저개발 국가나 미개발 농촌지역의 경우 자연재해 대응에 더욱 취약할 수 있음을 실증하고, 이들 지역에 대한 국제사회의 막연한 관심과 지원이 아니라 해당 지역의 상황과 여건에 맞는 맞춤형 지원이 이루어질 필요가 있음을 정책적으로 제언하고자 한다.

본 장에서는 자연재해피해를 환경오염, 환경 스트레스, 환경위기로 표현되는 일련의 환경 영향(environmental impacts)으로 파악하며 접근한다. 이는 기후변화가 전세계 자연재해피해를 늘리고 있으며 도시화 추세는 이를 더욱 가속화시킨다는 IPCC(2014)의 주장과 일맥상통한다. 기존에는 환경영향이 주로 온실가스 배출 및 에너지소비와 같은 환경오염 변수를 중심으로 IPAT모형이 활용되었으나, 본 장에서는 환경영향 변수로 자연재해피해를 활용하여 환경문제를 기후변화와 도시화라는 최근 추세를 반영하여 모형을 변형하였다.

Commoner(1971)는 현대 인류가 직면한 환경위기와 충격에 영향을 미치는 주요 변수로서 경제성장(economic growth)을 주목하였다. Ehrlich & Holdren(1971) 역시 환경오염의 원인이 경제활동과 새로운 기술의 출현으로 규정하며 이들 간의 관계를 규명하기 위한 연구가 지난 40여 년간 활발하게 진행되었으며 IPAT 모형은 방법론적으로 이들 연구의 핵심을 이룬다. 기존 IPAT모형을 활용한 연구는 환경충격을 설명하는 변수로서 에너지 소비량(energy consumption)을 선택하고 있으며 특히 이산화탄소 배출량을 종속변수로 인간의 경제활동 특성을 설명해왔다(Zha et al., 2010; Liu et al., 2007; Ang, 2004).

이 같은 접근의 차별성은 환경충격을 설명하는 변수로서 기후변화와 도시화의 특성을 반영하는 지역별 자연재해피해액을 사용한다는 점에 있다. 급속한 도시화와 예측 불가능한 기후변화 그리고 인간의 경제활동이 자연재해피해에 지대한 영향을 미치고 있음에 착안하여 IPAT모형을 확장·응용한 점이 핵심적 아이디어다. 결과적으로 인구변화는 도시화효과를 반영하며 1인당 GRDP는 지역의 경제활동 정도를 나타내는 대리변수(proxy variable)로 파악하여 실증분석하였다.

기후변화로 인한 자연재해의 빈도 및 강도의 상승과 불확실성 증가는 빈부를 막론하고 모든 국가와 도시들에게 위협이 되고 있다. 그렇다면 과연 경제성장에 따른 국가 및 지역의 발전이 자연재해 저감에 제대로 기여할 것인가. 아이러니하게도 경제발전에 따라 보다 많은 자원을 자연재해 대응을 위한 자원으로 활용할 수 있음에도 불구하고 여전히 많은 국가와 지역들이 위험에 노출되어 있는 것이 현실이다.

경제성장은 지역에게 자연재해 발생을 예방하고 대응할 수 있는 각종 자원을 제공해줄 수 있는 일종의 기초체력 역할을 한다. 동시에 도시화와 인구증가 등을 동반하면서 재해피해를 증가시킬 수 있기에 양날의 칼과 같다. 게다가 도시화는 경제적 활동의 집중도를 높여 사람들을 더 유인하는 경향이 있다. 이는 자연재해에 더욱 취약하게 만드는 경향이 있으며 동일 재해로 인해 더 많은 사람들이 영향을 받게 되는 위험을 양산하게 된다. 하지만 어느 정도 도시화가 진행되면 자연재해에 효과적으로 대응할 수 있는 규모의 경제를 갖추게 되어 피해를 저감시킬 수 있는 체력(resilience)을 회복할 수도 있어 도시화의 양면성을 파악해야 할 필요가 있다(UN, 2012; 최충익, 2008). 이처럼 자연재해 피해, 경제성장 그리고 도시화의 과정은 국가나 도시마다 지극히 역동적인 양상을 보이고 있다. IPAT모형을 통해 시계열적 동태성과 횡단면적 지역별 다양성을 살펴보면서 입체적으로 접근해야 하는 이유가 여기에 있다.

3 도시화와 자연재해 그리고 경제성장의 역동성

도시화와 자연재해 그리고 경제성장 간 역동성의 파악은 IPAT모형의 변형과 지수분해분석(IDA, Index Decomposition Analysis)에 근거하여 이루어진다. IPAT모형은 환경충격(Impacts, I)을 유발하는 세 가지 주요 요인인 인구(Population), 경제적 풍요도(Affluence), 기술 성향(Technology)으로 구성되는 단순 방정식에서부터 시작한다 (Ehrlich & Holdren, 1971). 환경충격을 일으키는 주요 원인이 인간의 개발행위에 있다고 보고 인구, 경제적 부, 기술을 주요 변수로 파악하는 본 모형은 다음의 식을 기본으로 가정한다.

$$Impact(I) = Population(P) \times Affluence(A) \times Technology(T)$$

통상적으로 IPAT모형은 에너지 분야에서 온실가스 배출요인을 규명할 때 주로 사용되어 왔으며, 이때 환경오염(I)은 이산화탄소 배출량을 나타낸다(Ang, 2005; Ang et al., 2001; Liu et al, 2007; Kwon, 2005). Commoner(1990)는 환경문제의 주범이 인구나 경제적 부의 증가가 아닌 생산기술(T)에 있다고 파악하면서, 산업구조 변화나 에너지 효율개선 효과와 같은 기술개선이 이루어지게 될 경우 오히려 환경충격을 저감시킬 수 있음에 주목한다. 결국 자연재해 피해를 환경영향의 하나로 인식함에서 분석이 시작된다. 기후변화로 인한 자연재해 피해증가 역시 인간의 개발행위에 민감하게 영향을 받고 있음을 고려하여 다음과 같이 IPAT모형이 변형된다.

$$Impacts\,(Damages) = P \times A \times T = Population \times \frac{GRDP}{Population} \times \frac{Damages}{GRDP} \;\cdots\cdots\cdots\; 식(1)$$

위 식(1)을 LMDI지수분해방식(Log-Mean Divisia Index Method)을 통해 분석하면 각 변수들이 시간의 함수임을 가정하고 양변에 로그를 취하여 미분하면 식(2)와 변화율에 관한 방정식 식(3)을 도출할 수 있다(Ang, 2005).

$$\frac{d}{dt}lnD = \frac{d}{dt}lnP + \frac{d}{dt}lnA + \frac{d}{dt}lnT \;\cdots\cdots\cdots\cdots\cdots\cdots\cdots\cdots\cdots\cdots\cdots\cdots\; 식(2)$$

$$\frac{1}{D}\frac{dD}{dt} = \frac{1}{P}\frac{dP}{dt} + \frac{1}{A}\frac{dA}{dt} + \frac{1}{T}\frac{dT}{dt} \;\cdots\cdots\cdots\cdots\cdots\cdots\cdots\cdots\cdots\cdots\cdots\; 식(3)$$

이때 식(3)을 초기연도(0)와 종료연도(t) 사이를 기준으로 적분하게 되면 원래 식이 가지고 있던 차원을 그대로 유지하게 되며 로그평균을 가중치로 사용하여 LMDI 분해분석을 사용하게 되면 식(4)와 같이 된다.

$$ln\frac{D(t)}{D(0)}=ln\frac{P(t)}{P(0)}+ln\frac{A(t)}{A(0)}+ln\frac{T(t)}{T(0)} \quad\cdots\cdots\cdots\cdots\cdots 식(4)$$

여기서 식(4)의 양변에 $\frac{D(t)-D(0)}{lnD(t)-lnD(0)}$ 을 곱하여 계산하면 다음 식(5)와 같이 완전하게 분해된다.

$$D(t)-D(0)=\frac{D(t)-D(0)}{lnD(t)-lnD(0)}\times ln\frac{P(t)}{P(0)}+\frac{D(t)-D(0)}{lnD(t)-lnD(0)}\times ln\frac{A(t)}{A(0)} \quad\cdots\cdots 식(5)$$

$$+\frac{D(t)-D(0)}{lnD(t)-lnD(0)}\times ln\frac{T(t)}{T(0)}$$

이 식을 일반화시키게 되면 $E_i=\frac{D(t)-D(0)}{lnD(t)-lnD(0)}\times ln\frac{E(t)}{E(0)}$ 가 되어 자연재해 피해에 영향을 주는 세 개의 요소들(EP, EA, ET)로 분해된다. 이를 정리하면 다음 식(6)과 같다.

$$\Delta D=D(t)-D(0)=E_P+E_A+E_T \quad\cdots\cdots\cdots\cdots\cdots\cdots\cdots 식(6)$$

이 분해된 요소들을 합하게 되면 자연재해피해의 변화값과 정확히 같아지게 되며, 이때 인구효과(Ep)와 경제적 풍요도를 의미하는 생산효과(EA)는 기존 IPAT항 등식과 동일한 의미를 가지며, 다만 기술요소를 나타내는 ET는 환경영향을 상쇄하는 기술효과, 즉 자연재해피해를 저감 및 상쇄시키는 일련의 기술효과를 의미하게 된다. 본 분석모형에서 인구효과는 지역별 도시화에 따른 자연재해피해증가분을 설명하게 되며 생산효과는 지역별 일인당 생산량 증가효과로서 경제규모에 따른 피해액 증가를 설명하게 된다. 한편, 원단위효과로 나타나는 기술효과는 자연재해 피해를 줄이는 상쇄효과를 의미하며 경제발전에 의한 자연재해피해 대응기술 발달 효과를 반영하게 된다. 이에 대해 본 연구에서는 경제발전에 따른 재해저감의 상쇄 비율(offset ratio)은 $Offset_{ratio}=-\frac{E_T}{E_A}\times100(\%)$ 와 같이 정의될 수 있다.

이 경우 상쇄비율이 100을 넘게 되면 경제성장에 따른 재해피해 증가가 원단위 효과로 말미암아 완전하게 상쇄되었음을 의미하게 된다. 반대로, 상쇄비율이 음수의 값을 가지게 되면 재해피해 원단위가 악화됨으로써 오히려 재해피해가 증가되었음을 의미하게 된다. 지역 단위의 분석에서 상쇄효과에 의해 기술효과가 음의 부호를 가지게 됨은 첨단화된 예측장비기술과 다양한 재해대응 설비를 갖춘 지역의 경우 자연재해피해가 줄어들었음을 시사한다. 이 경우 두 가지 관점에서 파악될 수 있다. 첫째, 심각한 재해피해 발생이 지역의 경제성장을 저해하여 악순환이 발생한 경우이고, 둘째는 침체된 경제상황이 재해대응을 소홀하게 하여 재해저감이 악화될 수 있다는 점이다. 이처럼 상쇄비율이 나타내는 기술효과는 지역 단위 분석에서 보다 명확하게 드러난다. 아울러 기술효과가 지역 및 지역의 레질리언스(resilience) 정도를 나타내는 척도가 될 수 있음을 시사한다.

위 모형의 실증분석을 위해 우리나라 16개 시·도별 GRDP와, 인구, 자연재해 피해액에 관한 자료를 구축하였다. 구축된 자료는 일정 단위별로 초기연도(0)와 종료연도(t)로 자료를 구분하여 해당기간의 이동평균자료(moving average data)를 사용하여 자료의 변동 폭을 조정하여 분석하였다. 특히 자연재해 피해액의 경우 피해를 크게 입은 해와 입지 않은 해의 변동 폭이 커 분석이 용이하지 않음을 감안하여 일정 기간 단위로 조정하여 기간별 평균 피해액을 분석하였다.

표 2-2 IPAT 분석모형 자료

변수명	자료 출처	자료범위	비고
인구	통계청 인구총조사 자료 (http://kosis.kr/gen_etl/)	1990-2010년	인구센서스 자료 (5년 단위)
지역내총생산 (GRDP)	통계청 지역내총생산 자료 (http://kosis.kr/gen_etl/)	1990-2010년	2010년 가치환산 가격 적용 (각 연도)
자연재해피해액	소방방재청 재해연보의 시도별 피해액 자료	1990-2010년	2010년 가치환산 가격 적용 (각 연도)

기존 에너지관련 연구의 경우 관련 자료들이 점증적인 형태를 보이기 때문에 특정 시점의 횡단면 자료를 사용하는 것이 타당할 수 있으나 자연재해 피해의 경우 피해가 발생하지 않은 연도가 존재할 수 있기 때문에 자료의 안정성을 위해 평균 수치를 사용하는 것이 타당할 것으로 판단하였다. 국내 GRDP 자료는 통계청

경제활동별 지역내총생산 자료를 사용하며 인구자료는 통계청 조사관리국의 인구
총조사 자료를 활용한다. 자연재해피해액 자료는 재해연보의 시도별 연도별 자연
재해피해액 현황 자료를 활용한다. 각 변수의 자료들은 1990년부터 2010년까지
21년간 기간으로 구축하였으며 GRDP와 자연재해피해액과 같은 화폐단위의 자료
는 당해연도 자료에 2010년 가격을 기준으로 조정계수(deflator)를 곱하여 환산자료
를 사용하였다.

  IPAT 모형에 사용된 변수들에 대한 1990년부터 2010년까지 변화 경향을 살펴보
면 〈표 2−3〉에 제시된 바와 같다. 인구 변화를 살펴보면 우리나라 도시규모 1, 2위
에 해당하는 서울과 부산의 인구 감소가 눈에 띈다. 또한, 강원도, 전라남도를 비
롯한 대부분의 도지역의 인구 감소가 두드러지게 나타났으며 충청북도와 제주도
지역만 유일하게 인구가 상승한 것으로 나타났다. 인구 집중 패턴은 수도권과 광역
시에서 뚜렷하게 나타나고 있는데 경기도의 경우 82%에 달하는 인구증가를 기록
하였고 인천 역시 45%에 달하는 증가세를 보여주었다. 대전은 40%의 성장률을 기
록하였으며 대구와 울산 역시 소폭의 증가 수치를 나타냈다.

표 2-3 IPAT 모형 변수별 변화경향

연대 지역	연평균 자연재해 피해액 (백만원)		연평균 GRDP (10억)		연평균 인구 (천명)	
	1990년대	2000년대	1990년대	2000년대	1990년대	2000년대
서울특별시	10,543	10,602	145,866	242,348	10,410	9,749
부산광역시	5,974	45,795	35,689	54,450	3,803	3,520
대구광역시	1,718	8,964	21,892	32,841	2,337	2,454
인천광역시	7,276	7,388	27,700	46,992	2,060	2,539
광주광역시	3,551	5,577	12,674	21,386	1,198	1,410
대전광역시	3,835	8,730	13,399	22,811	1,160	1,432
울산광역시	827	19,608	6,571	48,137	967	1,043
경기도	203,906	108,764	97,852	193,315	6,896	10,158
강원도	149,483	602,235	17,194	26,341	1,523	1,470
충청북도	63,375	96,579	18,574	30,622	1,392	1,471
충청남도	67,966	108,007	24,006	54,573	1,889	1,907
전라북도	18,587	113,983	19,011	29,580	1,985	1,811
전라남도	47,636	157,733	28,386	47,567	2,287	1,846
경상북도	124,753	246,577	37,334	66,547	2,766	2,629
경상남도	73,214	403,475	55,887	68,354	3,273	3,044
제주도	5,833	25,191	5,385	8,881	510	524
전국	788,473	1,969,219	567,422	994,745	43,972	47,006

GRDP를 살펴보면 전국적으로 200%가 넘는 경제성장을 기록한 가운데 지역별 편차가 극명하게 나타나고 있다. 수도권의 GRDP 변화율은 전국 평균과 비슷하게 나타났으며 특히 서울에 비해 경기와 인천지역의 GRDP 변화율이 대폭 상승한 것을 확인할 수 있다. 지난 21년간 가장 큰 폭의 GRDP 변화율을 보인 곳은 충청남도 지역으로 수도권규제에 따른 반사이익이 작용하여 각종 산업입지 수요가 크게 늘어나 생산활동이 왕성하게 이루어진 것으로 판단된다. 강원도, 경상남도는 전국대비 저조한 GRDP 상승비율을 보였으며 자동차 관련 산업이 집중된 울산 역시 지난 21년간 GRDP 변화율이 가장 저조했던 것으로 나타났다. 특이한 것은 광역시에 비해 도 지역의 GRDP 변화율 폭이 대체로 크게 나타났는데 이는 광역시의 산업시설이 주변 외곽지역으로 입지하는 추세에 따른 결과로 풀이된다.

자연재해 피해액 변화상황을 살펴보면 지난 21년간 전국적으로 증가추세를 보이고 있었다. 두드러진 현상은 수도권 지역과 비수도권 지역의 자연재해 피해액 차이가 극명하게 대비되고 있다는 점이다. 서울과, 경기, 인천 지역은 제로에 가까운 자연재해 피해액 상승을 보였으며 특히 경기 지역의 경우 마이너스(−) 성장률을 기록하며 피해액이 감소추세를 보였다. 하지만, 이는 1990년대에 비해 2000년대 피해액이 상대적으로 적었음을 의미하는 것이며 절대적 수치를 비교해보면 여전히 적지 않은 피해금액을 기록하고 있다. 두드러지게 자연재해 피해액 변화가 나타난 곳은 울산이다. 울산은 지난 20년간 자연재해 피해변화율이 2,271%에 달하며 전국에서 최고의 수치를 기록하였다. 게다가 울산의 경우 인구가 증가한 것에 비해 GRDP 상승이 소폭으로 이루어져 지역의 성장동력 감퇴에 따르는 고용문제가 이슈화되고 있어 자칫 기후변화에 따른 자연재해가 지역발전의 발목을 잡을 수도 있는 우려가 있다.

강원도의 경우 2000년대에는 매년 6,000억 원에 달하는 피해를 자연재해로 인해 입은 것으로 나타났으며 이는 GRDP의 2.3%에 달하는 것으로 지역경제에 지대한 영향을 미치고 있다. 특히, 대구와 부산 그리고 전라북도와 경상남도 역시 500% 내외의 자연재해 피해 증가추세를 나타내고 있어 각별한 대책과 계획 수립이 요청된다. 무엇보다 대구의 경우는 인구가 증가하는 가운데 나타나는 피해증가 현상이어서 인명피해 증가에 대한 대비책이 추가될 필요가 있다.

〈표 2−4〉에 제시된 탄성계수를 살펴보면 흥미로운 결과를 도출할 수 있다.

탄성계수는 자연재해 피해 변화율을 GRDP 변화율로 나눈 값으로 정의하였으며 GRDP 한단위 증가할 때마다 증가하는 자연재해 피해액의 정도를 의미하게 된다. 특히 1990년부터 2010년 사이의 자연재해 피해 탄성계수가 가장 낮은 지자체는 경기도로 GRDP가 1% 증가하는 동안 자연재해피해는 −0.15% 감소했던 것으로 나타났다. 대체로 자연재해 피해 원단위 개선정도가 큰 지자체일수록 탄성계수가 낮게 나타났다. 강원도의 경우 GRDP 증가율은 142인 데 반해 자연재해 피해 증가율은 302에 달하여 경제성장 속도보다 자연재해 피해증가 속도가 더 큰 것으로 나타나 지역발전 차원에서의 구조적 대책이 필요함을 시사한다. 부산, 대구, 울산, 전라북도, 전라남도, 경산남도, 제주도 역시 GRDP 성장에 비해 자연재해 피해증가가 큰 것으로 나타났다. 울산광역시의 경우 GRDP 1% 성장하는 동안 자연재해 피해 증가가 24% 이상 발생한 것으로 분석되었다. 한편, 서울과 인천, 광주, 충청남도의 경우는 GRDP 성장에 비해 자연재해 피해 증가가 근소하게 이루어져 안정적 지역 경제성장을 이룬 것으로 파악된다.

표 2-4 IPAT 모형 요소별 총 변화율(1990-2010) (단위: %)

	GRDP	자연재해피해	인구	탄성계수
서울특별시	194.3	0.6	-9.2	0.00
부산광역시	133.1	666.6	-10.6	5.01
대구광역시	132.2	421.9	9.1	3.19
인천광역시	227.2	1.5	44.9	0.01
광주광역시	215.3	57.1	28.8	0.27
대전광역시	217.9	127.6	42.0	0.59
울산광역시	92.3	2271.5	10.8	24.60
경기도	302.3	-46.7	81.9	-0.15
강원도	142.2	302.9	-7.4	2.13
충청북도	241.6	52.4	7.7	0.22
충청남도	489.0	58.9	-0.6	0.12
전라북도	202.7	513.2	-14.7	2.53
전라남도	246.8	231.1	-31.0	0.94
경상북도	222.0	97.7	-10.0	0.44
경상남도	125.7	451.1	-15.0	3.59
제주도	214.0	331.9	2.7	1.55
전국	232.6	149.8	10.6	0.64

4 위험한 성장과 안전한 성장

IPAT 모형을 LMDI 분해기법을 사용하여 분석한 결과는 〈표 2−5〉에 제시되어 있다. IPAT 모형에서의 자연재해피해액은 지수분해분석에 의해 기술효과, GRDP 효과 및 인구효과로 완전하게 분해되었으며 각 분해된 수치가 제시되고 있다.

먼저 총 변화를 전체적으로 살펴보면 서울과 광역시의 변화폭이 도 지역에 비해 큰 자연재해피해가 없었던 것으로 나타났다. 특히 서울, 인천, 경기, 광주의 자연재해피해 변화 폭은 한 자리수 이하의 안정적인 수치를 나타냈다. 특히 경기도의 경우 큰 폭의 감소세를 나타내고 있는데 GRDP와 인구의 상승에도 불구하고 기술효과로 인한 재해저감이 효과적으로 이루어진 것으로 해석된다. 한편, 자연재해 피해는 증가하였지만 자연재해피해 원단위 효과에 의한 저감작용(기술효과)이 나타난 곳은 서울, 인천, 광주, 경기, 충청북도, 충청남도 등 총 6개 지역이다. 이들 지역에

표 2-5 IPAT 모형 분석결과

	총 변화	기술 효과	GRDP 효과	인구 효과	상쇄비율(%)
서울특별시	0.1	−5.3	6.1	−0.7	87.58
부산광역시	39.8	31.6	9.8	−1.5	−323.12
대구광역시	7.2	5.5	1.6	0.2	−349.65
인천광역시	0.1	−3.8	2.3	1.5	160.52
광주광역시	2.0	−0.3	1.6	0.7	19.91
대전광역시	4.9	1.7	1.9	1.3	−90.27
울산광역시	18.8	7.0	11.4	0.4	−61.31
경기도	−95.1	−198.2	44.4	58.6	446.06
강원도	452.8	314.2	150.1	−11.5	−209.32
충청북도	33.2	−6.2	35.1	4.3	17.68
충청남도	40.0	−31.0	70.2	0.8	44.10
전라북도	95.4	72.1	28.1	−4.8	−256.88
전라남도	110.1	62.6	67.1	−19.7	−93.27
경상북도	121.8	18.5	112.5	−9.1	−16.43
경상남도	330.3	291.3	53.0	−14.0	−549.62
제주도	19.4	12.7	6.3	0.4	−203.57
전국	1,181	456.6	638.1	86.1	−71.55

서는 지역경제 성장이 자연재해 피해를 저감하는 방향으로 이루어져 지역의 재해 저항성(resilience)에 기여한 것으로 파악된다. 반면, 강원도와 경상남도는 지역경제 성장이 자연재해 피해 저감에 전혀 기여하지 못하는 모습을 나타낸다. 이는 경제발전이 자연재해를 저감하고 지역주민의 안전성을 확보하는 것과 효과적으로 연계되지 못하고 있음을 시사한다.

흥미로운 것은 인천광역시, 경기도는 상쇄비율이 100%를 넘어 경제성장에 따르는 생산증가로 인한 자연재해 피해 증가를 원단위 개선으로 완전히 상쇄하고 있음을 보여준다. 이는 분석기간 동안 지역경제 발전과 자연재해 저감의 조화를 적절하게 이룬 것으로 해석될 수 있으며 지역의 지속가능한 발전이라는 관점에서도 바람직한 것으로 풀이된다. 한편, 경상북도는 기술효과에 의한 재해저감 효과가 저조하고 자연재해 피해가 경제성장으로 인해 악화되고 있는 전형적인 사례를 보여준다. 대부분의 광역도 지역은 인구 효과에 의해 자연재해 피해가 일부 저감된 것으로 나타나지만 GRDP 효과와 기술효과에 의해 피해가 늘어난 것으로 나타났다. 특히, 상쇄비율이 모두 −100% 이하의 수치를 나타내 경제성장이 자연재해 피해저감에 전혀 기여하지 못하고 있으며 오히려 악화시켰던 것으로 분석되었다. 이는 안전이 확보되지 못한 위험한 성장(risky growth)을 해왔음을 의미하며 향후 도시 및 지역개발 등의 공간개발 행위에 있어서 보다 적극적인 재해저감에 대한 고려가 필요함을 시사한다.

전국 단위의 상쇄비율을 살펴보면 −71.55로 나타난다. 이는 지난 21년간 국가 경제발전으로 인한 생산활동 증가가 자연재해 피해 저감에 전혀 기여하지 못하고 있음을 의미하는 것으로 향후 성장 지향적 국가발전 패러다임에서 안전 지향적 국가발전 패러다임으로의 전환이 필요함을 시사한다. 과거 21년간 국가의 경제성장이 국민의 안전과 복지를 직접적으로 저해할 수 있는 자연재해 피해를 악화시킨 것임을 의미하기에 국가 재난관리에 있어 보다 많은 관심과 연구가 이루어져야 할 필요가 있겠다.

지난 기간 동안 서울, 광주, 충북, 충남 역시 양(+)의 비율을 보여 원단위에 의한 기술효과가 자연재해 피해저감에 긍정적인 영향을 미친 것으로 분석되었다. 이들 지역의 경우 경제성장이 재해저감에 일부 기여한 것임을 의미하며 향후 재해저감을 위한 추가적 노력과 조치가 동반될 경우 경제발전으로 인해 재해피해가 증가하는 현상을 지속적으로 방지하고 안전 성장을 도모할 수 있을 것으로 판단된다.

상쇄비율이 높은 지역은 안전과 경제성장이 따로 가지 않고 경제성장이 안전을 확보하는 재해에 강한 지역을 의미하기에 건전한 지역발전의 모형으로 이해될 수 있다. 향후 기후변화의 위험성과 불확실성이 증대되는 현실을 감안할 때 이 같은 지역발전 모형은 지속가능한 지역발전의 모형으로 거울삼을 필요가 있다. 나아가 경제성장이 지역의 위험과 안전에 영향을 주지 않는 소극적 관계에서 발전하여 위험을 저감시켜줄 수 있는 적극적 기능을 수행할 필요가 있음을 시사한다.

본 장의 주요 분석내용을 정리하면 다음과 같다. 첫째, IPAT 모형요소별 변화율의 탄성계수를 살펴본 결과, 자연재해 피해에 대한 경제성장과 인구증가의 변화 정도가 지역별로 상이하게 나타났다. 부산, 울산, 강원, 전북, 경남 지역의 경우 지난 21년간 경제성장의 과정에서 GRDP 증가 속도에 비해 자연재해 피해액의 증가 정도가 심했던 것으로 나타났다. 특히 울산은 도시화에 따른 인구증가 요소까지 겹쳐 자연재해 피해가 급증했던 것으로 나타나 자연재해 관리와 더불어 지속적인 도시성장 관리가 필요함을 시사하고 있었다.

둘째, 지수분해분석으로 IPAT 모형 요소를 분해한 결과, 자연재해 피해에 대한 기술효과와 GRDP 효과가 지역별로 역동적인 양상을 나타냈다. 서울, 경기, 충남 지역에서는 지역경제 성장이 자연재해 피해를 저감하는 방향으로 이루어져 지난 기간 동안 경제성장과정에서 지역의 재해저항성(resilience)이 적절하게 작용했던 것으로 파악되었다. 반면, 강원도와 경상남도는 지역경제 성장이 자연재해 피해 저감에 전혀 기여하지 못하는 모습을 나타내 경제발전이 자연재해를 저감하고 지역 주민의 안전성을 확보하는 것과 효과적으로 연계되지 못하고 있음을 시사했다. 향후 지방자치단체들이 경제성장과 도시화 과정에서 자연재해 피해저감을 어떻게 관리해야 할지에 대해 근본적이고 체계적인 대처방안 강구되어야 할 것이다.

셋째, 지수분해분석에 따른 상쇄비율을 살펴보면, 대부분 도 지역의 경우 인구효과에 의해 자연재해 피해가 일부 저감된 것으로 나타나지만 GRDP 효과와 기술효과에 의해 피해가 늘어난 것으로 나타났다는 점이다. 특히, 강원, 전북, 경남, 제주 지역의 경우 상쇄비율이 모두 −100% 이하의 수치를 보여 경제성장이 자연재해 피해저감에 전혀 기여하지 못하고 있으며 오히려 악화시켰던 것으로 분석되었다. 안전이 확보되지 못한 경제성장은 도시 삶의 질 차원에서 도시 경쟁력을 악화시킬 수 있음을 시사한다. 이들 지역의 경우 지난 기간 동안 대부분 인구감소를 경험하였다. 때문에 향후 도시 및 지역개발 등의 공간개발 행위에 있어서 보다 적극적인 재해저감에 대한 고려가 필요함을 시사한다. 반면, 경기도, 인천, 충남의 경우 GRDP 효과와 기술효과에 의해 자연재해 피해 저감이 효율적으로 이루어졌다. 이들 지역은 경제성장과 더불어 안전가치도 제고되어 향후 삶의 질과 도시 경쟁력 측면에서 보다 유리한 입지에 있다고 판단된다.

자연재해는 국가의 안전과 존립을 위협하는 또 하나의 위험요소이지만, 공간계획적 측면에서 파악해보면 기후변화 자연재해로 인해 가장 큰 영향을 받는 단위는 바로 도시와 지역이다. 기상이변(extreme events) 및 자연재해 발생은 시간과 공간에 따라 도시기능에 큰 변화를 가져오게 된다. 이 같은 자연재해 발생의 메커니즘은 기후변화대응의 시공간적 역동성을 부각시킨다. 국가나 지방자치단체가 이같은 불확실성을 어떻게 다루는지에 따라 위험사회에서의 국토안전시스템이 현저하게 달라질 수 있음을 주지해야 한다. 아울러 국가 수준의 기후변화 적응정책을 수립하는 과정에서 지방자치단체 수준의 재난관리에 대한 논의와 연구도 충분히 반영되어야 하겠다.

재난의 불확실성에 대응하는 국가나 지역의 재난관리정책은 크게 복구정책과 예방정책 두 가지로 구분할 수 있다. 불확실성을 줄이려는 복구위주의 정책은 불확실성이 높은 기후변화에 대해서 별다른 조치를 취하지 않음을 의미하며 단기적으로 효과적일 수 있다. 하지만 장기적으로 많은 국가적 자산을 위험에 빠뜨려 막대한 비용을 초래할 수 있는 위험한 선택이 될 수 있음을 주지해야 한다. 불확실성에 대비하는 예방위주의 정책은 단기적으로 예산부담이 따르지만 적절하게 대응이 이루어질 경우 장기적으로 국가자산을 보호할 수 있는 효과적인 정책이다. 무엇보다 주의할 것은 무계획적 적응(unplanned adaptation) 역시 무조치(no adaptation)만큼이나 위험할 수 있다는 점이다. 계획된 적응(planned adaptation)정책 수립을 통한 균형 있고 신중한 접근으로 기후변화의 위해 영향들을 최소화하거나 적응할 수 있는 위험사회의 저항능력(resilience) 배양이 어느 때보다 절실하다.

1 도시화와 기후변화의 상호 영향에 대해 예를 들어 설명하시오.

2 기후변화 현상이 어떤 메커니즘으로 국가나 지역의 자연재해 피해를 증가시키는지 설명하시오.

3 경제성장이 자연재해를 저감시키는 국가발전 시스템과 경제성장이 자연재해를 증가시키는 국가발전 시스템의 차이는 무엇인가?

4 자연재해피해가 환경영향의 하나로 파악될 수 있는 이유는 무엇인가?

5 상쇄비율이 높은 지역과 상쇄비율이 낮은 지역의 차이는 무엇인지 논의하시오.

제3장
위험의 사회적 증폭과 공간적 역동성[1]

1 개요

도시화와 기후변화는 위험사회에서 다양한 위험을 양산한다. 위험사회에서 위험은 사회적 맥락에 따라 다양한 반응을 일으키며 역동적인 전개 양상을 지닌다. 본 장에서는 위험사회의 공간적 역동성을 위험의 사회적 증폭 현상의 관점에서 고찰하고자 하며, 위험의 사회적 증폭이 지역적 맥락에 따라 다르게 나타남에 착안하고 있다. 본 장에서 위험사회의 공간적 역동성은 위험이슈의 증폭과 감쇠의 변화가 지역사회의 맥락에 따라 어떻게 변화하는지 살펴봄으로써 파악된다.

2011년 7월 26일에서 29일 동안 중부권에서 발생한 폭우는 많은 인명피해와 재산피해를 동반하였다. 이로 인해 서울에서는 서초구를 비롯하여 6개 구에서 70ha에 이르는 산사태가 발생하였다. 흥미로운 것은 비슷한 시기 강원도에서도 춘천 등 7개 시·군에서 49ha에 이르는 산사태가 발생하였다(관계부처합동, 2011: 77). 7월 27일에는 서울시 서초구 우면동과 강원도 춘천시 신북면에서 발생한 산사태로 각각 18명과 13명이 사망하는 대형 참사가 일어났다. 서울 서초구에서 발생한 우면산 산사태와 강원도 춘천시에서 발생한 춘천 산사태는 예상치 못한 폭우로 커다란 피해가 발생하였다는 점에서 많은 관심을 불러 일으켰다.

---

1 본 장은 한국지적정보학회지 18권 1호 "위험의 사회적 증폭의 지역적 특성에 관한 사례연구" 내용을 수정 및 보완하여 작성함.

여기서 주목할 만한 것은 재난발생 이후의 두 지역의 위험증폭 현상이 판이하게 나타났다는 점이다. 우면산 산사태의 경우 지역사회 구성원 간의 갈등으로 긴장감이 조성되었으나 이후 이해관계 조정을 통하여 재발방지 대책 수립 등 지역사회 내에서 산사태 위험을 최소화하기 위한 노력이 꾸준히 계속되었다. 반면 춘천 산사태의 경우, 상호 불신과 갈등이 점차적으로 심화되면서 뚜렷한 성과 없이 오랜 기간 답보상태에 머물러 있었다는 점이다. 비슷한 시기에 같은 원인으로 유사한 규모의 피해를 발생시킨 두 재난에 대해 어떻게 상이한 대응이 나타난 것일까. 이는 유사한 위험이슈임에도 지역적 맥락에 따라 그 사회적 증폭현상은 다르게 나타날 수 있다는 중요한 시사점을 던져준다.

물리적인 위험과 달리 위험이슈는 지역 사회가 공유하고 있는 사회·문화적 경험과 맥락에 기반을 두고 있기 때문에 공동체의 특성에 따라 다른 결과가 초래될 수 있다. 일찍이 Kasperson et al.(1996)은 위험의 사회적 증폭 프레임워크(social amplification of risk framework: SARF)를 통하여 공동체 내에서 위험이 증폭되거나 감쇠되는 메커니즘을 제안한 바 있다. 이에 SAFR의 관점에서 공동체의 경험과 특성에 따라 위험의 사회적 증폭현상이 변화하는 공간적 역동성을 살펴보도록 하겠다.

2 위험의 사회적 확산이론

위험은 사회적 맥락과 특성에 따라 그에 대한 인식(perception), 수용성(acceptance) 및 반응(response)이 다양하게 나타난다. 이는 위험의 전달과 반응과정이 사회적 맥락에 따라 다르게 나타날 수 있음을 시사한다.

위험판단의 기준이 되는 지식은 개별 문화의 역사, 상징 그리고 사회적 지식의 그물망(grid)으로부터 도출된다. 따라서 동일한 위험이라도 지역과 문화에 따라 수용과 반응이 다르게 나타날 수 있다(한상진, 1998; 김원제, 2003). 이를 설명하는 대표적 모형이 위험의 사회적 확산 프레임워크(SARF, social amplification of risk framework)이다. 이론에 따르면 위험에 영향을 받는 개인 또는 집단들은 그들이 가지고 있는 경험, 가치 그리고 신념 등에 따라서 위험 신호를 확산(amplification) 또는 감쇠

(attenuation)시키는데 SARF 이론은 이러한 프로세스를 통합적으로 설명한다는 장점을 지닌다(김영욱, 2008).

SARF 모형은 위험의 사회적 확산 과정을 두 단계로 구분한다. 첫째는 위험이슈의 전달 단계이다. 이때 전달되는 위험 정보는 사실성, 이미지, 징후, 그리고 상징 등이 있으며, 정보의 양(volume), 논쟁(disputation)정도, 극화(dramatization) 및 상징적 내포(symbolic connotation) 정도 등을 통하여 측정된다. 둘째는 위험이슈의 해석과 반응단계이다. 위험이슈를 수용하는 집단은 자신들의 사회·문화적 맥락에 기반을 두어 이슈를 재해석하고 가치를 부여한다. 이 단계에서는 추단(heuristic), 사회집단 관계(social group relationship), 신호값(signal value), 낙인화(stigma) 그리고 사회적 신뢰(trust) 등을 통하여 위험이슈의 확산이 수준별로 발생한다(Solvic, 2000). 이렇게 두 단계를 거쳐 증폭되거나 감쇠된 위험이슈는 개인, 집단, 지역사회 그리고 국가 차원으로 범위를 넓혀 나가며 사회 전반에 걸쳐 다양한 변화를 이끌어 낸다. SARF 모형은 상기 단계를 통합적으로 설명하는 이론으로 파악될 수 있다.

위험의 사회적 확산은 위험소통(risk communication)의 과정으로 파악되기도 한다. 위험소통에서는 정보원(Source) − 메시지(Massage) − 유통경로(Channel) − 수용자(Receiver) − 영향(Effect) 등 다섯 단계로 구분하여 설명하고 있다. 여기에서의 핵심

그림 3-1 위험의 사회적 확산 이론

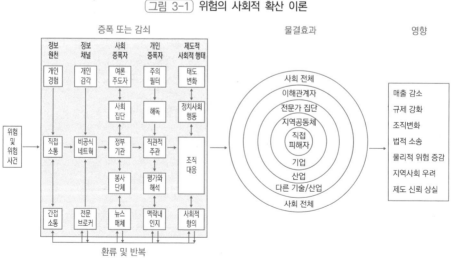

출처: 김영대·박관규(2015); Kasperson et al.(2003)

은 '누가?(Who)', '무슨 내용을?(say What)', '어떤 채널로?(in Which channel)', '누구에게?(to Whom)', '어떤 효과를 주었나?(with What effect)'이다(Laswell, 1948; 최충익 외, 2015). 이 같은 단계적 설명은 사회적 이슈의 증폭(amplification)과 감쇠(attenuation)가 복잡한 현대사회의 위험특성을 구조적으로 파악하는 데 중요한 분석틀을 제공해준다.

그림 3-2 S-M-C-R-E Model

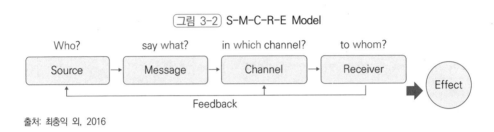

출처: 최충익 외, 2016

하지만, 사회의 다양한 요소를 반영하는 SARF 모형은 위험이슈가 어떻게 증폭되고 감쇠되는지를 보여주지만 어느 변수가 더 많은 영향을 미치는지, 그 차이는 어느 정도인지, 어떠한 사회적 맥락에 의하여 증폭 및 감쇠가 변동되는지에 대한 설명이 충분하지 못한 한계가 있다. 이 같은 한계를 극복하기 위해 최근 연구대상

그림 3-3 수정된 SARF 모형

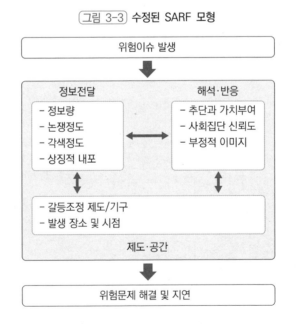

의 특성에 따라 SARF 모형을 수정하려는 시도들이 있다. 최진식(2009)은 광우병에 대한 위험이슈의 증폭·감쇠를 측정하기 위하여 언론보도의 과도성과 주민의 불신 수준을 변수로 수정된 SARF 모형을 활용하였다. 김영대·박관규(2015)도 노원구 아스팔트 방사선 사례를 대상으로 위험정보를 전달하는 언론보도특성과 이를 수용하는 지역사회 구성원의 반응, 지역사회의 제도·상황적 특성을 변수로 활용하는 모델을 제시한 바 있다. 본 장에서는 선행 연구들의 모형 수정 사례를 참고하여 위험이슈가 발생된 이후 확산과정을 거치는 동안 정보전달, 해석·반응 그리고 제도·공간적 요인들이 어떻게 반영되는지 살펴보고 이러한 요소들이 어떻게 위험문제를 해결하거나 지연시키는 결과를 가져오는지 분석해보고자 한다(〈그림 3-3〉 참조).

3 우면산 산사태와 춘천 산사태로 본 위험의 사회적 확산

1) 우면산 산사태의 사회적 확산

서초구에서 발생한 우면산 산사태는 쾌적하고 안전한 지역이라는 이미지가 무너지면서 지역사회에 커다란 충격으로 다가왔다. 추가적으로 SNS를 통한 지뢰유출설(세계일보, 2011년 7월 29일)과 산사태 경고메세지가 서초구청 퇴직자 및 전출자에게 전송되는 등 관리부실(동아일보, 2011년 8월 3일)이 드러나면서 위험이슈가 크게 증폭되었다.

이후 8월에는 산사태 최종결론을 둘러싸고 관련 기관 사이의 갈등과 책임회피가 드러났다. 이는 피해주민들의 불만을 촉발시키면서 국회청원, 서명운동 등 위험이슈를 외부로 확산시키는 계기가 되었다(국민일보, 2011년 9월 16일). 이렇듯 위험이슈를 둘러싼 갈등이 고조되는 가운데 2011년 11월 새롭게 선출된 서울시장이 산사태 원인에 대한 객관적 재조사를 약속하면서 더 이상 위험 이슈는 확대되지 않고 원활하게 복구 및 재발방지 사업이 추진되었다. 우면산 산사태의 위험이슈 변화를 살펴보면 사고수습단계, 원인분석단계 그리고 후속대책 단계로 구분할 수 있다.

표 3-1 우면산 산사태 사례의 주요경과

발생일	주요 사건
11. 7.27	오전 7:40 산사태 발생
11. 7.28	산림청, 서울시, 서초구의 산사태 책임전가 공방 가열
11. 7.29	유가족 서초구청 항의방문
11. 8. 1	합동조사단 중간발표(군부대가 주요원인 중 하나)
11. 8. 6	국방부 반박으로 최종발표 연기
11. 9.15	합동조사단 최종발표(산사태 원인은 천재(天災))
11. 9.20	유가족 위험이슈 확대활동 개시(국회청원, 서명운동, 연대강화)
11.11. 2	서울시장 객관적 재조사 약속
11.12.21	복구 및 재발방지 사업 시작
12. 6.15	복구 및 재발방지 사업 완료
14. 3.13	합동조사단 2차조사 결과 발표(부분적으로 인재(人災) 인정)

사고수습 단계에서는 서초구청을 중심으로 사전경고 문자서비스를 두고 대립한 산림청, 미흡한 현장 수습에 직접적 피해를 보고 있는 주민 등이 주요 행위집단으로 나타났다. 원인분석 단계에서는 합동조사단을 중심으로 산사태 발생원인을 둘러싸고 대립한 국방부, 천재(天災)인가, 인재(人災)인가를 두고 갈등을 빚은 피해주민이 주요 행위집단으로 나타났다. 마지막으로 후속대책 단계에서는 재조사를 둘러싸고 갈등관계를 표출한 서울시청과 피해주민이 주요한 집단인 것으로 도출되었다.

표 3-2 우면산 산사태 위험이슈 행위집단

단계	주요 행위집단
사고수습	서초구청, 산림청, 피해주민
원인분석	합동조사단, 국방부, 피해주민
후속대책	서울시청, 피해주민

2) 춘천 산사태의 사회적 확산

춘천시 신북면에서 발생한 산사태의 경우 사망자의 상당수가 봉사활동을 나온 20대 초반의 대학생이라는 점에서 위험 이슈가 크게 부각되었다(서울경제. 2011년 7월 27일). 이어서 2011년 8월 강원도와 춘천시가 "이번 산사태는 자연재해로서 책임이 없다"라는 입장을 고수하고 상호 책임을 전가하는 모습을 보임으로써 위험이슈가 증폭되었다. 사고조사위원회가 구성된 이후에도 예산을 둘러싸고 유가족과 춘천시 측의 갈등이 계속되었다. 결국 2011년 9월에 이르러 아무런 성과 없이 위원회가 해체되고(연합뉴스. 2011년 9월 9일) 유가족들은 도의회 청원, 서명운동 등을 통하여 위험이슈를 외부에 확산시키기 위한 활동을 시작하였다(강원희망신문. 2011년 9월 26일). 그러나 우면산 산사태의 경우와 달리 지역사회의 충분한 공감을 확보하지 못한 채 산사태 발생 3년이 지난 2014년까지도 충분한 재발방지 대책이 마련되지 못한 채 방치되어 있다(뉴시스. 2014년 6월 16일).

표 3-3 춘천 산사태 사례의 주요경과

발생일	주요 사건
11. 7.27	오전 0:30 산사태 발생
11. 7.28	강원도와 춘천시의 책임전가 공방
11. 7.29	유가족 춘천시청 항의방문(사고조사위 구성 합의)
11. 8. 9	조사위원회 1차회의 개최(조사활동 계획 수립)
11. 8.19	춘천시에 조사활동 예산 요청
11. 8.24	조사위원회 2차회의 개최(춘천시 예산지원 불가 발표)
11. 9. 9	조사위원회 해체, 장외투쟁 시작(1인시위, 서명운동 등)

춘천 산사태 역시 사고수습, 원인분석 그리고 사후대비 등으로 구분하여 주요 행위집단을 살펴볼 수 있다. 사고수습단계에서는 춘천시청을 중심으로 사고책임을 둘러싸고 갈등한 강원도청, 미흡한 현장지원을 둘러싸고 마찰을 빚은 유가족 등이 주요 행위집단으로 나타났다. 원인분석 단계에서는 조사위원회와 예산지원 문제로 갈등을 빚은 춘천시청이 있었다. 마지막으로 사후대비 단계에서는 원인조사 속행을 둘러싸고 갈등관계를 표출한 춘천시청과 유가족이 주요 행위집단으로 나타났다.

표 3-4 춘천 산사태 위험이슈 행위집단

단계	주요 행위집단
사고수습	강원도청, 춘천시청, 유가족
원인분석	춘천시청, 조사위원회, 유가족
사후대비	춘천시청, 유가족

3) 분석방법: 내용분석

본 장에서는 두 개의 사례지역에 대한 실증분석을 위해 자료를 한국언론재단의 카인즈(KINDS) 검색 서비스를 수집하여 분석하였다. 자료 수집기간은 산사태 발생일인 2011년 7월 27일에서 2015년 12월 31일까지이며, 검색 키워드는 '우면산 산사태'와 '춘천 산사태'로 한정하였다. 다만 춘천 산사태의 경우 지역언론에서만 해당이슈를 다루는 경우가 있어 이 부분에 한하여 추가적으로 자료를 보완하였다. 최종적으로 494건의 보도자료가 수집되었으며, 이 가운데 두 사례를 모두 다룬 기사는 80건이며, 우면산 산사태만 다룬 기사는 385건, 춘천 산사태만 다룬 기사는 22건으로 나타났다. 이외에도 당시 지역사회가 위험이슈를 바라보는 맥락(context)을 살펴보기 위하여 중앙·지방정부의 보도자료, 시민단체의 기자회견 자료, 피해단체의 성명서 및 회견자료를 참고하였다.

또한 언론보도가 위험 이슈를 어떻게 다루고 있는지 특성을 파악하기 위하여 사실전달, 위험증폭, 위험감쇄 등 세 가지 분류기준으로 기사의 내용을 분석하였다. 다만, 이러한 분류는 기사를 해석하는 개인의 주관적 판단에 의지하는 경우가 많기 때문에 분석의 객관성과 정확도를 높이기 위하여 Holsti(1969)의 신뢰 계수법을 활용하였다. 이는 해당 사례에 대하여 충분히 숙지하고 있는 2명의 코더(coder)를 활용하여 전체 표본의 일정 부분에 해당하는 기사를 추출하여 다른 코더의 분류와 일치도를 분석하는 방법이다(최충익, 2011). 이때 신뢰도는 $2M/(N_1+N_2)$로 나타낸다. 이 수식에서 M은 두 코더 간 일치한 코딩 수이며, N_1과 N_2는 두 코더가 각각 코딩한 전체 기사 수를 의미한다.

---

4 | 위험의 사회적 확산의 공간적 역동성

본 장에서는 우면산 산사태와 춘천 산사태를 둘러싼 위험이슈의 증폭과정을 수정된 SARF 모형의 관점에서 살펴보았으며, 위험이슈의 확산과정을 정보전달, 해석·반응, 지역사회 특성 등 세 부분으로 구분하여 분석하였다.

1) 정보의 전달단계

위험사건이 발생된 이후 관련 정보들이 전달되는 과정에서 나타나는 위험이슈의 증폭 및 감쇠는 전달되는 정보의 양, 정보를 둘러싼 논쟁 및 각색정도 그리고 상징적 내포 등으로 측정할 수 있다. 첫째, 위험이슈의 정보량은 관련 기사 수를 통하여 파악할 수 있다. 우면산 산사태를 다룬 기사는 458건, 춘천 산사태를 다룬 기사는 102건이었다. 정보량을 기준으로 살펴보았을 때 우면산 산사태가 약 4.5배 더 많은 정보를 전달하고 있어 서초구의 위험이슈가 지역사회 내에서 증폭하는 데 커다란 역할을 수행하였다고 할 수 있다.

표 3-5 위험이슈별 기사 발생 현황 (단위: 건)

연도	우면산 산사태	춘천 산사태
합 계	458	102
2011	342	76
2012	74	14
2013	17	4
2014	24	4
2015	8	4

둘째, 위험정보를 둘러싼 논쟁정도는 기사의 내용분석을 통하여 살펴볼 수 있다. 분류 기준은 사실전달, 이슈증폭, 이슈감쇠이며, 분류의 객관성을 높이기 위하여 Holsti의 신뢰 계수법을 적용하였다. 신뢰도 측정 결과 두 코더의 분류결과가 94% 일치하는 것으로 나타나 분류결과 타당도가 높은 것으로 나타났다. 개별 사례를 살펴보면 우면산 산사태는 이슈증폭이 60.9%(283건), 이슈감쇠가 23%(107건) 그리고 사실전달이 16.1%(75건)로 나타났으며, 춘천 산사태는 이슈증폭이 55.6%(57건), 이슈감쇠가 22.5%(23건), 사실전달이 21.6%(22건)으로 나타났다.

두 사례 모두 이슈증폭, 이슈감쇠, 사실전달 기사 개수는 다르지만 비율은 큰 차이를 보이지 않는 것으로 나타났다. 하지만 이슈증폭 기사가 이슈감쇠 기사에 비하여 두 배 이상 높은 것으로 나타나 언론보도가 두 지역사회 모두 위험이슈를 증폭시키는 데 주요한 역할을 수행하였다고 할 수 있다.

표 3-6 위험이슈별 기사 증폭 및 감쇠현황 (단위: 건, %)

연도		우면산 산사태	춘천 산사태
합 계		465(100)	102(100)
	위험증폭	283(60.9)	57(55.9)
	위험감쇠	107(23.0)	23(22.5)
	사실전달	75(16.1)	22(21.6)

셋째, 기사의 각색정도나 선정성 수준을 분석한 결과 폭우를 나타내는 '물폭탄', 산사태를 나타내는 '(진흙)쓰나미', 재난 이후의 상황을 묘사하는 '쑥대밭' 등의 용어가 상징적으로 사용된 것으로 나타났다. 우면산 산사태를 다룬 기사가 약 4.5배 많다는 부분을 감안하더라도 춘천 산사태에 비하여 극단적인 용어 사용의 빈도가 훨씬 높은 것으로 나타났다. 예를 들어, 우면산 산사태를 다룬 기사에는 "토사 쓰나미에 휩쓸려서....", "우면산 일대를 쑥대밭으로 만들어..."라는 극적인 표현이 자주 등장하고 있지만 춘천 산사태를 다룬 기사에서는 "토사에 파묻혀 버려...", "흙더미가 건물을 덮쳐서"라는 비교적 순화적 표현들이 사용되었다.

표 3-7 상징적 단어사용 빈도 (단위: 횟수)

상징표현	우면산 산사태	춘천 산사태
물폭탄	170	21
쓰나미	46	1
쑥대밭	27	3

2) 해석·반응단계

위험신호에 대한 지역사회의 해석과 반응은 위험의 사회적 증폭에 중요한 요인이 된다. 이론적 차원에서 해석과 반응은 추단(heuristic)과 가치부여, 사회집단의 신뢰관계, 지역에 대한 부정적 이미지 등 세 가지 변수로 측정할 수 있다.

첫째, 위험이슈에 대한 추단과 가치부여는 지역사회의 경험에 의하여 결정된다. 우면산 산사태가 발생한 서초구의 경우 이전까지 자연재해에 대한 피해를 크게 입지 않았던 지역으로서 산사태 같은 자연재난에 대한 지역사회의 위험인지가 매우 낮았다. 따라서 우면산 산사태 같은 위험이슈는 다른 지역사회에 비하여 크게 증폭될 수밖에 없었다. 반면, 춘천시를 비롯한 강원도 지역은 비교적 산사태 등 자연재해가 빈번히 발생하는 지역이기 때문에 위험이슈의 증폭이 다른 지역에 비하여 크지 않았다.

둘째, 사회집단의 신뢰관계이다. 지역사회에서 위험을 관리하는 제도나 기관에 대한 신뢰도가 낮을수록 구성원들은 사소한 위험에 대해서도 극단적으로 반대하는 모습을 보인다(이승훈, 2009). 산사태 발생 초기단계에 두 지역 모두 위험관리 기관인 공공기관들이 조직보호 논리에 기반을 두고 책임을 회피하고자 하는 행태를 보임으로써 지역사회 구성원 간의 신뢰관계가 낮아지고, 이는 위험이슈를 증폭시켜 상호 갈등과 불신을 조장하였다. 갈등이 심화되는 단계에 이르러 우면산 산사태 사례의 경우 위험관리 책임기관인 서울시가 지역사회 구성원들과 적극적인 위험 커뮤니케이션을 시도하고 사고에 대하여 부분적으로나마 책임지려는 태도를 보임으로써 위험이슈를 감쇄시켰으며, 이후 발생하는 사소한 위험이슈에 대해서도 커다란 파열음 없이 원만히 해결할 수 있는 기반을 마련하였다. 이후 우면산 산사태 복구공사와 관련하여 서울시 부실공사 논란(2012년 5월)과 산사태 2차 조사 결과에 대한 불만족(2014년 3월)에도 불구하고 극단적인 반대 여론이나 행동은 더 이상 나타나지 않았다. 반면 춘천 산사태의 경우 갈등이 심화되는 단계에 이른 후에도 위험관리 책임기관인 춘천시청이 적극적인 대응을 보이지 않으면서 지역사회 구성원 간의 위험이슈를 둘러싼 갈등이 심화되었다.

셋째, 위험이슈가 지역사회에 부정적 이미지를 부여하게 되면 위험을 증폭시키는 요인으로 작용한다. 우면산 산사태 사례의 경우 서초구에 대한 부정적 기사가 계속하여 미디어를 통하여 유통됨으로써 주민들이 지역 이미지와 집값의 하락을 걱정하는 모습을 보였으며(서울신문. 2011년 7월 30일), 더 이상의 이미지 하락을 막기 위하여 특별재난지역선포까지 반대하는 행태를 보였다(경인일보. 2011년 8월 12일). 이러한 부정적 이미지가 우면산 산사태 위험 이슈를 더욱 증폭시켰다고 할 수 있다.

3) 제도 및 공간요인

위험이슈를 다루거나 처리하는 제도가 제대로 작동하지 않는다면 위험이슈의 증폭요인이 될 수 있다. 우면산 산사태의 경우 합동조사단이라는 공식적 기구를 통하여 원인조사를 실시하였다. 그러나 합동조사단이 공정하게 위험이슈를 다루기보다는 서울시와 국방부에 휘둘리면서 "우면산 산사태는 천재(天災)"라는 결과를 도출하면서 오히려 갈등이 심화되고 위험이슈가 증폭되는 결과를 초래하였다. 춘천 산사태의 경우도 역시 조사위원회가 파행을 거치고 해산되면서 다양한 집단의 이해관계를 반영하고 통합할 수 있는 제도의 공백을 가져왔다. 이는 춘천이라는 지역사회 내에서의 위험 커뮤니케이션을 약화시켰으며, 산사태 재발방지대책 같은 의미 있는 정책적 결과가 도출되지 못하였다.

위험의 증폭 현상은 위험발생의 시공간적 특성에 따라 역동적으로 나타난다. 그럼에도 불구하고 두 사례 모두 2011년 7월 27일 발생하였다는 점, 폭우로 인한 산사태라는 점 그리고 인명피해 규모가 비슷했다는 점에서 사회적으로 관심이 집중되었다. 수집된 보도자료 494건 가운데 80건이 두 사례를 동시에 다루었다는 분석결과에서 알 수 있듯이 두 사례는 위험이슈가 사회적으로 증폭되는 데 큰 영향을 주었다고 말할 수 있다. 또한 위험이슈가 발생한 장소도 주목할 필요가 있다. 우면산 산사태의 경우 서울 중심에서 발생한 대형재난이라는 점, 피해집단이 대부분 서초구 주민이라는 점에서 언론과 지역사회의 지속적인 관심과 지원 속에서 위험이슈가 증폭되었다고 할 수 있다. 하지만 춘천 산사태의 경우 지방의 중소도시에서 발생하였다는 점과 피해집단의 대부분이 춘천과 관계없는 외지인이었다는 점에서 언론과 지역사회의 관심 모두 충분히 받지 못하였음을 알 수 있다.

4) 정책적 시사점

시공간적 특성을 지니는 위험에 대해 동일성을 가정하는 것이 현실적이지 못할 수 있다. 그럼에도 불구하고 본 연구는 산사태라는 유사한 재해가 비슷한 시기에 다른 공간에서 발생함에 착안하여 사회과학의 경험적 실험연구를 시도했다는 점에서 의미가 있다. 위험의 확산 측면에서 서울 강남과 강원도 춘천이라는 지리적 차이가 어떻게 공간적 역동성과 관련되는 지에 대해 실증분석을 토대로 정리해보면 다음과 같다.

첫째, 이슈증폭 기사가 이슈감쇠 기사에 비하여 두 배 이상 높은 것으로 나타나 언론은 위험이슈의 감쇠보다 증폭에 더 많은 기여를 하는 것으로 나타났다는 점이다. 위험이슈 전달 단계에서 수집된 기사의 총량은 우면산 산사태가 춘천 산사태에 비해 압도적으로 많았으나 위험 증폭, 위험 감쇠, 사실 전달의 내용분석 분류상으로는 큰 차이를 보이지 않았다. 다만 기사의 각색수준과 상징적 의미사용을 비교하여 보면 우면산 산사태를 다룬 기사가 극적이고 자극적인 표현을 선호한 것으로 나타났다. 위험이슈의 전달 단계만을 두고 두 사례를 비교하였을 때 기사의 총량과 각색수준, 상징적 의미 사용빈도가 높은 우면산 산사태의 위험이슈가 크게 증폭되었음을 알 수 있다.

둘째, 위험이슈의 해석·반응 단계에서 추단(heuristic)은 위험이슈에 대한 지역사회의 경험을 반영했다는 점이다. 자연재해 발생 경험이 미미한 서초구는 춘천시에 비하여 산사태 위험이슈에 더 민감하게 반응하며 높은 가치를 부여하였음을 알 수 있었다. 위험이슈에 대한 부정적 이미지가 위험을 증폭시키는 주요한 요인으로 작동한 것으로 판단된다. 우면산 산사태에 대한 부정적 언론 노출이 많아지면서 지역주민들이 민감하게 반응하였고 이에 따라 위험이슈의 증폭을 가져온 것으로 해석된다. 특히 자연재해에 익숙하지 않은 서초구 지역사회 구성원들에게 지역에 대한 부정적 기사와 이미지는 위험을 증폭시키는 주요한 요인으로 작동할 수 있음을 주지할 필요가 있다.

셋째, 위험이슈와 갈등을 조정하는 제도적 장치의 작동이 위험의 증폭과 감쇠에 영향을 미친다는 점이다. 우면산 산사태의 경우 합동조사단이라는 공식적 기구를 통하여 서로 다른 이해관계를 조정함으로써 위험이슈를 감쇠시키는 역할을 수행하였으며 위험문제를 해결하기 위한 방향을 제시하였다. 다만 합동조사단의 초기 행태에서 알 수 있듯이 기구의 독립성과 투명성이 보장되지 못한다면 오히려 위험이슈가 증폭되는 부정적 결과를 초래하기도 한다는 점을 기억해야겠다. 춘천 산사태의 경우 갈등과 이해관계를 조정할 수 있는 조사위원회라는 공식적 기구가 해체됨으로써 집단 사이에 신뢰관계가 무너지고 더 이상 아무도 위험이슈를 관리하지 않아 방치되는 상황이 조장되었다.

넷째, 위험 발생 장소의 특성이 위험이슈 증폭과정에서 중요하다는 점이다. 우면산 산사태의 경우 서울에서 발생한 대형재난이라는 점에서 대중과 언론의 관심이 높았으며, 피해집단이 대부분 지역 주민이라는 점에서 지역사회의 공감과 관심을 받았다. 반면 춘천 산사태의 경우 지방에 위치하고 있는 중소도시에서 발생하였다는 부분에서 대중과 언론의 관심이 크지 않았으며, 피해 집단 대부분이 외지인이었다는 점에서 지역사회의 공감과 지지를 얻기에 어려웠음을 주지할 필요가 있다.

1   위험의 사회적 확산(social amplification of risk framework, SARF)
    과 위험소통(risk communication)의 관계에 대해 설명하시오.

2   SMCRE 모형과 SARF 모형의 관계에 대해 설명하시오.

3   춘천 산사태와 우면산 산사태에서 나타난 위험의 사회적 확산현상의 차
    이점과 공통점에 대해 논하시오.

4   위험의 사회적 확산이 공간적 역동성을 갖는 이유에 대해 토론하시오.

5   공간상(지역 또는 국가)의 빈부 격차가 위험의 사회적 확산에 어떤 영향
    을 미칠 수 있는지 본인 의견을 제시하시오.

제4장
위험발생의 공간적 역동성[1]

1 개요

우리 주변에 너무도 익숙한 사회적 재난과 자연재해 모두 위험의 공간적 역동성을 지닌다. 각종 재난과 재해에 대한 기사는 우리 사회가 위험과 공존하고 있음을 자연스럽게 인식시킨다. Beck(1992)은 일찍이 현대사회의 특성을 위험사회(risk society)라고 규정하며 사회적 차원의 체계적인 대응을 강조하였다. 현대사회에서 발생하는 인위적 재난과 자연재해의 강도와 범위는 과거에 비해 엄청나게 커졌다. 위험사회에서 도시화와 기후변화는 재난발생의 파급영향을 확대하며 위험발생의 촉매 역할을 하기 쉽다. 그러면서 공간적으로 매우 다양한 양상을 야기한다. 도시공간은 밀집된 시설과 인구가 분포하기에 사건과 사고에 대한 영향력이 더욱 커질 수밖에 없다. 기후변화와 같은 전지구화 된 위험뿐만 아니라 교통사고와 화재와 같은 도시형 재난은 생활의 안전을 위협하는 중요 인자이다.

Maslow(1943)의 욕구단계설(Need Hierarchy Theory)에서도 안전욕구(safety needs)는 생리적 욕구(physiological needs) 다음에 위치하는 기초적인 욕구이지만 정작 도시개발과정에서 안전에 대한 고려는 등한시 되어왔다. 각종 사업의 영향성평가를 통해 제한된 공간에 대한 안전성에 대한 연구는 충분히 수행되었지만 지역 전체가 어느정도 얼마나 각종 재난과 재해에 노출되었는지에 대한 종합적 정보는 부족하였다.

---

1 본 장은 국토계획 48권 5호 "포아송분포를 활용한 지역 위험도 분석과 함의" 내용을 수정 및 보완하여 작성함.

전국토의 100%에 가까운 도시화율과 고도의 경제성장은 도시생활의 풍요로움을 가져다주었지만, 동시에 각종 재난과 재해발생으로 피해규모와 파급영향을 키우는 위험성을 지니고 있다. 게다가 이들 사건은 언제 어느 곳에서든지 발생할 수 있는 공간적 비제한성과 시간적 불확실성을 가지고 있기 때문에 도시생활에서는 더욱 위협적이라고 할 수 있다.

표 4-1 최근 10년간 지진발생 분포표

지역	계	연도별 지진 발생 횟수									
		2006	2007	2008	2009	2010	2011	2012	2013	2014	2015
계	534	50	42	46	60	42	52	56	93	49	44
서울	0										
부산	5		2		1			1		1	
대구	5						1	1		3	
인천	44	1		2	5		6	5	18	2	5
광주	1								1		
대전	3	3									
울산	22		2	1		1	3	5	2	5	3
세종	0										
경기	8			3	1	1			1	1	1
강원	30	4	9		2	3	5	1	4	1	1
충북	12	3	3				1	1	3		1
충남	59	6	4	3	6	7	3	4	16	6	4
전북	39	1		3	4	1	4	7	17	1	1
전남	42	5	2	7	5	4	5	2	4	5	3
경북	110	14	12	8	13	8	9	13	15	7	11
경남	25	6	2	5	2		1	4	2		3
제주	49	3		2	8	7	6	5	3	7	8
개성	2				1					1	
평양	4		1			2		1			
남포	2							1		1	
자강	1										
평남	9			1	2		2		1	2	1
평북	0										
함남	8			3	1	2		1		1	
황남	15	2	3	1	2	1	1	1		3	1
황북	39	2	2	6	7	5	5	3	6	2	1

출처: 국민안전처, 2016

재난위험의 공간적 역동성은 시간적 불확실성과 결합하여 위험 대응을 어렵게 만드는 경향이 있다. 모든 공간에 모든 재해발생 확률이 동일하다면 대응하는 방식이 단순할 수 있으나 각각의 공간마다 발생하는 재난이 다양하기에 대응시스템이 더욱 복잡해진다. 자연재해 중 지진을 예를 들어보자. 2006-2015년 기간 지역별 연도별 발생 횟수를 살펴보면 공간적 불균등성이 확연하게 나타난다. 서울, 경기 지역에 비해 충남과 경북의 발생 횟수가 월등히 높은 것으로 기록된다. 한편, 연도에 따라 발생 횟수가 지역마다 제각각이다. 이처럼 재해위험의 공간적 역동성은 재해발생의 공간적 불균등성과 시간적 불확실성을 핵심요소로 지닌다.

2002-2011년 기간 동안 평균 자연재해 피해액은 한해 2조 1천억에 달하였는데, 이는 GDP 0.2%에 해당하는 금액이었으며 삼성전자 한해 순이익의 20%에 달할 정도였다. 최근 10년간(2006-2015) 평균 피해액은 다소 감소하였지만 연간 5,477억원의 피해액에 복구액은 2배 수준인 1조원을 상회하고 있다.

인위적 재난의 경우 다양한 종류가 존재하나 교통사고와 화재가 전체 발생의 90% 이상을 차지한다. 화재의 경우 최근 3년간 매년 3,000억이 넘는 피해와 더불어 500명에 달하는 아까운 생명이 사라지고 있다(소방방재청, 2011). 인명피해가 가장 심각하게 나타나는 것은 교통사고이며 최근 10년간(2002-2011) 매년 6,000명이 넘는 국민들이 사고로 목숨을 잃고 있다.

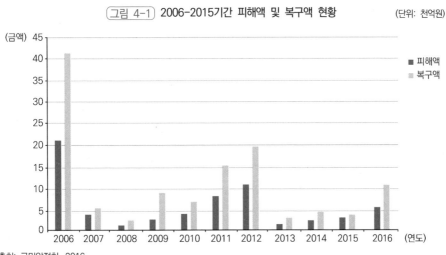

그림 4-1 2006-2015기간 피해액 및 복구액 현황 (단위: 천억원)

출처: 국민안전처, 2016

재난과 재해가 도시공간에 미치는 파급영향력은 엄청나다. 더욱이 재난과 재해 발생은 시간과 장소의 부정성과 불확실성이 동시에 존재하기에 이에 대한 대응이 여의치 않다는 데에 더 큰 어려움이 있다. 특히, 인위재난과 자연재해는 발생과정 및 영향범위가 상이하지만 도시민의 안전을 심각하게 해칠 수 있다는 공통점을 지닌다. 때문에 도시생활의 삶의 질을 높이기 위해 지역의 위험도를 파악하고 대응하는 것이 중요하다. 본 장은 지역의 위험도 분석이 재난과 재해의 발생확률에 근거하여 파악될 필요가 있다는 문제의식에서 출발한다. 이 같은 맥락에서 재난 및 재해발생에 대한 확률적 정보를 활용하여 실증분석을 통해 지역의 위험특성을 분석하고 시사점을 도출하는 것은 의미 있다.

표 4-2 최근 10년간 자연재해와 화재의 인명피해 비교 (단위: 명)

구분	2006년	2007년	2008년	2009년	2010년	2011년	2012년	2013년	2014년	2015년	10년 합계	10년 평균
자연 재해	63	17	11	13	14	78	16	4	2	0	218	22
화재	446	424	468	409	304	263	267	307	326	253	3,466	347

출처: 국민안전처, 2016

기후변화로 재난과 재해발생의 불확실성 증가에 따라 시뮬레이션의 필요성이 커진 것이 사실이지만, 본 장에서는 미래 상황에 대한 불확실한 가정과 시뮬레이션이 아닌 확실한 과거 자료에 입각해 위험도를 파악하고자 하였다. 도시생활에 영향을 미치는 주요 인위재난과 자연재해의 발생특성을 파악하는 것은 위험사회 극복을 위한 첫걸음이 될 수 있다. 재난 및 재해 빈도 및 영향력에 기초한 지역의 위험도 파악이 향후 지역의 대응시스템 향상에 기여할 수 있을 것으로 기대해 본다.

2 재난발생과 포아송(Poisson) 분포

자연재해와 인위적 재난 모두 발생의 불확실성이 높기 때문에 정확한 예측이 불가능하다. 때문에 과거 발생한 정보를 토대로 분석·생성된 자료는 향후 재난 및 재해관리 정책결정에 중요한 의미가 있다. 재난발생의 확률적 접근 노력 역시 한정된 예산의 효율적 배분 측면에서 유용한 자료가 되기에 다양한 접근방법과 분석모형이 활용되었다.

포아송 분포모형은 각종 재난 및 재해분석 및 예측에 관한 다양한 분야의 실증연구에 폭넓게 활용된다. 특히, 주요 인위적 재난에 해당하는 교통사고에 영향을 미치는 요소를 파악하기 위한 회귀모형으로서 포아송 분포는 적합한 분석도구로서 기능해왔다. 일반화 포아송모형을 통한 교통사고 모형 개발은 교통사고 사망자 및 부상자 수를 분석하고 정책을 개발하는 데에 유용하게 사용되고 있다(Djauhari, 2002; Wulu et al., 2002; Famoye et al., 2004; 김학열 외, 2012).

특히 포아송 분포는 동일 단위 구간에서 어떤 특정 사건이 발생하는 수에 관련된 리스크 분석에 유용하기에 자연재해와 같은 분포를 파악하기에 적합하다. 아울러 연속적 시간축상에서 임의로 발생하는 이산 사건을 묘사할 때 적용될 수 있기에 자연재해나 화재 등의 사건을 설명하기에 가장 적합한 분포모형이라고 볼 수 있다(이영재·이성일, 2008).

확률개념을 도입하여 재난발생의 패턴을 분석하고 관리방향을 도출하는 연구는 건설재해분야에서 활발하게 이루어졌다. 전이함수를 이용한 산업재해 발생자를 예측한 연구의 경우 포아송 분포를 사용하지는 않았지만 ARIMA모형을 통해 산업재해자 수를 추정한 바 있다(이관형 외, 2000). 한편, 전용일(2011)은 재난발생에 공간적 특성을 반영하여 지역별 산업재해발생에 미치는 영향요인에 관한 실증분석을 수행하였다. 심종칠(1998)은 Bayes 이론에 입각하여 산업재해 발생수를 재해발생 시간 간격분포를 활용하여 분석한 바 있다.

자연재해 분야에서는 포아송 분포를 이용한 가뭄의 공간적 분포패턴을 분석한 연구가 있다(유철상 외, 2004). 포아송 분포를 통해 가뭄의 특성을 정량화하는 시도를 하고 있으며 가뭄 패턴의 시공간적 특성을 함께 살피고 있다. 포아송 과정을 이용한 가뭄의 정량화는 특히 관측기록이 짧은 경우에 유리한 것으로 나타났다. 유철상 외(2004)는 포아송 모형을 이용한 경우 가뭄의 공간분포가 관측을 직접 분석하여 얻은 가뭄의 공간분포보다 뚜렷하게 나타남을 확인하였다. 하지만 가뭄의 경우 재해발생의 시작 시점을 측정하기가 어려우며 이에 따라 관측 길이가 서로 달라 확률분포 적용 자체가 어려운 한계가 있다.

자연재해와 인위적 재난에 관한 확률모형을 적용한 사례는 국내외 연구에 다양하게 존재한다. 하지만 일정 공간에 발생하는 다양한 재해와 재난에 대한 종합적인 고려가 이루어지지 못하고 있다. 산업분야의 경우는 산업재해 발생과 관련한 연구가 주를 이루며, 교통사고의 경우 교통사고 발생원인 추정에 관한 확률적 접근이 주를 이룬다. 자연재해 발생확률 역시 여타 인위적 재난과의 맥락 속에서 파악되지 못하였다.

공간에는 모든 재난과 재해가 발생할 수 있는 가능성이 있다. 이에 본 장에서는 지역의 위험과 안전에 대한 분석이 인위재난 위험과 자연재해 위험을 동시에 다루어야 한다는 문제의식에서 포아송 모형을 통해 자연재해, 교통사고, 화재 발생에 관한 위험도에 관한 확률적 접근을 시도하였다. 나아가 지역별 위험에 대한 다각적 접근을 통해 입체적이고 현실적인 기초자료를 만들고자 시도하였다.

3 자연재해와 화재 그리고 교통사고

우리나라는 미국이나 일본과 같은 선진국에 비해 비교적 단순한 유형의 재해가 발생한다. 재난위험이 기본적으로 불확실성이 크지만 이 같은 재난발생 유형의 단순성은 위험발생의 시기와 공간에 따른 패턴을 익혀둘 경우 대응에 큰 도움을 줄 수 있는 것이 사실이다. 자연재해의 90%는 홍수나 태풍 등의 수재해가 차지하고 있어 여름철 장마때부터 태풍이 발생하는 시기는 수재해에 대한 경계태세가 중요하다. 한편, 인위재난의 경우 화재와 교통사고가 주를 이루고 있다. 국민안전처 국가화재정보센터(http://www.nfds.go.kr/fr_date_0601.jsf) 자료에 의하면 연간 화재발생 건수는 최근 10년간(2008-2017년) 매년 4만 건을 상회하고 있으며, 최근 3년 동안 매년 4,000억원 이상의 재산피해가 발생하였다. 〈그림 4-2〉에서는 2017년 수치가 가장 작은 것은 4월까지의 자료만 반영하고 있기 때문이다. 한편, 교통사고 분석시스템(http://taas.koroad.or.kr/sta/acs/exs/typical.do?menuId=WEB_KMP_STA_UAS_TAT)에 제시된 교통사고 통계를 살펴보면 2006-2015년 기간 연평균 22만건 이상의 교통사고가 발생하였으며, 연평균 5,000여 명에 달하는 사망자가 발생하고 있다. 통계를 통

해 보더라도 자연재해, 화재, 교통사고는 연간 수많은 인명피해와 재산피해를 야기
하고 있으며 우리나라의 주된 위험 인자임을 알 수 있다.

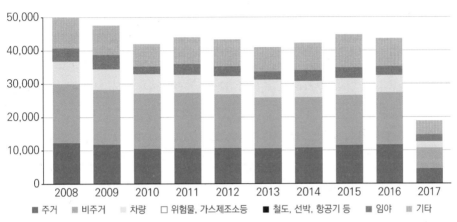

그림 4-2 2008-2017 장소별 화재발생 건수 추이

■ 주거 ■ 비주거 ▨ 차량 □ 위험물, 가스제조소등 ■ 철도, 선박, 항공기 등 ■ 임야 ▨ 기타

표 4-3 최근10년 간 교통사고 추세 (단위: 건, 명)

분석 지표	기준연도	2006	2007	2008	2009	2010	2011	2012	2013	2014	2015
발생 건수	전체	213,745	211,662	215,822	231,990	226,878	221,711	223,656	215,354	223,552	232,035
	1일평균	585.6	579.9	589.7	635.6	621.6	607.4	611.1	590.0	612.5	635.7
	인구 10만명당	441.9	435.5	440.9	471.7	459.2	445.4	447.3	428.8	443.3	458.4
	자동차 1만대당	109.8	105.8	105.9	111.4	105.8	101.2	99.0	93.0	93.7	93.7
사망 자수	전체	6,327	6,166	5,870	5,838	5,505	5,229	5,392	5,092	4,762	4,621
	1일평균	17.3	16.9	16.0	16.0	15.1	14.3	14.7	14.0	13.0	12.7
	인구 10만명당	13.1	12.7	12.0	11.9	11.1	10.5	10.8	10.1	9.4	9.1
	자동차 1만대당	3.2	3.1	2.9	2.8	2.6	2.4	2.4	2.2	2.0	1.9
부상 자수	전체	340,229	335,906	338,962	361,875	352,458	341,391	344,565	328,711	337,497	350,400
	1일평균	932.1	920.3	926.1	991.4	965.6	935.3	941.4	900.6	924.6	960.0
	인구 10만명당	703.4	691.2	692.5	735.8	713.3	685.8	689.1	654.5	669.3	692.3
	자동차 1만대당	174.7	167.9	166.3	173.7	164.3	155.8	152.4	142.0	141.5	141.5

출처: 도로교통공단, http://taas.koroad.or.kr/

이에 본 장에서는 자연재해, 화재, 교통사고를 연구대상으로 정하여 분석해보고자 한다. 분석방법은 불확실성이 매우 높은 재난 및 재해발생이 포아송 분포를 따른다는 아이디어에서 출발한다. 이에 따라 우리나라에서 발생하는 사건 및 사고의 90% 이상을 차지하는 자연재해, 화재, 교통사고가 모두 포아송 분포를 충족시키는 점에 착안하여 확률분포에 근거한 지역위험도 분석을 시도하고자 하였다.

이 세 가지 사상은 도시생활에 지대한 영향을 미치며 도시의 삶의 질을 결정하는 중요 영향인자라고 볼 수 있다. 첫째, 이들은 아주 작은 단위시간으로 나누어질 수 있으며, 그 단위 구간에서 어떤 사건이 발생할 가능성이 적다는 점이다. 자연재해의 경우 특정 공간에서 아주 작은 단위구간으로 파악했을 때 그 단위 시간과 시간 사이에 자연재해가 발생할 확률은 매우 낮다. 둘째, 그 단위구간에 자연재해가 발생했는지 여부가 다음 자연재해 발생에 아무런 영향을 미치지 않다는 점이다. 화재나 교통사고 역시 해당 단위구간에서의 사고 발생이 다음 사고에 전혀 영향을 미치지 않기에 서로 독립적이라고 할 수 있다. 셋째, 자연재해의 경우 하루 동안에 두 번 발생할 확률은 매우 낮으며 가능성이 거의 없다는 점이다. 화재나 교통사고의 경우 시간단위 구간이 보다 작아질 수 있겠지만 단위 구간을 줄일 경우 두세 개의 사고가 동시에 발생할 가능성은 거의 없어지게 된다. 넷째, 오늘 자연재해나 화재가 발생할 확률의 분포나 내일 자연재해나 화재가 발생할 확률의 분포가 같으며 동시에 독립적이라는 점이다(Bain & Engelhardt, 1992; 박정식·윤영선, 1995).

단위 시간과 공간에서 독립적으로 발생하는 사상의 횟수는 포아송분포를 따른다는 특징에 착안하고 있다. 도시에서 발생하는 재해 및 재난사건의 횟수 역시 특정 공간 내에서 단위 시간동안 발생한다고 가정할 수 있기 때문에 포아송분포를 활용하여 위험확률을 측정할 수 있다. 이에 본 연구는 특정 시간 동안 특정 사상이 발생했던 평균에 기초하여 지역별 재난·재해의 확률을 산정하고 이에 기초하여 공간위험정도를 측정하고자 하였다.

재난·재해의 발생사건을 x라고 하고 단위 기간 동안의 평균 발생횟수를 m이라고 하면, 포아송 분포는 다음과 같이 표현될 수 있다.

$$f(x;m) = \frac{e^{-m}m^x}{x!} (x = 0, 1, 2...), x \sim Poisson(m)$$

이때 x의 발생횟수는 0부터 ∞까지 존재할 수 있으며 $F(x;m) = \sum_{k=0}^{x} f(k;m)$이 되어서 $\sum_{x=0}^{\infty} f(x;m) = e^{-m} \sum_{x=0}^{\infty} \frac{m^x}{x!} = e^{-m} e^m = 1$이 된다(Bain & Engelhardt, 1992). m 역시 포아송 분포를 따르게 되어 누적확률밀도함수를 구하면 $M_x(t) = \sum_{x=0}^{\infty} e^{tx} e^{-m} \frac{m^x}{x!} = e^{-m} \sum_{x=0}^{\infty} \frac{(me^t)^x}{x!} = e^{-m} e^{me^t}$이 된다. 결국 $M_x(t) = e^{m(e^t-1)}, -\infty < t < \infty$이 되어 포아송 분포를 갖는 재해·재난발생의 평균과 분산은 동일한 수치 m을 갖게 된다. 또한 해당 지역의 안전율(DSr)은 포아송 분포상에서 자연재해, 화재, 교통사고가 전혀 발생하지 않을 확률이라고 가정할 경우 $DS_r^q = \frac{e^{-m}m^0}{0!} = e^{-m}$와 같은 간단한 산식을 산출할 수 있다. 이때 r은 전국의 개별 시도를 의미하며 q는 재난의 종류를 의미하게 된다. 본 연구의 위험도 분석은 포아송 분포에 의한 지역별 재난재해 피해의 발생확률 산정에 초점을 두고 있다. 따라서 피해발생 확률과 변인간 인과관계에 기초한 일반화 포아송 회귀모형을 취하고 있지 않아 과대산포(overdispersion) 및 과소산포(underdispersion)에 대한 고려는 이루어지지 않았다.

또한 사망률의 경우 Nandram et al.(2000)은 포아송 연결함수로 사망률(mortality rate) 산정방식을 제안하고 있다. dij는 i지역의 j번째 시기(period)에서 관측된 사망사건(event)의 수라고 하면, nij는 i지역의 j번째 시기에 사건이 발생할 수 있는 모든 경우의 수, mij를 $m_{ij} = \frac{d_{ij}}{n_{ij}}$로 나타낼 수 있으며 i지역에서 j시기에 나타난 다음의 사망비율로 설명할 수 있다. $d_{ij}|n_{ij}, m_{ij} \sim Poisson(n_{ij}, m_{ij}), i = 1, \cdots, N; j = 1, \cdots, M.$ 여기서 dij는 다음의 분포로 설명될 수 있으며 이를 분포함수로 표현하면 다음과 같다 (Nandram et al., 2000; Ghosh et al., 1998). $f(d_{ij}|m_{ij}) = (n_{ij}m_{ij})^{d_{ij}} \exp(-n_{ij}m_{ij})/d_{ij}!$. 본 연구에서는 지역위험도를 재난·재해 발생 확률과 그로 인한 사망 확률로 파악하였으며 전자는 발생 안전율로 후자는 사망 안전율이라는 용어를 사용하여 표현하였다. 실증분석의 확률계산을 위해 MS Office Excel을 사용하였으며 다차원척도분석은 SPSS 19.0 프로그램을 사용하였다.

본 장의 분석에 사용된 자료는 크게 자연재해, 교통사고, 화재발생이며 각각의 출처는 아래 제시된 〈표 4-4〉와 같다. 자연재해는 소방방재청에서 발간하는 재해연보를 토대로 2차 자료(secondary data)를 구축하였으며, 교통사고는 경찰청에서 발간하는 교통사고통계 각 연도 자료를 활용하였다. 화재발생은 소방방재청에서 발간하는 각 연도 화재통계연감을 사용하였다. 포아송 분포에 의한 확률계산을 위하여 각각의 자료는 연도별 시도별 발생건수와 더불어 사망자수를 집계하였다. 1970년도부터 산정하였으며 자연재해와 화재발생의 경우 1970년대 자료가 부재하여 1980년대부터 자료를 구축하였다(〈표 4-4〉 참조).

표 4-4 분석자료

변수 Variables	변수명 Abbreviation of Variables	분석단위 Unit	자료범위 Period	자료출처 Data Source
교통사고 발생 안전율 Safety Index of Traffic Accidents	E_Traffic	시간 (hour)	1970-2011	경찰청 교통사고통계 The Traffic Accidents Statistics of Korean National Police Agency
교통사고 사망 안전율 Safety Index of Traffic Deaths	C_Traffic	일 (day)	1970-2011	경찰청 교통사고통계 The Traffic Accidents Statistics of Korean National Police Agency
자연재해 발생 안전율 Safety Index of Natural Disasters	E_Disaster	월 (month)	1985-2011	소방방재청 재해연보 Disaster Yearbook of National Emergency Management Agency
자연재해 사망 안전율 Safety Index of Natural Disaster Casualties	C_Disaster	월 (month)	1977-2011	소방방재청 재해연보 Disaster Yearbook of National Emergency Management Agency
화재 발생 안전율 Safety Index of Fire	E_Fire	일 (day)	1953-2011	소방방재청 화재통계연감 Fire Yearbook of National Emergency Management Agency
화재 사망 안전율 Safety Index of Fire Casualties	C_Fire	일 (day)	1955-2011	소방방재청 화재통계연감 Fire Yearbook of National Emergency Management Agency

4 지역별 사고발생 안전율과 사망 안전율

1) 교통사고

교통사고 위험은 사고발생 안전율과 사망 안전율로 구분되어 산정하였다. 분석결과는 〈표 4-5〉에 제시되어 있으며 수치는 연대별 백분율로 확산된 확률을 의미한다.

첫째, 교통사고 발생 안전율은 포아송 분포에 의해 산정되었으며 일정 공간에서 불특정 시간당 교통사고가 전혀 발생하지 않을 확률을 의미한다. 이를 지역별로 분석해본 결과가 다음 〈표 4-5〉에 제시되어 있다. 교통사고 발생 확률이 가장 적은 곳은 제주와 울산인 것으로 나타났다. 서울과 경기의 경우 높은 인구집중으로 불특정 시간당 교통사고가 전혀 발생하지 않을 확률이 1%에도 미치지 못하는 것으로 나타났다.

표 4-5 교통사고 발생 안전율

구 분	1970년대 1970s	1980년대 1980s	1990년대 1990s	2000년대 2000s	전체기간 Periods (1970s-2000s)
서울	6.1	0.5	0.4	0.8	1.0
부산	41.6	12.3	13.0	22.5	19.8
대구	44.7	26.8	17.4	21.6	23.0
인천	66.6	45.6	22.2	23.9	30.7
광주	80.0	66.9	54.2	39.1	53.2
대전	79.0	62.2	51.5	50.1	55.9
울산	–	–	56.0	57.5	57.4
경기	55.4	10.2	0.9	0.7	3.9
강원	80.5	56.6	26.1	31.6	43.3
충북	83.1	50.5	28.8	36.8	45.4
충남	76.0	51.9	21.4	33.5	40.6
전북	79.4	55.5	29.7	29.4	43.5
전남	74.0	50.4	27.4	27.9	40.3
경북	53.3	28.0	8.6	13.5	20.0
경남	77.6	35.2	9.9	20.2	26.8
제주	93.0	81.7	69.6	68.3	77.1

부산, 대구, 인천 역시 20%대의 낮은 교통사고 안전율을 보이고 있었다. 대체로 광역시에 비해 도지역이 안전율 측면에서 양호한 것으로 나타났다. 이는 자동차 보급대수 및 통행량이 인구밀도가 높은 광역시에 집중되어 교통사고 발생가능성이 증가하기 때문인 것으로 판단된다. 한편 광주, 대전, 울산광역시의 안전율은 상대적으로 높게 나타났으며 부산, 대구, 인천의 안전율은 떨어졌다. 흥미로운 것은 지속적으로 인구가 감소하고 있는 강원도의 경우도 안전율이 30%에 머물고 있는 것으로 나타났으며 경북과 경남의 안전율은 서울과 경기 다음으로 저조한 것으로 나타났다.

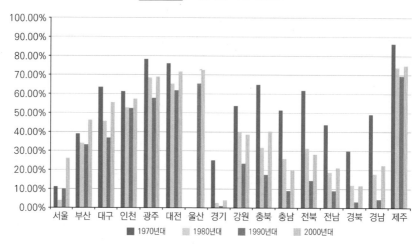

그림 4-3 교통사고 사망 안전율

둘째, 사망사고 발생률에 대한 분석이다. 〈그림 4-3〉은 포아송분포에 의해 불특정 하루 중 사망사건이 일어나지 않을 수 있는 확률을 지역별로 표현한 그림이다. 1970년대부터 2000년대까지 표현되어 있으며 서울과 경기의 교통사망사고 안전율이 가장 저조한 것으로 나타난다. 주목할 만한 것은 서울의 경우 안전율이 1970년대 11%에서 2000년대 들어 25.8%까지 높아졌으나 경기도의 경우 오히려 25%에서 3.9%로 급격히 낮아졌다. 이는 인구규모가 유사한 서울보다 경기도가 교통사고 사망확률이 훨씬 높음을 시사하며 과거 40년간 수도권 개발이 경기도로 확산되어 온 것과 무관하지 않은 것으로 판단된다. 2000년대 기준으로 수도권 이외의 대도시들은 50% 이상의 안전율을 보이고 있으며 광주, 대전, 울산, 제주의 경우 70%에 달한다. 반대로 경남, 경북은 10% 내외의 안전율로 수도권에 버금갈 만큼 교통사고 사망률이 높은 것으로 나타났으며 충남, 충북, 전남, 전북 역시 20%대의 안전율로 교통사고 사망 위험지역인 것으로 나타났다.

2) 자연재해

자연재해 발생에 활용된 자료는 우심피해 횟수이며 우심피해는 소방방재청 중앙재난안전대책본부에서 해당지방자치단체의 재정능력을 감안하여 일정규모 이상의 자연재해 피해를 입었을 경우 지정하게 된다. 우심피해는 전체 피해액의 80%에 달할 정도로 영향력이 크며 주요 자연재해 발생인자로 구분될 수 있다. 분석에 사용된 우심피해 자료는 시·도별로 구축하였으며 시·군·구별 구축된 데이터를 시·도로 산정하여 구하되 자연재해 발생시기를 감안하여 횟수를 산정하였다. 예를 들어, 일정한 시기에 다수의 기초지방자치단체에 발생한 우심피해라도 광역시·도의 집계에서는 1회로 처리하여 우심피해 횟수가 과다하게 중복 산정되는 오류를 방지하였다. 울산의 경우 1997년 광역시로 승격되었기에 1980년대 자료가 누락되었으며 1990년대 자료의 경우 1997년부터 2000년까지의 4년간 자료를 활용하여 안전율을 계산하였다.

〈표 4-6〉은 자연재해 발생 안전율을 나타내고 있다. 연대별 자연재해 발생 안전율의 수치는 근소하게 높아지는 것으로 나타나며 지역별 편차가 크지 않은 것으로 분석되었다. 이는 자연재해 발생이 어느 특정 지역에만 치중되어 나타나지 않고 있음을 보이고 있으며 전국 언제 어디서든지 발생할 수 있음을 단적으로 보여준다. 테이블의 수치는 불특정 월에 단 한건의 자연재해도 발생하지 않을 확률을

표 4-6 자연재해 발생 안전율

	1980년대 1980s	1990년대 1990s	2000년대 2000s	전체기간 Periods (1977-2011)
서울	89.5	99.2	97.8	96.4
부산	85.8	95.9	94.1	92.9
대구	95.9	97.5	97.8	97.3
인천	92.0	95.1	97.0	95.2
광주	92.0	97.5	97.8	96.4
대전	89.5	95.9	97.8	95.2
울산	-	97.3	94.8	95.3
경기	72.7	88.2	87.3	84.1
강원	73.7	79.2	80.3	78.4
충북	76.8	86.8	87.9	84.9
충남	72.7	83.9	84.6	81.6
전북	71.7	85.4	85.9	82.3
전남	55.0	79.9	85.3	75.5
경북	70.7	81.2	82.1	79.1
경남	71.7	79.9	85.3	80.1
제주	85.8	92.8	93.4	91.4

나타내며 서울, 대구, 광주, 울산 등이 95가 넘는 높은 안전율 수치를 보였다. 반면, 강원, 경북, 전남은 70%대의 상대적으로 낮은 안전율 수치를 보여 타지역에 비해 자연재해 피해확률이 높은 것으로 나타났다.

〈표 4-7〉은 1970년대 이후 불특정 월에 자연재해로 인한 사망사고가 발생하지 않을 확률을 포아송분포에 의해 산출한 것이다. 자연재해 사망사고 안전율 측면에서 가장 안전한 곳은 대전인 것으로 나타났으며 대구와 울산이 90%를 넘어 안전한 편으로 나타났다. 대체로 광역시가 도 지역에 비해 안전율이 높은 것으로 나타났다. 주목할 만한 것은 전남이 9.9%로 전국에서 가장 낮은 안전율을 기록하였으며 다음으로 경기, 강원, 경남이 자연재해 사망사고 확률이 높은 것으로 나타났다. 지리적으로 인접하였으면서도 전북의 경우는 57.7%를 기록하여 전남에 비해 안전율이 훨씬 높게 나타났다.

표 4-7 자연재해 사망 안전율

	1970년대 1970s	1980년대 1980s	1990년대 1990s	2000년대 2000s	전체기간 Periods (1970s-2000s)
서울	15.3	24.5	74.1	62.5	42.7
부산	50.3	11.3	79.9	80.9	43.5
대구	-	90.5	93.6	96.3	93.5
인천	-	54.3	71.7	93.4	72.7
광주	-	18.9	94.3	97.8	74.1
대전	-	74.7	100	98.5	96.8
울산	-	-	97.3	89.3	90.9
경기	0.8	12.0	8.1	52.1	12.5
강원	2.8	11.3	50.1	19.6	17.5
충북	5.3	60.1	83.9	85.3	55.9
충남	17.0	15.2	63.2	92.0	40.8
전북	28.1	46.1	76.6	71.1	57.7
전남	8.0	0.6	19.5	73.3	9.9
경북	14.4	13.0	44.2	49.4	28.4
경남	3.2	13.2	23.1	44.5	19.3
제주	74.7	23.1	61.7	87.3	53.1

서울과 부산과 같은 대도시는 중간 수준의 안전율을 기록하였지만 충북, 충남, 제주에 비해 낮은 수준을 나타냈다. 이 같은 결과를 앞서 살펴본 자연재해 발생확률과 비교해보면, 서울의 경우 자연재해 발생확률은 낮으나 자연재해로 인한 사망사고 발생확률은 높은 것으로 나타났다. 이는 인구밀집에 따른 사망사건이 많은 것으로 파악되며 경기도는 자연재해 발생확률뿐만 아니라 사망사고 발생확률도 모두 높은 것으로 나타나, 향후 집중적인 대책이 필요한 지역으로 나타났다.

3) 화재

〈표 4-8〉은 1953년부터 2011년까지 전국 화재발생현황을 기초로 포아송분포를 이용하여 지역별 화재발생 안전율을 구한 결과이다. 이는 10년 단위로 화재가 발생할 확률을 포아송분포를 활용하여 산정한 것이며 단위 구간은 1일 하루로 계산하였다.

불특정 시간에 화재가 한건도 발생하지 않을 확률을 나타내는 화재발생 안전

표 4-8 화재 발생 안전율

	1950년대 1950s	1960년대 1960s	1970년대 1970s	1980년대 1980s	1990년대 1990s	2000년대 2000s	전체기간 Periods (1950s-2000s)
서울	49.86	4.84	0.28	0.01	0.00	0.00	0.01
부산	-	38.74	22.42	9.56	0.88	0.18	3.58
대구	-	-	-	24.28	10.5	1.49	6.80
인천	-	-	-	31.62	.35	0.79	3.08
광주	-	-	-	31.87	5.75	4.94	11.05
대전	-	-	-	41.90	15.76	4.09	9.00
울산	-	-	-	-	11.81	3.66	5.00
경기	45.87	43.17	35.10	5.73	0.00	0.00	0.04
강원	75.96	58.80	69.06	52.	10.80	0.46	18.63
충북	81.87	72.00	73.54	5 .4	9.39	2.89	27.25
충남	75.08	59.45	52.17	.08	8.61	0.33	15.20
전북	75.34	62.77	66.41	37.93	17.10	1.13	22.61
전남	73.90	40.50	50.6	28.82	3.88	0.82	14.00
경북	54.62	44.99	31	31.86	2.36	0.12	8.25
경남	36.67	50.43	.66	19.45	0.13	0.01	2.89
제주	86.57	83.12	78.84	63.51	39.22	18.44	52.62

율은 연대별 변화가 심한 것으로 나타났다. 1950년대 상당히 50%를 나타냈던 서울과 경기, 경남의 화재안전율은 2000년대에 거의 0에 가까운 수치를 보이고 있다. 강원, 충남, 경북 역시 1미만의 수치를 보이고 있어 높은 화재발생 확률을 보이고 있다. 이는 매일 화재가 발생할 수 있는 가능성이 매우 높음을 나타낸다. 또한 부산, 대구, 인천, 대전, 울산, 경남, 경북 역시 10% 이하의 안전율을 보이고 있어 화재발생 위험이 매우 높은 지역으로 파악되었다. 이는 자연재해 발생과 상이한 패턴을 보이고 있다. 화재발생 패턴은 광역시를 중심으로 위험율이 높은 반면, 자연재해 발생패턴은 도 지역을 중심으로 위험율이 높은 패턴을 보이고 있다. 또한 인구집중도 및 도시시설의 밀집도가 높은 도시지역인 광역시가 화재에 보다 취약함을 의미한다. 화재로부터 가장 안전한 지역은 제주도인 것으로 나타났으며 충북과 전북이 상대적으로 타지역에 비해 덜 위험한 것으로 나타났으나 단위 시간에 화재가 발생하지 확률이 모두 30% 미만으로 나타나 안전한 지역이 아님을 시사하고 있다.

화재사고로 인한 사망확률에 대한 연대별 분석결과는 〈표 4-9〉와 같다. 화재발생 건수와는 달리 사망확률은 지역별로 큰 편차 없이 고른 분포를 나타내고 있다. 주목할 만한 것은 1950년대 이후 전 지역에서 화재 사망의 안전율이 지속적으로 저하되고 있는 것으로 나타난다는 점이다. 이는 화재로 인한 사망확률이 증가하고 있음을 의미하며 자연재해와 사뭇 다른 양상을 보인다. 자연재해의 경우 사망사고 안전율이 지속적으로 상승하고 있는 반면 화재의 경우 사망사고 안전율이 지속적으로 감소하고 있다는 것이다.

2000년대 서울과 경기지역의 화재 사망 안전율은 전국에서 유일하게 90% 이하를 기록하고 있다. 경기도의 경우 76%로 떨어진다. 이는 서울과 경기의 경우 하루 중 화재로 인해 사망자가 발생하지 않을 확률이 90% 미만인 것을 의미하며 그만큼 화재로 인해 사망할 확률이 타지역에 비해 높음을 의미한다. 화재발생확률과 맞물려 보다 위험한 상황으로 해석될 수 있으며 서울과 경기지역에서의 각별한 화재예방 및 대응조치가 필요함을 시사한다.

또 하나 흥미로운 분석결과는 강원지역에서 찾아볼 수 있다. 화재발생 안전율 분포에서 1이하의 수치를 나타내 높은 화재발생빈도를 보인 강원지역의 경우 화재 사망 안전율 분포에서는 타 지역과 비슷한 수준의 높은 확률을 보이고 있다. 이는 강원지역에서 발생한 화재가 대부분 산악지역에서 발생하여 인명사고로 이어지지

표 4-9	화재 사망 안전율						
	1950년대 1950s	1960년대 1960s	1970년대 1970s	1980년대 1980s	1990년대 1990s	2000년대 2000s	전체기간 Periods (1950s-2000s)
서울	95.80	88.57	74.82	78.13	73.37	85.29	81.46
부산	-	95.88	94.10	91.13	90.31	92.34	92.59
대구	-	-	-	96.08	94.85	91.01	93.86
인천	-	-	-	95.79	92.08	94.57	94.15
광주	-	-	-	98.21	97.38	98.05	97.82
대전	-	-	-	96.63	96.79	96.93	96.85
울산	-	-	-	-	96.43	97.56	97.26
경기	93.29	92.36	92.36	86.60	74.24	76.70	84.89
강원	98.23	97.06	97.89	96.45	90.34	94.01	95.41
충북	99.41	98.59	97.62	98.32	93.56	94.97	96.85
충남	98.21	95.66	96.34	94.49	92.90	92.66	94.70
전북	96.85	97.30	97.11	96.92	94.69	93.66	95.98
전남	98.82	96.32	95.06	94.98	94.02	93.94	95.25
경북	96.72	96.58	93.28	94.20	90.11	84.36	92.00
경남	88.48	95.68	94.82	92.24	89.52	90.97	92.14
제주	98.86	98.64	98.56	97.99	98.02	97.73	98.25

않고 있음을 시사하며 대도시 화재발생과는 다른 유형의 패턴을 나타내고 있음을 알 수 있다.

5 다차원 척도법(Multidimensional Scaling)에 의한 재난발생특성

본 절에서는 다차원척도법(MDS)을 활용하여 지역들이 가지고 있는 재난발생 구조를 입체적으로 파악하였다. MDS는 지역 간 비유사성을 바탕으로 저차원의 가 시적 공간에 위치시키는 분석법으로 지역이 가지는 다양한 재난·재해 특성을 한눈 에 살펴볼 수 있는 장점이 있다. MDS분석을 위해 본 연구에서는 16개 시도에 대 해 6개 변수를 선정하였다. 사용된 변수들은 전체기간 동안 발생한 사건에 대한 확 률을 기준으로 산정하였다.

분석결과는 다음 〈그림 4-4〉에 제시되어 있으며 거리가 작을수록 해당 재해의 위험도가 높아짐을 의미한다. MDS모형의 적합도를 나타내는 stress 값은 0과 1 사이의 값을 가지며 추정거리와 실제거리가 일치할 경우 0을 갖는다. 본 분석에서는 Young's stress 값이 0.24로 나타났으며 Kruskal의 적합도 기준에 의하면 0.2보다 높아 좋지 않은 것으로 나타났다.

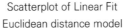

그림 4-4 다차원척도 분석 적합도

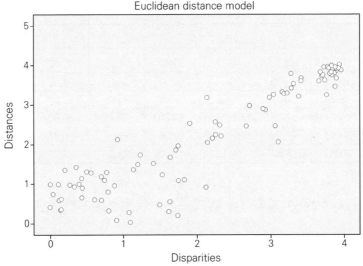

이는 개별 지역이 많고 재해관련 변수가 다양한 것에 기인한 것으로 판단된다. 하지만, 또 다른 적합도 판단기준인 RSQ는 0.94의 수치를 보여 MDS로 변환된 자료가 전체 분산을 매우 잘 설명하는 것으로 나타났다. 또한 선형적합에 대한 산점도를 비교해본 결과 완전선형으로 적합되지는 않았지만 대체로 잘 적합되었음을 보여주고 있다(〈그림 4-4〉 참조).

다차원척도 분석결과를 살펴보면 다음의 몇 가지 시사점을 도출할 수 있다. 첫째, 자연재해 발생 안전율과 화재 사망 안전율은 16개 시·도 대부분 높은 것으로 나타났다. 이는 자연재해는 파급영향이 크지만 간헐적이고 횟수가 잦지 않기 때문인 것으로 판단된다. 한편, 화재사망의 경우 역시 화재발생 확률은 높으나 이로 인한 사망확률을 높지 않을 뿐더러 지역별 편차도 크지 않았기 때문인 것으로 판단된다.

둘째, 자연재해로 인한 사망 안전율은 지역별로 큰 차이를 보이고 있다. 전남, 경남, 경기가 자연재해로 인한 사망 안전율이 가장 낮은 것으로 파악되며 대구와 대전, 울산이 〈그림 4-5〉에서 보면 C_Disaster와 가장 멀리 있는 것으로 나타나 가장 안전한 지역임을 보여주고 있다.

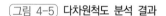

그림 4-5 다차원척도 분석 결과

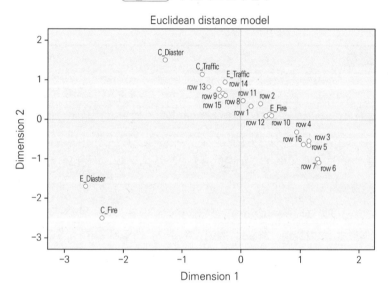

이는 자연재해 발생 안전율에 비해 사망확률의 지역별 편차가 큰 것은 지역별 안전대응 시스템이 보다 합리적으로 작동할 필요가 있음을 시사한다. 자연재해 사망 안전율이 낮은 곳의 시스템을 보다 강화하고 예의주시해야 할 필요가 있겠다. 이에 반해 교통사고 사망 안전율은 자연재해 사망 안전율에 비해 편차는 적은 것으로 나타났다. 서울(row1), 경기(row8), 경북(row14)은 교통사고 사망 안전율이 매우 낮은 것으로 나타났으며 교통안전에 각별한 주의가 필요한 것으로 나타났다. 반면, 대전(row6), 울산(row7), 제주(row16)는 안전율이 70% 내외에 달하는 것으로 나타났으며 이는 하루에 사망사고가 단 한건도 발생하지 않을 확률을 의미한다.

셋째, 교통사고 발생 안전율과 화재 발생 안전율을 살펴보면 흥미로운 점을 발견할 수 있다. 교통사고 발생 안전율은 서울, 경기, 부산 등 일부 대도시에서 발생 확률이 높고 위험도가 높은 반면, 화재 발생 안전율은 서울, 경기, 부산뿐만 아니라 대구, 인천, 대전, 울산 등의 광역시와 경북과 경남과 같은 도지역에서도 현저히 낮은 것으로 나타났다. 이는 교통사고에 비해 화재발생이 보다 광범위한 위험인자로 인지될 수 있으며 전국 차원의 화재대응 시스템을 개선하고 향상시킬 필요가 있음을 시사한다.

6 소결

본 장에서는 포아송분포를 활용하여 전국의 재난발생 특성을 사고발생 안전율과 사망 안전율의 개념에서 시계열로 살펴보았고, 다차원척도법을 활용하여 지역별 재난특성별 유사성 구조를 살펴보았다. 본 장의 내용을 정리하면 다음과 같다.

첫째, 교통사고 발생의 경우 안전율이 1970년대부터 2000년대까지 대체적으로 감소하고 있는 것으로 나타났다. 이는 도시화에 따른 도로 및 차량보급이 증가한 데 따른 것으로 파악되며, 서울과 경기, 부산 등 대도시 지역의 사고발생 확률이 가장 높은 것으로 나타났다. 한편, 교통사고 사망 안전율 역시 서울과 경기지역이 가장 저조한 것으로 나타났으나 강원, 충남, 전남, 경북, 경남 지역의 경우도 인구밀도에 비해 사망율이 매우 높아 안전율이 낮은 것으로 나타났다. 이는 대도시에서는 잦은 접촉사고로 사고발생률이 높지만 지방도시에서는 관광 및 산악지형에서의 대형교통사고로 인해 사망발생률이 높아질 수 있음을 시사한다.

둘째, 자연재해 발생 안전율의 시계열적 변화는 전국적으로 편차가 크지 않은 것으로 나타났다. 이는 자연재해 발생의 패턴이 지난 30년간 큰 변화를 보이지 않았음을 의미하며 공교로운 것은 재정형편이 열악한 강원의 안전율이 제일 낮은 것으로 나타났다. 전체기간 동안의 자연재해 사망 안전율을 비교해보면 경기, 강원, 전남이 가장 낮은 것으로 나타났으며 인명피해가 가장 극심했던 곳으로 파악된다. 흥미로운 것은 자연재해 사망안전율의 시계열 변화를 보면 전국적으로 크게 증가하는 양상을 보인다는 점이다. 이는 자연재해는 일정하게 발생하지만 이에 대처하는 시스템이 향상되고 있음을 의미하며 인명피해보다는 재산피해가 늘어나는 양상을 단적으로 보여준다고 하겠다.

셋째, 화재발생 안전율은 1950년 이래 전국적으로 꾸준히 떨어지는 것으로 나타났다. 이는 도시화에 따른 인구밀집과 시설집중에 따른 것으로 판단되며 서울, 경기, 인천의 수도권 지역의 화재발생 위험율이 가장 큰 것으로 나타났다. 화재위험은 큰 편차 발생 없이 전국적으로 존재하는 것으로 파악되며 때문에 화재대응기술 개발 등 국가적 차원의 대응이 필요할 것으로 판단된다. 한편, 화재사망 안전율을 분석해보면 서울과 경기를 제외한 대부분 지역이 화재 사망사고의 위험이 크지 않은 것으로 나타나 화재발생이 사망사고로 이어지는 경우가 많지 않음을 시사하고 있었다.

본 연구는 단일 지역에서 발생하는 단일 재난 및 재해에 대해 고려하고 있기에 실제 복합적 형태로 발생하는 재난, 재해의 특성을 반영하지 못하는 한계가 있다. 자연재해와 화재의 개별적 특징을 고려하지 못하고 계량적으로 묶어 분석한 한계가 존재한다. 또한, 포아송 분포를 적용하는 과정에서 빈도로 표현되는 변수만을 사용하는 과정에서 재산피해액과 같은 특징을 파악하지 못한 한계가 있다.

복지도시의 개념이 부각되는 시대에 안전도시는 소외받기 쉬울 수도 있다. 하지만 안전이 확보되지 않은 복지도시는 존재하기 어렵다. 빈도의 차이는 있지만 모든 지역에서 대표적인 재난·재해인 교통사고, 자연재해, 화재가 끊임없이 발생하며 도시의 안전을 위협하고 있다. 중요한 것은 발생하는 재해·재해의 특성이 각 지역마다 모두 다르다는 것이고 이에 기초하여 자원배분과 지역별 대응정책이 수립되어야 한다는 것이다. 이 같은 측면에서 본 연구는 자연재해와 교통사고 그리고 화재를 통합적으로 분석하고 접근했다는 점에 의미가 있다. 교통사고, 자연재해, 화재가 우리나라의 전체 재난·재해의 대부분을 차지하는 주요한 사상이기 때문이다. 확률 정보에 대한 맹신 역시 위험할 수 있겠지만 과거 현상을 토대로 현재의 정보를 만들어내고 대책을 마련한다면 자원의 효율적 배분에 긍정적 기여를 할 수 있을 것으로 기대한다. 본 연구가 안전을 확보하고 보다 살기 좋은 도시를 만들기 위한 지역사회의 노력에 일조할 수 있는 의미 있는 기초연구가 되기를 기대해본다.

1 재난위험별 특성을 자연재해, 교통사고, 화재를 중심으로 설명하시오.

2 재난발생특성 분석을 위해 포아송 분포를 사용하는 이유를 설명하시오.

3 지역별 안전율과 사망률에서 나타난 특징이 무엇인지 설명하고, 이를 향후 지역재난관리체계에 어떻게 반영시킬 수 있을지 논의하시오.

4 지역별 안전율과 사망률에서 나타나는 연대별 특징을 설명하시오.

5 재난위험별로 발생 안전율과 사망 안전율의 특징에 대해 설명하시오.

제2편
위험사회의 시간적 역동성

제 2 편

1 개요

위험사회에서 기후변화 위험은 언제 어느 곳에서 발생할지 모르는 시공간적 불확실성을 내포한다. 일단 발생한 위험은 재난으로 변화되며 재난발생은 위험사회의 정상적 기능을 현저하게 변화시키게 된다. 이는 기후변화 위험에 시간 변동성(temporal variation)이 존재함을 의미한다. 또한 어느 곳에서 재난이 발생할지 모르기 때문에 기후변화 위험에는 공간 변동성이 동시에 존재한다. 위험사회의 정주패턴은 사회기반시설이 밀집된 대도시로 쏠리는 특징을 보인다. 특히 대도시는 높은 인구밀도로 인해 기후변화로 인한 자연재해에 더욱 민감하게 영향을 받을 수 있기에 시간 흐름에 따르는 위험사회 기능의 변화를 파악할 필요가 있다.

2 자연재해의 시간적 불확실성

자연재해의 특징을 설명하는 두 가지 요소로 강도(magnitude)와 빈도(frequency)를 들 수 있다. 재해의 강도가 클수록 큰 에너지를 표출시키며 많은 인명피해와 재산피해를 유발하는 경향이 있고, 빈도가 잦은 재해일수록 발생 확률이 높아 인간의 삶에 영향을 미치기 쉽다. 낮은 강도의 재해는 자주 발생하지만 일상생활에 큰 영향을 미치지 못한다. 하지만 대규모의 재해는 높은 강도와 파괴력을 지니고 있으나, 발생 빈도는 낮다(〈그림 5-1, 5-2〉). 결국 빈도와 강도는 일면 반비례(trade off) 관계에 있으며 강도가 높을수록 빈도가 낮고 강도가 낮을수록 빈도가 높음을 의미한다. 하지만, 이 같은 관계성은 절대적이지 않으며 이 역시도 불확실성 가운데 있다는 점이다. 강도가 높은 자연재해가 연달아 발생하는 최악의 상황이 도래할 수 있으며, 또한 낮은 강도의 자연재해가 드물게 발생하는 평화로운 상황도 존재할 수 있다는 점이다. 도시화와 기후변화는 이 같은 불확실성의 환경을 악화시킬 수 있다는 것이다. 때문에 과학기술에 근거한 확률적 접근에 대한 맹신은 완전한 불신만큼이나 위험할 수 있음을 주지해야겠다.

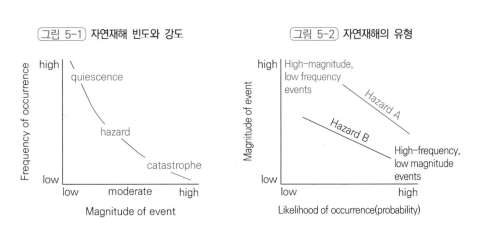

그림 5-1 자연재해 빈도와 강도

그림 5-2 자연재해의 유형

자연재해의 빈도와 강도를 종합하여 위협의 정도를 표현하면 〈그림 5-3〉과 같다. 강도는 크지만 발생확률이 낮아 인간에게 큰 위협이 되지 않는 경우가 있는 반면, 발생빈도는 높지만 강도가 낮아 위협적이지 않은 경우도 있기 때문이다. 예를 들어, 지구와 우주의 혜성충돌로 인한 자연재해의 확률은 매우 낮다. 때문에 이를 대비하기 위해 국가들은 대규모의 예산을 사용하는 것은 합리적이지 못하다. 반면, 일주일에 한번 오는 가랑비로 인해 위협을 느끼며 일상생활에 제약을 받는 것도 합리적이라고 보기 어렵다. 그렇다면 어느 정도의 자연재해 위협에 반응하며 대응해야 하는 것일까. 이에 대한 고민이 바로 빈도와 강도를 동시에 감안한 위험선이며 아래 그림에서 별색 점선으로 나타나 있다. 빈도와 강도를 모두 감안했을 때 별색 점선이 가장 높은 지점에서 위협점(threshold of threat)을 표기할 수 있다. 위협점은 최대 강도를 의미하지 않으며, 최대 빈도를 의미하지도 않는다. 이 지점에서 빈도와 강도의 에너지가 최대가 되기 때문에 자연재해 피해가 극대화될 수 있으며 이에 대한 재난대응체계 시스템을 갖추는 것이 중요하다.

그림 5-3 빈도와 강도의 관계

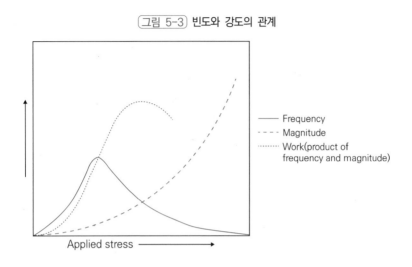

인간은 역사상 수많은 재난을 겪으며 현재까지 생존하고 있다. 그 가운데는 인류 문명을 위태롭게 할 만큼 위력적인 대규모 자연재해도 있었을 뿐만 아니라 몇 년 지나지 않아 기억에서 사라질 정도의 소규모 자연재해도 있었다. 자연재해에 대한 역사적 기록을 살펴보면 과거를 보다 정확하게 이해할 수는 있지만, 그렇다고 그 정보가 앞으로 발생할 미래의 재해대응에 있어서 필요·충분한 가이드는 될 수는 없다. 하지만, 과거 자료에 대한 과학적 모델의 활용으로 미래 재난대응을 위한 기초자료를 만들어내 대비할 수 있다.

우리는 역사상 재난기록 중 일부 데이터를 가지고 과거의 재난 데이터를 추정함으로써 유용한 시사점을 건져낼 수 있다. 아주 오래전 데이터가 존재하지 않더라도 과거재난에 대한 확률적 예측(average annual loss, ALL)을 통해 비교적 정확하게 재난의 성상을 예측할 수 있다는 점이다. ALL기법은 재난에 대한 확률적 예측을 기초로 미래재난의 발생가능성을 장기적으로 추정해주는 기능을 한다(〈그림 5-4〉 참조).

재난의 발생확률은 위험한 사건이 어느 정도의 주기성을 가지고 발생하는지를 설명하는 개념이다. 여기서 재난발생주기(return periods)란 용어가 흔히 잘못 이해되

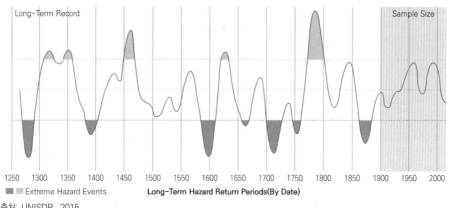

그림 5-4 재난 기록 표본추출(The small sample size of hazard records)

Long-Term Record

Sample Size

Extreme Hazard Events Long-Term Hazard Return Periods(By Date)

출처: UNISDR, 2015

는 경우가 많다. 500년 빈도의 자연재해라고 할 때 이것은 500년마다 한 번씩 사건이 발생한다는 것을 의미하지 않는다. 보다 정확하게 표현하자면 역사적으로 길게 볼 때 평균적으로 500년마다 한 번씩 나타나는 정도의 강도를 의미한다는 것이다. 예를 들어, 500년 빈도 강도의 자연재해가 올해 발생했다고 가정하면, 앞으로 500년까지는 이 같은 자연재해 발생이 없다가 500년이 되어서 자연재해가 발생할 것이라는 것을 의미하지 않는다. 평균적인 개념이기 때문에 올해 발생했어도 몰아서 내년에 유사한 규모가 발생할 수 있음을 주지해야 하겠다. 다만, 500년 빈도의 자연재해와 50년 빈도의 자연재해는 그 규모에 있어서 상당한 차이가 난다는 점을 고려해야 한다. 재난발생주기가 긴 자연재해일수록 피해강도가 높으며 발생 확률은 낮아지게 된다(〈그림 5-5〉 참조).

홍수의 빈도와 강도를 예를 들어보면 다음과 같다. 홍수의 발생주기가 1년에서 200년까지 변화하고 강도로서 순간 유출량이 50에서 400까지 변화하고 있음을 보여준다. 실제 홍수의 성상을 체크해서 도표로 나타내면 우상향하는 그래프를 얻을 수 있다. 이는 재난발생주기가 짧을수록 순간 유출량이 적은 것을 의미하고, 주기가 길어 발생 빈도가 적은 홍수일수록 강도가 커서 순간 유출량이 매우 커지는 것을 의미한다. 하지만, 이 역시 평균적인 개념일 뿐 실제 모든 홍수의 성상이 이 규칙을 따르지 않을 수 있음을 주의해야 한다. 결과적으로 자연재해의 불확실성을 대비하면서 적절하게 과학적 예측확률을 활용하는 지혜가 필요하다.

그림 5-5 재난 발생 주기(return periods)

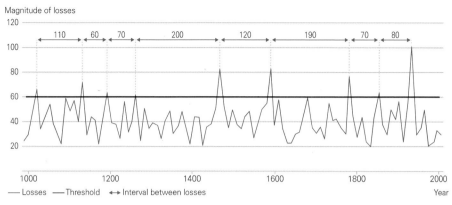

Magnitude of losses

출처: UNISDR, 2015

그림 5-6 홍수의 빈도와 강도

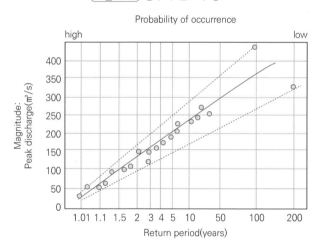

Probability of occurrence

3 재난발생 후 시간흐름에 따른 도시기능의 변화

　재난은 그 불확실성으로 인해 발생 시기에 따라 발생 장소에 따라 그 파급영향이 상이하다. 이에 대해 Mutter(2015)는 재난이 지니고 있는 불평등의 속성에 집중하며 재난발생의 시간적, 공간적 특성에 따라 파급영향이 달라질 수 있음에 주목한다. 아울러 국가 및 도시의 서비스 기능이 재난발생과 대응이라는 시간의 흐름에 따라 어떻게 달라지는지에 대한 개념을 제시한다(Mutter, 2015; 최충익, 2011). 재난 발생은 통상적으로 국가나 지역이 제공하는 서비스의 정도를 하락시키게 된다. 다음 〈그림 5-7〉은 재해 발생 전후 국가 혹은 지역이 제공하는 서비스 수준변화를 나타내고 있다.

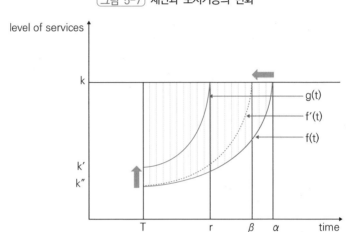

그림 5-7 재난과 도시기능의 변화

출처: 최충익, 2011

　　〈그림 5-7〉은 T시점에서 발생한 재난발생의 결과로 국가나 지역의 서비스 수준은 기존 k에서 급격히 k'으로 떨어지게 된다. $f(t)$, $f'(t)$, $g(t)$는 재난 발생 후 서비스 수준의 회복정도를 나타내주는 함수를 의미한다. $f(t)$의 회복함수를 가진 국가의 경우 T시점에서 발생한 재해는 α가 지난 후에야 정상기능 k로 회복됨을 알 수 있다. 하지만 경제적 여건이 나은 국가의 경우 효율적 대응으로 회복곡선은 $f'(t)$로 나타나며, 회복의 시기가 β로 빨라지게 된다. 결국 서비스제공 측면에서 재난발생 이후의 피해를 살펴보면 $f(t)$ 회복곡선의 경우 정상적인 서비스제공 기능을 발휘하지 못한 데에 따르는 피해크기는 $\int_{T}^{\alpha} k - f(t)dt$가 된다. 반면 $f'(t)$의 경우는 $\int_{T}^{\beta} k - f'(t)dt$가 되어 결국 경제적 여건이 다른 국가 간 피해액의 차이는

$\int_{T}^{\beta} f'(t) - f(t)dt + \int_{\beta}^{\alpha} k - f(t)dt = R$이 된다. 결국 R은 동일한 재난에도 피해액의 차이가 다를 수 있음을 의미하며 R값이 클수록 국가 간 또는 지역 간 불평등의 정도는 심하다고 할 수 있다. 이 경우 양변을 미분하게 되면 $f'(\beta) - f(\beta) - f'(T) + f(T) - f(\alpha) + f(\beta) = 0$라는 등식이 성립하게 되고 이 식을 정리하면 $f'(\beta) - f(\alpha) = f(T) - f'(T)$이 된다(Mutter, 2015; 최충익, 2011). 재난이 발생한 T시점에서는 서비스 제공 수준이 동일하기에 $f(T)$와 $f'(T)$는 같아지게 되고 결국 $f'(\beta) = f(\alpha) = k$가 됨을 알 수 있다. 이는 국가나 지역의 재난대응은 재난 이전 서비스수준을 회복할 때까지 이루어짐을 의미하며 α와 β의 차이가 클수록 불평등 정도를 나타내는 R의 규모는 더욱 커지게 된다.

이에 대해 Tierney & Bruneau(2007)은 도시기능을 사회적 시스템차원의 복원력으로 해석하고 있으며, 복원력을 제고하기 위해서 기반시설의 기능을 향상시키거나 회복시간을 줄여 피해면적을 줄여야 함을 강조한다. 그러면서 복원력(Resilience)의 구성요소를 한 시스템이 재난·재해와 같은 쇼크에 얼마나 견고한지, 또한 재난에 대비한 가외성 장치가 제대로 구축되어 있는지, 자원활용이 원활하게 이루어져 대응이 적절하게 이루어지는지, 재난에 신속하게 대응하는지 등에 대한 능력을 측정하는 4R모델을 제시하고 있다. 4R 모델에 대해 설명하면 다음과 같다. 견고성(Robustness)은 시스템을 이루는 하부요소가 재난에 손상되지 않고 견딜 수 있는 능력을 말한다. 가외성(Redundancy)은 재난에 의해 시스템 기능에 손상을 입어도 기존 업무를 지속할 수 있도록 대체시스템을 가동할 수 있는 능력을 말한다. 자원활용력(Resourcefulness)은 금전, 정보, 기술, 인적자원 등을 재난 후 대응에 있어서 적절히 동원하는 능력을 말한다. 마지막으로 신속성(Rapidity)은 재난 이후 빠른 시간에 원래기능을 회복하여 피해를 최소화시킬 수 있는 능력을 말한다. Tierney & Bruneau(2007)은 복원력의 네 가지 영역을 기술영역, 조직영역, 사회영역, 경제영역으로 구분하고 있다. 기술영역은 피해를 줄이고 기능적 손상을 줄일 수 있는 시스템의 물리적 속성을 말하며, 조직영역은 시스템의 물리적 요소에 대한 관리조직 및 제도를 의미한다. 한편, 사회영역은 사회집단이나 개인적 차원에서의 위기대응 및 복원능력을 의미하며, 경제영역은 기업 및 지역경제의 회복탄력성을 의미한다.

$f(t)$와 $f'(t)$의 사례를 통해 재난발생에 따라 서비스수준의 감소정도가 동일

한 상태에서 대응수준에 따라 서비스수준 회복속도가 상이함을 보여준다. 앞선 두 함수의 경우 재난 발생 당시 도시의 방어능력에 차이가 없기 때문에 도시기능저하는 동일하게 k수준까지 떨어지게 된다. 하지만, 동일한 강도의 재난발생에도 서비스수준 감소가 다를 수 있다. 경제력이 탁월한 부유한 국가나 도시의 경우 회복력과 더불어 재난 피해액 자체가 적어질 수 있다. 때문에 당초 $f(t)$보다 향상된 방어수준을 가지기에 도시의 기능저하는 k''로 떨어지게 된다. 이 경우 국가나 지역이 입는 피해액은 $\int_{T}^{r} k - g(t)dt$가 되고 앞선 두 함수와 비교하여 $\int_{T}^{r} g(t) - f(t)dt + \int_{r}^{\alpha} k - f(t)dt = P$ 만큼의 피해 감소효과를 보게 된다. R이 대응수준에 따른 불평등이라면 P는 예방수준에 따른 불평등으로 파악할 수 있다. 향상된 재난 대응 능력으로 인해 국가나 지역의 서비스제공 기능의 회복이 가속화됨을 의미하며 국가나 지역경제 자원의 투입이 원활하게 이루어져 피해기간이 현저하게 단축되고 있음을 의미한다. 마찬가지로 양변을 t에 대해 미분하게 되면, $g(r) - f(r) - g(T) + f(T) - f(\alpha) + f(r) = 0$라는 항등식을 얻게 되고 식을 정리하면 $g(r) - g(T) + f(T) - f(\alpha) = 0$가 된다. 이는 다시 $g(r) - f(\alpha) = g(T) - f(T)$가 되는데 여기서 $g(T) - f(T)$의 값은 0보다 크게 된다. 이는 부유한 국가와 가난한 국가의 초기 피해액 차이를 반영하며 재해 발생의 초기 피해액의 불평등 정도를 나타낸다. 따라서 $g(r) > f(r)$이 성립되어 시간 단축효과뿐만 아니라 기존의 서비스 수준보다 더욱 향상된 국가 기능을 갖게 됨을 의미한다. 결국 경제성장을 이룬 부유한 나라는 복구의 시간을 단축시킬 수 있을 뿐만 아니라 보다 단기간에 서비스제공 기능을 회복할 수 있게 해준다는 것이다(Mutter, 2015; 최충익, 2011).

이와 같이 유사한 재난발생이라도 국가에 따라 상이한 경제적 영향을 미칠 수 있으며, 거시적 메커니즘을 신고전적 경제성장이론의 관점에서 살펴볼 필요가 있다. 이하에서는 재난이 국가나 지역의 경제상황에 따라 다른 파급영향을 미칠 수 있음에 착안하여, 대표적인 경제성장분석모형인 솔로우 성장모형(Solow Economic Growth Model)을 통해 재난 발생이 국가나 지역의 경제성장에 어떤 영향을 미치는지 살펴보고자 한다.

재난위험의 시간적 역동성

재난은 발생 시기에 따라 공간에 서로 다른 파급영향을 미친다. 동일한 공간상에서 발생하는 재난이라도 경제상황이 어떠한지에 따라 그 영향은 달라질 수 있다는 것이다. 〈그림 5-8〉은 재난 이후 1인당 자본량의 변화와 총생산량의 변화를 경제성장이 높은 시기와 낮은 시기를 비교해 나타낸 것이다. 재난발생으로 1인당 자본량이 동일하게 감소가 이루어지더라도 시기에 따라 총생산량에 미치는 영향이 다르다. 예를 들어, k_1의 경우는 k_3에 비해 경제가 이미 상당한 자본을 축적한 상태이기에 자본 손실이 국가나 지역경제에 큰 영향을 미치지 않음을 시사한다. 동일한 자본감소 $\triangle k$에도 k_1 시기에는 $\triangle y_1$의 생산량 감소만 이루어진 반면, k_3 상태에서는 $\triangle y_2$의 생산량 감소를 감수해야 하는 것이다. 이는 앞서 1인당 자본량(k)의 순간 기울기가 생산성을 나타내며 이 기울기가 큰 시기에 재난이 발생할 경우 국가나 지역경제에 미치는 파급영향이 큰 것을 의미한다. 이는 재난의 경제성장에 미치는 파급영향을 줄이기 위해서는 상당한 자본을 축적하여 일정수준의 경제성장을 이루는 것이 필요함을 시사한다.

이 같은 논리를 국가와 지역에 확장시켜 적용시키면 다음과 같다. 대규모 재난

그림 5-8 재난발생 시기에 따른 파급영향

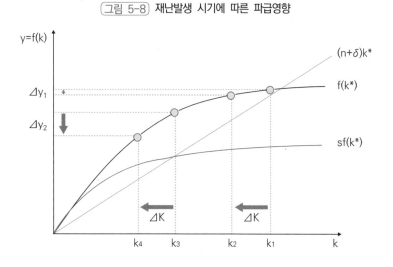

발생은 한 국가 또는 지역의 경제시스템의 흐름에 막대한 영향을 미친다. 재난 발생의 불확실성 위험으로부터 자유로운 지역은 세계 어느 곳도 존재하지 않는다. 하지만 재난이 발생하게 될 경우 미치는 파급영향은 발생장소에 따라 현저하게 차이가 난다. 동일한 규모의 재난이라도 한 국가나 지역이 처한 경제상황에 따라서 전혀 다른 영향을 미칠 수 있기 때문이다. 대체로 빈곤한 나라에서 재난발생은 과다한 자본손실로 인한 장기적 경기 침체로 이어지는 경우가 많으며, 부유한 나라에서도 재난발생이 국가나 지역의 성장과 발전에 도움을 주기란 현실적으로 어렵다. 극심한 재난 발생으로 인해 일부 지역의 전면적 개발이 가능해져 오히려 이전보다 경제발전과 주거환경개선을 이룰 수 있다는 주장이 있으나, 국가 전체의 자원배분 측면에서 보면 다른 곳에 배분되어야 할 자본의 이전에 불과한 것일 뿐 전체적인 경제성장으로 파악하기 어렵다는 것이다.

〈그림 5-9〉는 1인당 자본량의 동일한 투입에도 불구하고 산출량의 증가 추이는 다르게 나타날 수 있음을 보여준다. 이하에서는 $f_1(k)$과 $f_2(k)$의 생산함수를 지닌 두 국가를 가정하고 살펴보도록 하겠다. 두 국가 모두에게서 1인당 자본량이 증가함에 따라 생산량은 늘어나고 있다. 여기서 주목할 것은 1인당 자본량의 증가율이다. k값이 작을 때는 1인당 자본량의 증가율이 매우 커 기울기가 가파르지만, k값이 커지면서 증가율은 떨어져 평평해진다. 이 같은 현상은 $f_1(k)$보다 $f_2(k)$에서

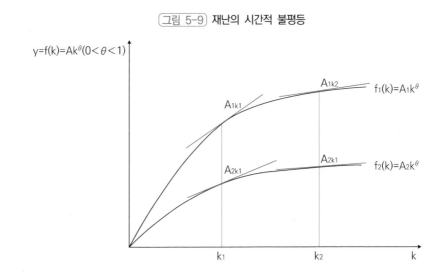

그림 5-9) 재난의 시간적 불평등

더 뚜렷하게 나타난다. 한편, $f_1(k)$에서는 1인당 자본량이 증가가 보다 많은 1인당 생산량의 증가로 이어지고 있다. $f_1(k)$ 생산함수를 가진 국가는 1인당 자본량의 증가율이 상대적으로 크게 나타나며, 생산성이 더 높은 것으로 볼 수 있다. 반면, $f_2(k)$라는 생산함수를 지닌 국가는 상대적으로 1인당 자본량의 증가율이 상대적으로 작아 생산성이 낮은 국가로 분류될 수 있다.

재난발생은 생산성이 높은 곳에서도 발생할 수 있고, 낮은 곳에서도 발생할 수 있다. 하지만, 생산성이 높은 곳에서 재난발생이 경제성장에 미치는 영향과 생산성이 낮은 곳에서 재난발생이 경제성장에 미치는 영향이 서로 다르다는 점이다. 재난발생시점에 따라서도 파급영향이 다르다. 어느 시점(k_1 또는 k_2)에서 발생하는지에 따라 경제성장에 미치는 파급영향이 모두 다르게 나타난다. 경제성장이 급격히 이루어지는 k_1에서의 재난발생이 경제성장이 둔화된 시점인 k_2에서의 재난발생보다 그 피해가 크고 장기적이다. 결국 재난피해의 파급영향 양상이 시간과 공간에 따라 다르기 때문에 이를 제대로 파악하고 경제상황에 맞게 대응이 이루어져야 할 필요가 있다는 것이다.

〈그림 5-10〉은 재난 발생이 1인당 자본량의 증가율이 높은 시기인 t_{-d}시점에서 이루어졌다고 가정하고, 경제성장에 미치는 영향을 보여준다. 여기서 y축은 1인당 생산량이 아닌 국가나 지역의 총생산량을 의미한다. 재난의 발생은 생산시설의

그림 5-10 재난의 공간적 불평등

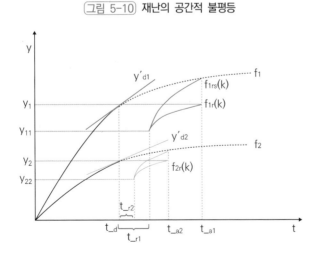

파괴 등과 같은 자본량 감소 등을 통해 국가나 지역의 총생산량을 감소시킨다. $f_1(k)$ 생산함수를 가진 국가의 경우 y_{11}까지 생산량이 감소하며, $f_2(k)$ 생산함수의 경우 y_{22}까지 생산량이 감소하게 된다. 문제는 재난발생 이후 즉시 경제가 회복되지 못하며 t_{-r1}과 t_{-r2}의 준비기간을 거친 뒤 복구가 이루어진다는 데에 있다. 준비기간이 짧을수록 시간흐름에 따른 플로우 피해를 감소시킬 수 있다. 그림에서 육안으로는 $f_1(k)$의 회복 준비 기간인 t_{-r2}가 t_{-r1}보다 짧은 것으로 나타났으나, 이는 준비정도에 따라 변동될 수 있다. 1인당 자본의 생산성이 낮은 곳에서 회복 준비기간이 더 늘어날 수 있기 때문이다.

회복준비기간이 지난 후 이전 생산량까지 회복되는 시간이 $f_1(k)$에서는 t_{-a1}이며 $f_2(k)$에서는 t_{-a2}로 나타난다. 문제는 이전 생산량 수준으로까지 회복된 것을 정상화라고 볼 수 있는가라는 점이다. 재난이 발생하지 않았다면 $f_{1rs}(k)$과 $f_{2rs}(k)$ 지점까지 상승할 수 있다는 가능성에 주목할 필요가 있다. 대부분의 재난발생 후 복구가 완성되었다는 의미는 피해를 받기 직전까지의 상황을 기준으로 한다. 중요한 것은 재난발생이 없었을 경우 경제성장이 더 원활하게 이루어질 수 있기 때문에 과거 수준의 경기 회복은 온전한 피해회복을 의미하지 않게 된다. 결국 재난발생으로 인한 피해를 모두 극복하는 생산함수 수준의 회복은 $f_{1rs}(k)$과 $f_{2rs}(k)$의 생산함수에 따른 생산량이 뒤따라야 함을 의미한다. 즉, 과거보다 가파른 생산량 증가속도를 유지해야 피해 이전의 경제성장 수준을 회복할 수 있음을 의미한다.

1   자연재해 발생의 빈도와 강도의 관계에 대해 설명하시오.

2   과학적 예측확률과 자연재해의 불확실성의 관계에 대해 설명하시오.

3   재난발생 후 시간흐름에 따른 도시기능의 변화를 설명하시오.

4   재난 발생에 따른 시간적 불평등과 공간적 불평등에 대해 설명하시오.

5   재난 발생 시기에 따른 파급영향을 그래프를 그려 설명하시오.

6   Tierney & Bruneau(2007)가 제시한 복원력의 네 가지 영역에 대해 설명하시오.

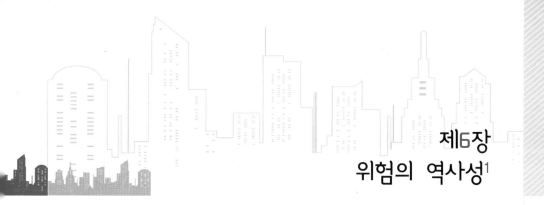

제6장
위험의 역사성[1]

1 개요

　위험사회의 시간적 역동성은 위험의 역사성에서 잘 나타난다. 위험은 시간적 측면에 지니며 인류가 접하는 위험이 새로운 유형의 것이 아니라 대부분 과거 발생했던 위험의 연속이라는 관점을 내포한다. 물론 핵 문제, 테러, 지구온난화 문제 등은 인류 초기부터 존재하지 않은 산업화 시대에만 존재하는 새로운 유형의 위험이다. 하지만, 홍수, 태풍, 지진, 사이클론, 쓰나미, 화재 등의 다양한 재난 위험이 산업화 과정에서 함께했다.

　본 장에서는 위험의 역사성에 주목하며 연구사적 관점에서 재난사례를 고찰하고자 한다. 역사적으로 인류는 위험과 공존하며 생존해왔고 이를 극복하며 문명을 발전시켜왔다. 역사상 위험은 피해야할 대상이면서, 동시에 발전을 위해 극복해야 할 대상으로 인식되었다. 생존 본능이라는 소극적 관점에서 인간은 외부 위험요소로부터 스스로를 보호하는 과정에서 상당한 인류문명의 발전을 이루었다. 반면, 자원의 이용과 정복이라는 적극적 관점에서 인간은 위험을 필수 불가결한 것으로 인식하였다. 근대화 과정에서 인류는 위험을 성장과정에서 감수해야 하는 당연한 것으로 여겼으며 이것이 우리 사회를 더욱 위험한 상태로 몰아올 수 있었음에 주목한다.

---

1 본 장은 Crisisonomy 12권 4호 "한국의 대형재난 발생 특성에 관한 역사적 연구" 내용을 수정 및 보완하여 작성함.

이에 위험의 역사에 대한 사례연구는 해방 이후 한국사회에서 발생한 대형재난의 특징과 변화를 역사적 관점에서 살펴보고자 한다. 한국사회에서 발생한 주요 재난에 대해 발견적 탐색 기법으로 역사적 흐름과 변화과정을 다루고자 하였다. 1945년에서 2015년까지 발생한 대형재난을 대상으로 하였으며 이 중 360개의 대형재난 사고를 선택하여 특징을 분석하였다.

2 경제발전과 위험의 배태

1945년 해방 이후 한국사회는 급속히 산업화되면서 지속적인 성장과 발전을 이루었다. 그러나 원칙과 절차보다는 효율성과 경제성을 우선시하는 사회 분위기 속에서 급속한 도시화와 산업화는 사회의 복잡성을 증가시켰다. 한국사회의 복잡성의 증가는 울리히 백(Beck, 1992)이 주장한 위험사회(Risk Society)를 초래하였고, 삶의 공간 도처에 각종 재난·재해의 위험이 존재하게 되었다. 2014년 6월 304명의 희생자를 낸 세월호 침몰사고는 한국이 직면한 위험사회의 한 단면을 보여준다. 세월호 참사는 이익을 위해 작은 사건·사고가 주는 일련의 경고를 무시한 채 위험을 감수함으로써 얼마나 엄청난 대가를 치러야 하는지 적나라하게 보여주었다(최충익, 2015). 아울러 안전 불감에 익숙한 위험사회가 얼마나 끔찍한 대가를 치러야 하는지 깨닫는 계기가 되었다. 이외에 2003년 '대구지하철 화재사고'(사망·실종 213명), 1993년 '서해훼리호 침몰사고'(사망 292명), 1970년 '남영호 침몰사고'(326명 사망)는 산업화 과정에서 우리 사회가 경험한 다양한 재난을 적나라하게 보여준다. 과거부터 재난으로 인한 피해가 계속 증가하고 있으며 이에 대한 시스템 개선을 촉구하는 목소리도 커지고 있다. 그럼에도 재난 대응에 기초라 할 수 있는 재난 발생 데이터베이스가 제대로 구축되어 있지 못하다. 우리 사회가 직면한 위험에 대한 근본적인 대응체계 개선이 절실한 이유다.

1945년 이후 재난발생에 대한 고찰은 한국사회의 경제발전과 환경변화에 따라 재난 발생 특성이 역동적으로 변화됨에 착안한다. 역사적 연구는 과거에 일어난 인간과 환경의 상호작용의 결과로서 사실에 관한 관찰과 기록 그리고 이에 대한 고찰을 통하여 일반적으로 유추할 수 있는 법칙과 특징을 찾아내 해석하는 연구 방식이다(Breisach, 1994: 최충익, 2013). Carr(1961)은 역사를 "현재와 과거 사이의 끊임없는 대화"(dialogue between present and past)라고 정의하였다. 한편, 역사적 연구는 자연과학 연구와 달리 수많은 독립변인(independent variables)에 영향을 받기 때문에 실험에 의해 일반화된 법칙을 발견하기 어렵다. 때문에 '경향'(trends)이나 '분류'(classifications) 또는 '가정'(hypothesis)으로 일반법칙을 대신하기도 한다(임희완, 2000).

본 장에서는 질적 연구방법론의 하나인 발견적 방법(heuristic method)을 활용하였다. 이 방법은 복잡하며 명확하지 않은 역사적 사실에 대한 판단을 내릴 때 실마리가 충분하지 않더라도 경험에 기반하여 문제를 풀어가는 편의적 방법이며 역사적 연구에 자주 활용된다(Moustakas, 2001; 최충익, 2013). 본 장은 크게 네 부분으로 구분된다. 첫째, '선행연구와 방법론 고찰'에서는 재난의 개념에 대하여 고찰하고 선행연구를 살펴봄과 동시에 자료수집 방법과 연구방법에 대하여 논의한다. 둘째, '대형재난의 발생 특성'에서는 조사된 자료를 바탕으로 재난의 특성을 탐색(exploration)하고 어떠한 유형의 재난이 언제 그리고 어느 곳에서 주로 발생하였는지에 대하여 기술(description)하였다. 셋째, '대형재난 발생의 시대적 변화'에서는 사례기술적 설명(idiographic exploration)을 활용하여 각 기수별로 재난 발생에 대한 포괄적 이해를 추구하였다. 이는 도출된 자료를 바탕으로 '왜' 이러한 특성들이 나타났는지에 대한 답을 찾는 방법 중 하나이다(Babbie, 2013). 넷째, 결론 및 시사점에서는 도출된 결과를 바탕으로 앞으로 우리사회가 직면할 재난에 대응하기 위한 구체적 시사점을 도출하고자 하였다.

3 재난의 역사적 연구

재난의 물리적 개념은 인명 및 재산 피해정도에 따라 정의하는 것으로서 일정 피해 규모 이상을 재난으로 규정한다. 한편, 법적인 개념으로 현행 「재난 및 안전관리기본법」에서는 재난을 국민의 생명·신체 및 재산과 국가에 피해를 주거나 줄수 있는 것으로 정의하고, 크게 자연재난과 사회재난으로 구분하고 있다. 이와 달리 사회적 개념정의는 재난발생 자체보다는 그로 인한 지역사회의 충격과 혼란 상태에 주안점을 둔다. 물리적 규모와 관계없이 사고가 사회·정치적으로 커다란 영향을 미친다면 재난으로 인식될 수 있기 때문이다(한국방재학회, 2014). 재난의 역사적 연구는 재난의 다양한 개념과 관점을 포함하는 포괄적 접근방법으로 이해될 수 있다.

언론보도 등을 통하여 대형재난(great disaster)이라는 용어가 자주 등장한다. 명확한 정의는 내리기 어려우나 일정 규모 이상의 피해를 동반하며 통제범위를 넘어서는 사회에 커다란 파급효과를 야기하는 사건으로 이해될 수 있다. 그렇다고 해도 대형재난의 원인, 피해 범위 및 규모에 대한 명확한 기준이 제시되어 있지 않다는 점에서 여전히 추상적이고 상대적인 개념이라고 할 수 있다(김철민·최충익, 2015). 이는 대형재난의 기준에 대해 피해규모, 원인, 영향범위 등의 특성을 활용하여 연구를 위한 조작적 정의가 필요한 이유가 된다.

지금까지 이루어진 재난관련 사회과학 연구들을 살펴보면 주로 도시계획, 행정학, 심리학 사회학 분야를 중심으로 이루어졌다. 행정학 분야는 통합적 재난관리 체계 구축과 재난관리 효율성 증진에 초점을 맞춘 연구들이 많았으며, 심리학 분야는 피해자들의 고통과 관련하여 정신보건 지원체계 구축 연구들이 다수를 이루었다. 한편 사회학 연구들은 사회구조라는 거대한 틀 안에서 기술재난이 어떻게 발생하였고 변화되었는가에 초점을 맞춘 연구들이 주로 이루어졌다(김도균, 2011). 특히 사회학적 연구들은 '이중 위험사회'(김대환, 1998), '총체적 위험사회'(성경륭, 1998), '복합 위험사회'(장경섭, 2003), '이중적 복합위험사회'(임현진, 2003)라는 개념을 통하여 한국적 위험사회의 특수성을 설명하였다. 그리고 이 특수성은 산업발전 과정에서 한국사회가 경험한 압축적 근대화에 기원하고 있음을 강조하였다. 즉, 초고속 성장을 지탱해 온 힘 자체가 위험요인들의 발생 요인으로 작용했다는 것이다(이재열, 2003). 흥미로운 것은 최근 도시계획 분야의 재난연구가 활발한데 재난의 공간적 영향에 대한 연구가 그것이다. 재난발생이 토지이용과 공간구조에 의해 어떤 영향을 받는지 또한 도로밀도와 토지이용에 따른 도시 내 열섬현상 변화에 대한 연구는 매우 흥미로운 주제다.

이러한 사회학 연구 결과들은 재난발생의 원인이 우리 사회의 발전과정에 있었다는 사실을 명확하게 설명해 주고 있다. 하지만 개별적 사례 연구 분석에 초점을 맞추고 있어 "과거 재난이 어떻게 일어났으며, 현재 재난과 어떤 차이가 있으며, 앞으로 어떤 형태의 재난이 발생할 것인가?"라는 재난관리의 본질적 의문에 대한 적절한 답을 찾기 어렵다. 이 때문에 재난의 역사적 변천과정을 다루는 연구들이 일부 등장하고 있다. 최충익(2013)은 1945년 이후 서울을 대상으로 급속한 도시화 과정에서 대도시가 어떠한 재난을 경험하고 어떻게 관리하였는지 탐색하였다. 김근영(2014)도 1945년 방재정책에 영향을 미친 주요한 재난을 중심으로 재난 발생 현황과 정부의 대응정책의 변화과정을 서술하였다. 한편 한국지방행정연구원은(2014) 국립재난안전연구원의 자료를 인용하여 1964년 이후 276건의 대형재난 발생 현황을 파악하고 유형에 따라 분류하였다. 이러한 연구들은 그동안 관심을 두지 않았던 재난의 역사를 본격적으로 다루었다는 점에서 커다란 의의가 있지만, 조사 대상의 범위가 제한적이어서 사회 전체에 걸쳐 나타난 재난 특성의 변화를 제대로 살피지 못한 한계가 있다.

4 재난자료 확보와 연구방법론

재난에 대하여 정부의 공식적인 통계자료는 아직 미비한 실정이다. 국민안전처의 국가재난 정보센터(http://www.safekorea.go.kr)의 재난 통계·기록 자료실 역시 아직 초기단계에 불과하여 분석에 충분한 자료를 제공하고 있지 못한 상황이다. 반면 손해보험협회의 '한국손해보험산업과 함께한 손해보험협회 60년사'(2006)의 경우 주요 재난사고에 대한 피해일시, 사고장소와 원인, 피해규모 등이 정리되어 있어 재난 데이터베이스 구축을 위한 기본 자료로 활용하였다. 하지만 선정 기준이 불명확하고 조사결과 일부 누락된 자료들도 있어 위키피디아 또는 블로그를 통하여 추가적으로 자료를 수집하고 데이터베이스화 하였다. 다만 이 경우 자료의 신뢰성과 정확성을 확보하기 위하여 조선일보 아카이브와 네이버 뉴스라이브러리를 통하여 사실여부를 검증하였다.

연구를 위한 자료 수집은 1945년에서 2015년까지 발생한 재난사고로 한정하였다. 또한 연구대상을 명확하게 하기 위하여 재난사고의 사망 또는 실종이 10인 이상인 경우를 '대형재난'으로 조작적 정의하고 자료를 수집하였다. 일부 재난 사고의 경우 사망자와 실종자의 구분이 명확하지 않고, 보도자료마다 사망자와 실종자가 계속 변동되므로 대형재난의 규모를 정하기가 어려웠기 때문에 연구의 편의를 위해 합계 10인 이상으로 설정하였다. 따라서 사망·실종 등 인명피해가 10인 이하 또는 재산피해만 발생한 환경사고(기름유출사고, 화학물질 누출사고 등)는 피해의 크기와 범위 설정이 주관적인 경우가 많기 때문에 연구 대상에서 제외되었다. 전쟁이나 국지적 충돌, 진압 같은 군사적 행동으로 발생한 인명사고 역시 재난의 범위에 포함시킬 수 어렵기 때문에(정지범, 2009) 연구 대상에서 포함되지 않았다. 전염병 경우도 그 기준이 모호하여 대형재난에서 제외하였다. 2015년 발생한 메르스의 경우 사망자가 36명에 불과하였음에도 불구하고 대형재난으로서 많은 관심과 주목을 받았지만, 2012년 유행한 독감의 경우 더 많은 사망자가 발생하였음에도 대형재난에 해당할 만한 관심과 반응을 받지 못하였으며, 2009년 발생한 신종 인플루엔자 역시 많은 사망자가 발생하였음에도 법정 감염병에 해당되지 않았기 때문에 정확한 통계가 반영되지 않아(최충익, 2015) 일정한 기준을 설정하기 어려웠다. 이에 전염병에 대한 논의는 나중에 별도로 다루기로 하겠다.

역사란 사건을 중심으로 사람들과 주변 환경의 상호관계로 나타난 일련의 흐름이며 재난의 역사 역시 마찬가지이다. 본 연구는 지난 70여 년 동안 한국 사회에서 일어난 재난의 변화와 흐름을 체계적으로 분석하기 위하여 세 가지 분석 방법을 활용하였다.

첫째, 유형적 분류(type classification)다. 국내 재난관리의 기준이 되는 「재난 및 안전관리기본법」에 따르면 재난 사례를 20여 가지 나열하고 있으며 발생원인에 따라 크게 자연재난과 사회재난으로 카테고리화 하고 있다. 하지만 발생원인에 따라 두 가지 기준만으로 재난을 유형화한다면 분석 과정에서 개별 재난의 특성이 충분히 고려되지 못할 것이다. 따라서 본 연구에서는 재난을 사고특성에 따라 16가지로

표 6-1 화재대형재난에 대한 분류

구분	대형화재	붕괴 및 폭발	육상교통사고	항공기 사고	해상사고	자연재해
재난 유형	• 건물화재 • 시설물화재	• 건물 및 시설물 붕괴 • 건물 및 시설물 폭발	• 압사 • 철도사고 • 도로교통사고	• 군용기 사고 • 민항기 사고	• 침몰 • 실종 • 선박화재	• 홍수 • 산사태 • 쓰나미 • 폭설

세분화하고 여섯 가지 카테고리로 구분하였다. 여섯 가지 카테고리는 대형화재, 붕괴·폭발, 육상교통사고, 항공기사고, 해상교통사고 그리고 자연재해 등이다.

둘째, 재난에 대한 시대적 구분(periodical division)이다. 역사적 설명은 개별적 사실들이 산재되어 있는 과거 사실들을 시간적 연속이나 계기에 따라 구분하고 체계화 함으로써 일반화할 수 있다(차하순, 2007). 시대 구분은 일정한 기준이 있는 것이 아니라 역사 이해의 편의나 역사 발전의 관망에 따라 만들어지는 것이다(임희완, 2001). 해방 이후 한국사회의 발전과정에 대한 일반적 기준은 존재하지 않지만 크게 헌법의 변화에 따라 구분하거나 사회·경제적 발전 수준에 따라 구분된다. 최근 재난의 역사적 특성을 살펴본 최충익(2013)과 김근영(2014)은 사회·경제적 발전 수준에 따라 모두 네 개로 시대를 구분하였다. 본 연구에서도 한국사회와 경제의 발전과정에 따라 1945년에서 1960년까지를 제1기(period 1), 1961년에서 1980년까지를 제2기(period 2), 1981년에서 2000년까지를 제3기(period 3), 2000년에서 2015년까지를 제4기(period 4)로 구분하였다. 이를 통하여 각 기수별로 집중적으로 발생하는 재난의 유형을 살펴봄으로써 시간의 변화에 따른 재난 발생의 경향(trends)을 체계적으로 바라보았다.

셋째, 제한된 자료로 전체적인 상황을 이해하기 위한 발견적 방법(heuristic method)이다. 재난 발생에 대한 제한적인 정보를 바탕으로 시대적 특성을 이해하기는 어려운 부분이 있다. 따라서 연구자의 지식과 경험을 바탕으로 재난 발생의 상황과 시대적 변화를 추론하거나 이해하여 설명할 수 있는 방법을 적극 활용하였다.

5 대형재난 발생의 추세적 특성

1) 시기별 특성

1945년에서 2015년까지 대형재난의 발생현황을 살펴보면 〈표 6-2〉와 같다. 70년 동안 전국에서 발생한 대형재난은 모두 360건이며 이로 인하여 사망하거나 실종된 피해자수는 1.8만 명이다. 사고 수는 1960년대 79건을 정점으로 점차 감소하고 있는 것으로 나타났다. 사고당 평균 인명피해는 1940년대에 122.6명이었으나

표 6-2 재난발생현황(1945-2015)

연대	40's	50's	60's	70's	80's	90's	00's	10's	Total
발생건수	8	54	79	60	66	55	26	12	360
총 사망 및 실종자 수	981	3,340	3,709	3,199	2,610	2,675	1,124	537	18,715
평균 사망 및 실종자 수	122.6	61.9	46.9	53.3	39.5	48.6	43.2	44.8	50.5

1980년대에는 39.5명으로 낮아졌고 이후로는 40명대를 유지하고 있다.

2) 유형별 특성

대형재난의 유형 중 해상교통사고가 전체의 43.9%인 158건으로 가장 많은 부분을 차지하였으며 육상교통사고가 98건으로서 2순위를 차지하였다. 반면 항공기 사고는 3.6%인 13건에 불과한 것으로 나타났다. 시간의 흐름에 따른 대형 재난 발생 특성 변화를 살펴보면 다음과 같다.

표 6-3 시대별 대형재난 발생 특성(Period 1~4)

시기	대형화재	붕괴 및 폭발	육상교통사고	항공기 사고	해상사고	자연재해
Period 1	4	–	19	1	45	4
Period 2	10	10	54	2	53	10
Period 3	9	10	17	9	62	14
Period 4	9	2	8	1	9	9
Total (%)	32 (8.9%)	22 (6.1%)	98 (27.2%)	13 (3.6%)	158 (43.9%)	37 (10.3%)

3) 공간적 특성

지역별 발생현황을 살펴보면 전남이 49건으로 가장 많고 경북·강원·경기도가 그 뒤를 잇는 것으로 나타났다. 반면 대전과 광주의 경우 발생건수가 미미하여 대형재난에 안전한 지역으로 나타났다. 제1기의 경우 당시의 사회·문화·경제의 중심이었던 부산을 중심으로 하는 영남권과 서울을 중심으로 하는 수도권에 대형재난의 발생이 집중되었다. 한편 제2기에서는 부산의 발생건수가 급격하게 줄어들었고, 강원도와 전남의 발생건수가 늘어나는 모습을 보여주었다. 제3기에서는 제주도를 제외한 대부분의 지역에서 소폭 감소하는 것으로 나타났다. 한편 이 기간 동안에 외국 영토에서 발생한 대형 재난에 내국인이 피해를 입는 사고가 급증한 것으로 나타났다. 마지막으로 제4기에 이르게 되면 대부분 지역의 대형 재난사고 발생건수가 미미한 수준까지 내려간다. 다만, 경기와 경북 그리고 전남 지역은 다른 지역에 비하여 여전히 발생건수가 많은 것으로 나타났으며 지역과 상관없이 전국을 대상으로 발생하는 대형 재난과 국외에서 발생한 대형 재난은 여전히 한국사회에 위협적인 부분으로 남아 있는 것으로 분석되었다.

표 6-4 지역별 대형재난 발생 현황(Period 1~4)

시기	서울	인천	경기	부산	대구	울산	경남	경북	광주	전남	전북	대전	충남	충북	강원	제주	전국	해외	Total
Period1	5	3	7	9	1	–	4	4	–	6	3	–	6	3	3	3	4	1	62
Period2	16	4	9	2	2	2	15	13	1	19	5	–	9	7	20	4	8	3	139
Period3	7	4	10	8	3	2	5	9	–	19	5	–	5	4	7	15	9	9	121
Period4	1	1	5	1	1	–	2	7	–	5	1	–	–	–	2	1	5	6	38
Total	29	12	31	20	7	4	26	33	1	49	14	–	20	14	32	23	26	19	360

6 대형재난 발생의 시대적 특성

1) 사회적 혼란과 대형재난(1기: 1945~1960)

제 1기(period 1)는 1945년 해방 이후부터 1960년까지로서 독립과 전쟁으로 폐허가 된 국토를 복구하는 시기였다. 사회적 혼란과 함께 인구이동이 폭발적으로 증가하였으나 사회기반시설에 대한 운영능력이 부족하여 철도사고와 압사사고 같은 대형 인명피해를 유발하였다. 무엇보다 이 기간 동안 가장 많이 발생한 대형재난은 해상교통사고였다. 이 기간 동안 모두 62건의 대형 재난이 발생하였다. 이 가운데 34건(54.8%)이 해상교통사고일 정도로 높은 비율을 차지하였다. 사고의 원인은 주로 과적과 무리한 선박운행이었다. 전후 복구과정에서도 부산과 서울 등 대도시의 인구집중 현상이 두드러지게 나타났으나 도시기반시설과 방재 기반시설이 충분히 갖추어지지 못한 상황에서의 대형화재 역시 이 시기 대형 재난의 주요한 특성이라 할 수 있다.

① 국가 시스템에 대한 운영미숙

해방 이후 철도는 전국을 연결하는 주요한 교통수단이었다. 1945년 9월 대구역에서는 귀환동포를 실은 열차가 다른 열차와 추돌하여 73명이 사망하였으며[1] (Heo, 2004), 1946년 11월 영등포역에도 열차가 충돌하여 41명이 사망하였다. 1948년 8월에도 중앙선 도곡역에서도 열차가 전복하여 25명이 사망(손해보험협회, 2006)하였고, 1949년 8월에는 중앙선 죽령터널에서 증기기관차가 탈선하여 연기로 46명이 사망[2]하는 등 혼란스러운 사회 속에서 철도 관리체계 붕괴와 경험부족은 어이없는 대형 재난을 유발하였다(Lim, 2004).

열차 사고와 함께 제1기에서 두드러진 육상 교통사고는 압사 사고였다. 이 연구를 통하여 조사된 압사 사고는 모두 세 건인데 이 가운데 두 건이 1959년과 1960년에 발생하였다. 첫 번째 사고는 1959년 7월 17일 부산공설운동장에서 열린 '시민 위안의 밤' 공연이 마무리 될 때 시작되었다. 관객들이 갑작스럽게 내린 소나기를 피하기 위하여 일시에 운동장 입구로 모여들었으나 제대로 된 통제가 이루어지지 않아 밀려 넘어지는 바람에 67명이 사망하였다(Park, 2006). 그 다음 해인 1960년에는 설날을 앞두고 고향에 가기 위하여 귀성객들이 서울역 계단에 한꺼번에 몰리는 바람에 집단으로 실족하여 31명이 사망하였다.[3] 이러한 사고들은 군중 운집에 대한 통제 부족과 운영 미숙이 빚은 비극이었다고 할 수 있다.

② 부족한 화재예방 인프라 시설

이 기수에는 모두 네 건의 대형 화재가 발생하였는데 발생지역이 대부분 부산이었다. 화재의 원인은 대부분 전기누전과 부주의가 다수를 차지하였으며, 석재 건물보다는 목재건물이 많았기 때문에 한번 화재가 발생하고 나면 빠른 속도로 주변에 퍼졌다. 이 시기의 가장 대표적인 화재는 1953년 11월에 일어난 부산역의 대화재이다. 풍로불이 다다미로 옮겨서 발생한 화재는 강풍으로 인하여 급속도로 확대되어 29명의 사망자[4]와 함께 부산시 중구지역의 절반에 피해를 입혀 1958년 3월

---

1 영남일보, 1945. 10. 23.
2 시정일보, 2011. 8. 18.
3 동아일보, 1960. 1. 27.
4 동아일보, 1953. 11. 29.

소방법 제정의 계기가 되었다(김근영, 2014). 1957년 6월에는 부산 미군용 송유관 화재가 발생하여 38명이 사망하였으며, 같은 달 부산진역 구내 판자촌 화재로 43명이 사망하였다(손해보험협회, 2006). 이후 1960년 3월에는 부산국제고무공장에서 화재가 발생하여 52명이 사망하였다.[5]

③ 관행적인 과적 그리고 무리한 운행

해방 이후부터 1960년까지 가장 많이 발생한 사고는 해상사고였다. 1945년 10월 일본 순학(舞鶴)에서 교포귀환선 부도환(浮島丸)이 침몰되어 360명의 사망자가 발생한 사고(손해보험협회, 2006)를 시작으로 1949년 10월 평해호가 인천 부근에서 침몰하여 70명이 사망 또는 실종되었으며,[6] 1953년 1월에는 부산 앞바다에서 창경호가 침몰하여 362명이 사망·실종[7]되는 등 모두 34건의 해상사고가 발생하였다. 이때 발생한 침몰사고들은 과적 또는 무리한 운행이 주요 원인이었다. 이는 서해 훼리호 침몰사고나 세월호 침몰사고에서 알 수 있듯이 수십 년이 지난 오늘날에도 개선되지 못한 채 여전히 반복되고 있다.

흥미로운 것은 한국전쟁 이후의 해상사고 패턴이 조금씩 달라진다는 것이다. 해방 직후에는 일본에서 귀환하는 도중 침몰하거나 도서 지역으로 이동하는 도중 침몰된 경우가 많았으나, 한국전쟁 이후에는 내륙인 강에서 나룻배가 전복하는 사고가 증가하였다는 점이다. 1954년 6월 낙동강에서 발생한 나룻배 전복사고로 27명이 사망·실종 되었으며,[8] 1954년 8월 충북 청양군 장진에서 발생한 침몰사고로 20명이 사망·실종되었고,[9] 같은 달 마포 나루터에서 모터보트 사고가 발생하여 10명 이상이 사망 또는 실종 되었다.[10] 또한 1958년 5월에는 충북 초평면에서 놀이배 사고가 발생하여 19명이 사망·실종 되었고,[11] 1959년 3월에는 안동 나룻배 사고가 발생하여 11명이 사망 또는 실종되었다.[12] 하지만 도강 도중에 발생한 대형재난은

---

5 동아일보, 1960. 3. 3.
6 동아일보, 1949. 11. 8.
7 부산일보, 1996. 7. 10.
8 경향신문, 1954. 6. 12.
9 동아일보, 1954. 8. 7.
10 경향신문, 1956. 8. 21.
11 동아일보, 1958. 5. 28.
12 경향신문, 1959. 3. 12.

오래가지 않았다. 1960년대 이후 도로망이 확충되고 다리가 건설되기 시작하면서 도강의 필요성이 사라지게 되었고 1970년대를 기점으로 점차 사라져갔다.

표 6-5 Period 1 대형재난사고의 특성

분류		서울	인천	경기	부산	대구	울산	경남	경북	광주	전남	전북	대전	충남	충북	강원	제주	전국	해외	합계
대형화재	건물화재	-	-	-	1	-	-	-	-	-	-	-	-	-	-	-	-	-	-	1
	시설물화재	-	-	-	3	-	-	-	-	-	-	-	-	-	-	-	-	-	-	3
붕괴 및 폭발	압사	1	-	-	1	-	-	-	-	-	-	-	-	-	-	-	-	-	-	2
	철도사고	2	-	2	1	1	-	-	1	-	1	-	-	1	1	-	-	-	-	10
	도로교통사고	1	-	2	-	-	-	1	-	-	-	-	-	2	-	1	-	-	-	7
자연재해	폭설	-	-	-	-	-	-	-	-	-	-	-	-	-	-	-	-	1	-	1
	홍수	-	-	-	-	-	-	-	-	-	-	-	-	-	-	-	-	3	-	3
항공기 사고	군용기 사고	-	-	-	-	-	-	-	1	-	-	-	-	-	-	-	-	-	-	1
해상사고	침몰	1	3	3	3	-	-	2	2	-	5	3	-	3	2	2	3	-	1	33
	선박화재	-	-	-	-	-	-	1	-	-	-	-	-	-	-	-	-	-	-	1
Total		5	3	7	9	1	-	4	4	-	6	3	-	6	3	3	3	4	1	62

2) 경제적 성장과 대형재난(2기: 1961~1980)

제2기(period 2)는 1961년에서 1980년으로서 일제 식민지와 전쟁으로 인한 폐허를 어느 정도 수습하고 수출 중심의 경제체제가 자리 잡으면서 도로·철도 등 사회기반시설을 확충하는 시기였다. 특히 매년 10%에 가까운 고속성장을 이루면서 지역 간 사람과 물자의 이동량도 크게 증가하였으며, 대형재난의 발생 패턴도 크게 변화되었다. 이 기간 동안 발생한 대형 재난은 모두 139건이며 이 가운데 육상 교통사고가 54건(38.8%)으로 자동차와 열차 증가로 인한 대형 재난 사고가 급격하게 증가한 시기였다. 또한 급격한 도시화와 고층 건물의 증가로 대형화재 발생 패턴이 변화되던 시기였다.

① 도로 중심의 국가교통체계 구축

제2기의 주요 특징 중의 하나는 국가교통체계의 중심이 철도에서 도로로 전환되었다는 것이다. 경부고속도로를 중심으로 전국을 연결할 수 있는 도로망이 확충되면서 자동차 관련 대형사고가 급증하였다. 제1기에서 19건에 불과한 육상 교통사고는 제2기로 넘어가면서 54건으로 두 배 이상 급증하였다. 무엇보다도 차량전복(Rollover)과 차량추락(Plunge) 사고가 급증한 것으로 나타났다. 1963년 10월 정선군에서 버스가 전복되어 10명이 사망하였고, 1965년 8월 괴산군에서 버스가 전복되어 15명이 사망하는 등(손해보험협회, 2006) 모두 9건의 차량전복 사고가 발생하였다.

또한 강이나 호수 또는 절벽 등 위험지역에서의 차량추락 역시 급증한 것으로 나타났다. 1961년 2월 경산군 연못에 버스가 추락하여 14명이 사망한 사고(손해보험협회, 2006)를 시작으로 1979년 6월 삼척 고갯길 버스추락으로 24명이 사망[13]하는 등 29건의 차량 추락사고가 발생하였다. 이는 도시화된 지역보다는 도로사정이 좋지 않거나 험지가 많은 강원도, 경남, 경북 등에서 집중적으로 발생하였다. 이러한 지역에서 도로를 개통할 때 안전성보다는 기능성에 초점을 맞추어 건설되는 바람에 위험지역에서의 안전시설이 부족하였을 뿐만 아니라 차량 운행과정에서도 충분한 주의를 기울이지 않았기 때문에 나타난 사고들이라 할 수 있을 것이다.

② 도로와 철도 교차점에 대한 안전관리 부주의

철도와 관련된 사고유형의 변화를 살펴보면 제1기는 열차충돌(collision)과 열차탈선(derailment) 등의 사고가 빈번하게 발생하였던 반면 제2기에서는 철도 건널목 부주의에 의한 사고(level crossing misue)가 급증한 것으로 나타났다. 1962년 8월 경주역 부근의 철도 건널목에서 열차와 버스가 충돌하여 11명이 사망하였고, 1966년 5월 영동군 철도 건널목 충돌로 12명이 사망하였으며, 1969년 1월 서울 휘경동에서 건널목 충돌로 18명이 사망(손해보험협회, 2006)하는 등 모두 8건의 건널목 충돌사고가 발생한 것으로 나타났다. 이러한 사고들은 1960년대 후반 철도 중심의 교통체계에서 도로 중심의 교통체계로 정책 변화를 시도하면서(국가기록원, 2016) 두 교통체

표 6-6 Period 1과 Period 2의 육상교통사고 비교

시기	압사	철도사고				도로교통 사고			합계
		열차/차량충돌	열차충돌	열차탈선	열차화재	차량전복	차량추락	차량충돌	
Period 1	2	1	3	4	2	1	4	2	19
Period 2	–	8	5	2	–	9	29	1	54

---

13 동아일보, 1979. 6. 4.

계가 만나는 지점인 교차로에 대한 관리미숙과 안전시설 미비 그리고 운전자의 부주의가 일으킨 대형 재난이었다.

③ 여전히 계속되는 과적과 무리한 운행

해상교통 사고 역시 꾸준히 증가하고 있는 것으로 나타났다. 다만 내륙 교통망에서 다리가 확충되면서 도강으로 인한 사고는 감소하는 모습을 보여주었으나, 근해(近海)에서 여객선과 어선 등이 침몰하는 사고는 점차 증가하는 것으로 나타났다. 대표적으로 1963년 1월에는 전남 영암 가지도 인근에서 여객선 연호가 강풍으로 전복되어 140명이 사망·실종되었으며,[14] 1970년 12월에는 전남 여수에서 남영호가 침몰하여 326명이 사망·실종되었다.[15] 이는 과적과 부주의 운행 그리고 신속하지 못한 대처라는 측면에서 2014년 세월호 침몰사고의 판박이라고 할 수 있다.[16] 1974년에는 충무 앞바다에서 해군 YTL선이 선회 도중 전복하여 159명이 사망·실종 되었으며[17] 1976년에는 속초항을 출발하여 동해 황금어장인 대화퇴에서 조업하던 어선 448척 가운데 33척 침몰, 선원 317명이 사망·실종[18]되는 등 모두 53건의 해상교통 사고가 발생하였다.

이 기간 동안 발생한 해상교통 사고에서 주목할 만한 부분은 전체 사고의 32%인 17건이 전라남도에 집중되었다는 것이다. 1961년 12월 완도 근해에서 여객선 일진호가 전복되어 34명이 사망하거나 실종된 사고[19]를 시작으로 1973년 1월 진도 앞바다에서 한성호가 침몰하여 61명 사망하였으며,[20] 1974년 8월 29일 신안군 소흑산도 인근 해역에서 어선 네 척이 침몰하여 10명이 사망[21]하는 등 신안·여수·진도 앞바다에서의 대형 재난사고가 빈번하게 발생하였다.

---

14 동아일보, 1963. 12. 30.
15 제주신보, 2010. 9. 30.
16 시사인, 2014, 5월호
17 매일경제, 1974. 2. 25.
18 강원도민일보, 2014. 4. 21.
19 동아일보, 1961. 12. 21.
20 경향신문, 1973. 1. 26.
21 경향신문, 1974. 8. 30.

④ 고층·복합건물과 화재 대응 시스템 부재

1953년 수도를 부산에서 서울로 옮긴 이후에도 부산항은 세계 각국의 원조물품이 도착하는 항구로서 경제적으로도 중요한 역할을 수행하였다. 하지만 이러한 현상은 오래가지 않아 변하게 되었다. 1960년대에 이르게 되면 서울에 인구가 집중되면서 수도로서의 기능과 역할을 회복하였다. 결과적으로 대형 재난의 발생 역시 부산에서 서울로 점차 이동되었다. 1966년 1월 가연성 물질이 가득찬 서울 남산동 판자촌에서 화재가 발생하여 21명이 사망하는 사고[22]가 일어났으며, 1971년 크리스마스에는 서울의 대표적 호텔 중 하나인 대연각에서 화재가 발생하여 165명이 사망하거나 실종되었다.[23] 일 년 뒤인 1972년 12월에는 서울시민회관에서 화재가 발생하여 51명이 사망하였으며,[24] 1974년 10월에는 뉴남산호텔에 화재가 발생

표 6-7 Period 2 대형재난사고의 특성

분류		서울	인천	경기	부산	대구	울산	경남	경북	광주	전남	전북	대전	충남	충북	강원	제주	전국	해외	합계
대형화재	건물화재	4	-	-	-	-	-	-	-	-	-	1	-	-	-	-	-	-	-	5
	시설물화재	2	1	-	-	-	-	-	1	-	-	-	-	-	-	1	-	-	-	5
붕괴사고 & 폭발사고	붕괴사고	4	-	-	-	1	-	1	-	-	1	-	-	-	-	-	-	-	-	7
	폭발사고	-	1	-	-	-	-	-	1	-	-	1	-	-	-	-	-	-	-	3
육상사고	철도사고	2	-	1	-	1	-	-	2	-	1	1	-	3	3	1	-	-	-	15
	도로교통사고	3	-	4	1	-	1	7	6	1	-	1	-	1	4	10	-	-	-	39
자연재해	산사태	-	-	-	-	-	-	1	-	-	-	-	-	-	-	-	-	-	-	1
	폭설	-	-	-	-	-	-	-	-	-	-	-	-	-	-	1	-	1	-	2
	홍수	-	-	-	-	-	-	-	-	-	-	-	-	-	-	-	-	-	7	7
항공기사고	군용기사고	-	1	-	-	-	-	-	-	-	-	-	-	-	-	-	-	-	-	1
	민항기사고	-	-	1	-	-	-	-	-	-	-	-	-	-	-	-	-	-	-	1
해상사고	침몰	1	1	3	1	-	1	6	3	-	17	1	-	4	-	7	4	-	3	52
	화재	-	-	-	-	-	-	-	-	-	-	-	-	1	-	-	-	-	-	1
Total		16	4	9	2	2	2	15	13	1	19	5	0	9	7	20	4	8	3	139

---

22 경향신문, 1966. 1. 19.
23 매일경제, 1971. 10. 27.
24 경향신문, 1972. 12. 5.

하여 19명이 사망하였다.[25] 이 기간 동안 발생한 대형화재의 주요한 특징은 공장이나 송유시설 같은 산업시설 대신 고층호텔이나 대형 공공시설에서의 화재발생이 증가하였다는 것이다. 특히 대연각호텔 같은 고층건물에 소방 시설이 갖추어지지 않아서 피해가 급증하였다.

3) 초대형재난의 사회적 충격(3기: 1981~2000)

제3기(period 3)는 1981년에서 2000년 사이로서 경제적 빈곤에서 벗어나 개발도상국에서 선진국으로 진입하고자 하던 시기였다. 이 시기에 발생한 대형재난은 모두 121건으로 이전 기수에 비하여 증가세가 한풀 꺾이게 된다. 사회기반시설에 대한 재난대응 능력이 점차 강화되면서 육상교통사고는 54건에서 17건으로 큰 폭으로 감소하는 모습을 보여주었다. 또한 도시화와 인구밀집으로 인하여 자연재난의 피해 규모 역시 크게 확대되는 모습을 보여주었다. 하지만 이 시기의 가장 두드러진 대형 재난의 특징은 사회적 파급효과가 큰 초대형 재난이 본격적으로 발생하였다는 것이다.

① 개선되지 않는 해상교통사고

육상교통사고의 감소 추세와 달리 선박침몰로 인한 해상교통사고는 여전히 증가하는 것으로 나타났다. 제2기에서는 52건의 해상교통사고는 제3기에 61건으로 소폭 증가하였으며 발생지역은 주로 전남과 제주 부근인 것으로 나타났다. 전남지역에서는 1981년 제36한일호 침몰사고[26]를 시작으로 2000년 9월 목포 주원호 침몰사고[27]까지 15건의 해상교통사고가 집중적으로 발생하였고, 제주는 1983년 10월 거성호 침몰사고[28]를 시작으로 1997년 9월 98원양호가 마라도에서 침몰[29]할 때 까지 모두 14건의 침몰사고가 발생하였다.

---

25 동아일보, 1974. 10. 18.
26 매일경제, 1981. 11. 28.
27 경향신문, 2000. 9. 25.
28 동아일보, 1983. 10. 8.
29 경향신문, 1997. 9. 14.

② 대형화된 자연재해

반면 자연재해로 인한 대형 재난은 크게 증가한 것으로 나타났다. 1981년 9월 태풍 아그네스로 인하여 전국에서 131명이 사망하거나 실종되었으며(김근영, 2014), 1984년 9월에는 태풍 준으로 한강 대홍수가 발생하고 전국에서 339명이 사망·실종되었고,[30] 1987년 7월 태풍 셀마로 345명이 사망·실종되었으며[31] 1998년 지리산 집중호우로 91명이 사망하거나 실종[32]되는 등 이전과 달리 폭우로 인한 대형재난이 14건이나 발생한 것으로 나타났다. 1998년 지리산 집중호우는 '게릴라성 집중호우'라는 용어를 국내에 등장시킨 배경이 되었다.

③ 새로운 재난 유형의 등장: 항공기 사고

무엇보다도 이 시기의 주요 대형재난의 특징 중의 하나는 항공기 사고가 급격하게 증가하였다는 점이다. 1982년 2월 제주에서 발생한 군용기 추락사고[33]와 1982년 6월에 발생한 청계산 수송기 추락사고[34] 외에는 대부분 민항기 사고였다. 1983년 9월 269명의 사망자가 나온 대한항공 007편 격추사고[35]와 1987년 11월에 115명의 목숨을 앗아간 대한항공 858편 폭발사건[36]은 외국의 전투기와 테러리스트가 민간인을 상대로 일으킨 대형 재난이었기 때문에 국민들에게 더 많은 공포감을 불러 일으켰다. 그 외에도 오류나 실수로 인한 항공기 사고는 계속되었다. 1989년 7월 리비아에서 대한항공기가 추락하여 78명이 사망하였고[37] 1993년 7월 아시아나 733기가 전남 해남군에 추락하여 68명 사망하였으며,[38] 1997년 8월 괌에서 대한항공 801편이 추락하여 228명이 사망 하였다.[39] 제3기 동안 발생한 항공기 사고는 9건에 불과하지만 사고에 대한 상징적 의미가 매우 크기 때문에 커다란 사회적 파문을 남긴 재난이었다.

---

30 동아일보, 1984. 9. 3.
31 경향신문, 1998. 8. 7.
32 매일경제, 1998. 8. 3.
33 경향신문, 1982. 6. 8.
34 월간중앙, 2009, 6월호.
35 동아일보, 1983. 9. 2.
36 경향신문, 1987. 11. 30.
37 한겨레, 1989. 7. 28.
38 매일경제, 1993. 7. 27.
39 한겨레, 1998. 8. 6.

④ 초대형 재난사고와 사회적 변화

그러나 무엇보다도 이 기간 동안에 나타난 대형재난은 "한국 대형재난 일지"에 등장할 만한 사고들이 연속적으로 발생하였다는 것이다. 1993년 10월에는 292명이 사망·실종된 서해 훼리호 침몰사고가 있었으며, 1994년 10월에는 서울 한복판에 있는 성수대교가 붕괴하여 32명이 사망하였고 1995년 4월에는 대구 상인동에서 가스폭발사고가 발생하여 101명이 사망하였다. 같은 해 6월에는 삼풍백화점 사고가 발생하여 501명의 희생자가 발생하는 등 한국사회는 충격과 공포에 떨었다. 이후에도 1999년 6월에는 화성시에 있는 씨랜드 청소년 수련원 화재사고로 23명이 사망하였고,[40] 같은 해 10월에는 인천 인현동 호프집 화재로 인하여 55명이 사망[41]하는 등 일련의 충격적인 사고를 겪으면서 한국 사회는 대형 재난에 대한 불안과 공포에 떨어야 했다.[42] 이러한 사고는 그동안 한국사회가 추구해온 성장제일주의의 한계와 문제점에 대하여 경각심을 일깨웠을 뿐만 아니라 1995년 재난관리법이 신설되고 내무부 방재국에서 다루던 재난관리 업무를 총리실에서 직접 관리하는 등 재난대응체계를 강화하는 계기가 되었다.

표 6-8 Period 3 대형재난사고의 특성

분류		서울	인천	경기	부산	대구	울산	경남	경북	광주	전남	전북	대전	충남	충북	강원	제주	전국	해외	합계
대형화재	건물화재	1	1	2	2	1	-	-	-	-	-	-	-	1	-	1	-	-	-	9
붕괴사고 & 폭발사고	붕괴사고	3	-	-	-	1	-	-	-	-	-	-	-	-	1	1	-	-	-	6
	폭발사고	1	-	2	-	1	-	-	-	-	-	-	-	-	-	-	-	-	-	4
육상교통사고	철도사고	-	-	-	1	-	-	-	1	-	1	-	-	-	-	-	-	-	-	3
	도로교통사고	1	-	2	2	-	-	-	1	-	1	2	-	2	2	1	-	-	-	14
자연재해	홍수	-	-	2	-	-	-	-	1	-	-	-	-	-	-	2	-	9	-	14
항공기사고	군용기사고	-	-	1	-	-	-	-	-	-	-	-	-	-	-	-	1	-	-	2
	민항기사고	-	-	-	-	-	-	-	1	-	1	-	-	-	-	-	-	-	5	7
해상사고	화재	-	-	-	-	-	1	-	-	-	-	-	-	-	-	-	-	-	1	2
	침몰	1	3	1	3	-	2	4	6	-	15	3	-	2	1	2	14	-	3	60
Total		7	4	10	8	3	2	5	9	-	19	5	0	5	4	7	15	9	9	121

---

40 매일경제, 1997. 7. 1.
41 경향신문, 1999. 11. 1.
42 중앙일보, 1995. 7. 2.

4) 강화된 대응체계, 여전히 반복되는 대형재난(4기: 2001~2015)

제4기(period 4)는 2001년에서 2015년 사이로서 이 기간 동안 발생한 대형 재난은 모두 38건에 불과한 것으로 나타났다. 1990년대 대한민국을 충격에 빠뜨렸던 일련의 대형 재난 사고들이 지나가고 21세기에 들어서게 되면서 대형재난의 발생 건수가 큰 폭으로 감소한 것이다. 지금까지의 대형재난의 주요 원인이었던 방재시설의 미비, 제도적 미흡 그리고 위기관리 경험부족의 문제들이 점차 해결되면서 재난을 대비하기 위한 충분한 여건을 갖추고 국가재난대응시스템이 안정화된 결과라 할 수 있을 것이다.

① 강화된 재난대응 시스템

이 시기의 대형재난 발생 특성은 무엇보다도 건수 자체가 크게 감소하였다는 것이다. 제3기의 대형재난 발생건수는 모두 121건이었으나, 제4기에 들어서게 되면 38건으로 크게 감소한다. 붕괴·폭발은 10건에서 2건으로 대폭 감소하였으며, 육상교통사고 역시 17건에서 8건으로 감소하는 등 정량적인 측면에서 대형재난은 점차 감소 추세를 보이는 것으로 나타났다.

② 반복된 원인으로 계속되는 대형재난

하지만 긍정적 신호들만 나타난 것은 아니었다. 2003년 2월 대구에서 지하철 화재 참사가 발생하여 213명이 사망·실종되었다(국가재난정보센터, 2015). 이는 세계적으로 아제르바이잔 바쿠 지하철 화재 사고(사망자 300명) 다음인 역대 2위 규모의 지하철 사고로서 한국 사회에 커다란 충격을 안겨 주었다.[43] 이로 인하여 국가 재난관리에 대한 종합적 대책 수립이 요구되어 국가재난관리시스템 기획단이 설치되었고, 2004년에는 재난 전담기관인 소방방재청이 개청되었다. 2005년 10월에는 경북 상주시에 위치한 상주시민운동장에서 콘서트 관람을 기다리던 관객들이 일시에 몰리는 바람에 11명이 압사하였다(박동균, 2006). 이는 1960년 서울역 압사 사고 이후 45년 만에 발생한 압사사고였다. 그리고 2014년 4월에는 1970년 여수 앞바다에서 침몰한 남영호 침몰사고와 판박이라 할 수 있는 세월호 침몰사고로 304명이 사

---

43 한겨레, 2003. 2. 18.

망 또는 실종되는 사고가 발생하였다.[44] 이로 인하여 다원화된 재난관리체계의 문제점을 인식하고 관리체계를 일원화하기 위하여 국민안전처가 신설되는 등 계속적인 변화를 추구하고 있다. 문제는 제4기에 발생한 대형재난의 특징은 예전에 일어났던 사고들이 데자뷰(Deja-vu)처럼 반복되고 있다는 것이며 발생원인 역시 반복되고 있다는 점이다.

1990년대 '서해 훼리호 침몰사고', '성수대교 붕괴', '삼풍백화점 붕괴', '대구 상인동 가스폭발' 같은 초대형 사고를 경험한 한국사회가 대형재난에 대한 인식과 대응체계를 강화시킨 결과, 2000년 이후에는 대형재난 발생 건수 자체가 크게 감소한 성과를 도출하였다. 그러나 여전히 2002년 대구 지하철 참사나 2014년 세월호 침몰사고 같은 초대형 재난사고가 계속되고 있는 점을 고려한다면 아직 대형재난에 안전한 사회를 만들기 위한 노력은 더욱 강화될 필요가 있다.

③ 새로운 유형의 대형재난: 해외 오지에서의 재난

한편 2014년 12월 러시아 베링해에서 발생한 '501 오룡호 침몰'사고나 2015년 7월 중국에서 발생한 '지안 버스추락사고'에서 알 수 있듯이 국내에 잘 알려지지

표 6-9 Period 4 대형재난사고의 특성

분류		서울	인천	경기	부산	대구	울산	경남	경북	광주	전남	전북	대전	충남	충북	강원	제주	전국	해외	합계
대형화재	건물화재	-	-	1	-	-	-	-	1	-	1	1	-	-	-	-	-	-	-	4
	시설물화재	-	-	1	1	1	-	-	1	-	1	-	-	-	-	-	-	-	-	5
붕괴 및 폭발사고	붕괴사고	-	-	1	-	-	-	-	1	-	-	-	-	-	-	-	-	-	-	2
육상교통사고	압사	-	-	-	-	-	-	-	1	-	-	-	-	-	-	-	-	-	-	1
	도로교통사고	-	1	1	-	-	-	1	2	-	-	-	-	-	-	-	1	-	1	7
자연재해	산사태	1	-	-	-	-	-	-	-	-	-	-	-	-	-	1	-	-	-	2
	쓰나미	-	-	-	-	-	-	-	-	-	-	-	-	-	-	-	-	-	1	1
	홍수	-	-	1	-	-	-	-	-	-	-	-	-	-	-	-	-	5	-	6
항공기사고	민항기사고	-	-	-	-	-	-	1	-	-	-	-	-	-	-	-	-	-	-	1
해상사고	침몰	-	-	-	-	-	-	-	1	-	3	-	-	-	-	1	-	-	4	9
Total		1	1	5	1	1	-	2	7	-	5	1	-	-	-	2	1	5	6	38

---

44 조선일보, 2014. 4. 17.

않고 접근성이 좋지 않은 지역에서 발생하는 대형재난 사고가 증가하고 있다는 것은 지금까지의 대형재난 발생 패턴과 다른 새롭게 나타나는 변화로서 향후 관심을 가지고 지켜볼 필요가 있다.

7 대형재난 발생의 역사적 교훈

1945년 이후 한국사회의 발전과정에서 나타난 대형재난을 1기에서 4기까지 나누어 기수별로 특성을 살펴보았다. 해방 직후의 혼란기에서부터 오늘날에 이르기까지 재난의 양상은 경제적 발전과 시대적 변화에 따라 달라지고 있었다. 재난의 규모와 내용은 달라졌지만 과거와 마찬가지로 지금도 재난은 시공간적 불확실성을 가지고 발생하고 있다.

첫째, 대형재난 발생건수는 1980년을 기점으로 점차 감소하는 모습을 보여주고 있다. 한국사회는 1970년대까지 압축적 성장과정을 거치면서 대형재난 건수도 지속적으로 증가하였으나, 1980년 이후부터 발생건수가 지속적으로 감소하여 2000년 이후 급격한 하락세를 보이면서 재난 예방 및 대응 노력이 결실을 맺는 모습을 보이고 있다. 하지만 재난별 사망·실종자 수는 1980년대보다 2010년대가 큰 것으로 나타나 피해규모가 큰 대형재난에는 여전히 취약한 모습을 보여주고 있어 이에 대한 대책 강구가 필요한 것으로 보인다.

둘째, 시대에 따라 대형재난을 유발하는 원인이 달라지고 있음을 보여주고 있다. 1기의 경우 국가 시스템에 대한 관리능력 미흡과 인프라 시설 부족이 주요 원인이었다면, 2기의 경우 재난대응 체계가 사회 발전 및 변화의 속도를 따라가지 못하는 간극에서 발생한 대형재난이 다수 발생하였다. 3기의 경우 압축적 성장과정에서 나타난 부실과 안이함으로 인하여 나타난 초대형 재난들이 집중적으로 발생하였으며, 4기에는 이전의 방재시설 부족 또는 제도적 미비보다는 재난에 대응하는 사회적 인식 부족으로 인한 대형재난이 많았다. 결국, 재난 발생 이후에 원인을 파악하여 관련 방재시설을 설치하고 제도를 보완하는 대응체계만으로는 앞으로 발생할 대형재난을 감소시키는 데 한계를 보일 수밖에 없다. 이제는 재난에 대한 개인과 사회적 인식을 강화하는 교육과 학습을 강조함으로써 재난에 대응하기 위한 패러다임의 변화가 필요한 시기이다.

셋째, 시대의 발전에 따라 새로운 유형의 대형재난이 계속 등장한다는 점이다. 2기의 경우 도로중심의 교통망이 강화되면서 철도와 도로 사이의 교차점에서 대형재난 발생이 급격하게 증가하였으며, 고층빌딩의 등장과 함께 대형건물의 화재 역시 많은 피해를 낳았다. 3기에 들어서게 되면 경제적 활동범위가 확대되면서 항공기 사고 급격하게 증가하는 모습을 보여주었다. 4기의 경우, 국내에 잘 알려지지 않은 지역에서의 경제·문화·사회적 활동이 증가하면서 해외 오지 지역에서의 대형재난이 증가하고 있다. 이렇듯 시대적 변화에 따라 재난의 유형이 변할 때 미리 대처한다면 재난을 예방하거나 피해를 최소화시킬 수 있다. 따라서 최근 증가하는 해외 오지 대형재난에 대한 선제적 대응체계를 구축한다면 앞으로 발생할 대형 재난을 효율적으로 대비할 수 있을 것으로 보인다. 과학기술의 발달이 재난예방에 도움을 줄 수 있는 반면, 동시에 새로운 유형의 재난을 야기할 수 있음을 주지해야겠다. 원자력 발전소 건립문제와 핵전쟁 등은 이에 대한 대표적 사례가 될 수 있다.

한국 사회의 발전 과정에서 어떠한 대형재난을 경험하였으며 어떻게 변화되어 왔는가에 대한 논의는 대형 재난의 역사적 특성을 다룬 연구가 부족한 환경에서 앞으로 발생할 대형 재난의 특성 변화에 대응하기 위한 자료로서 역할하기를 기대해본다.

표 6-10 최근 70년간 주요 대형 재난

| 연도 | 월 | 사고내역 | 사망 및 실종 | 구분 | | 발생지 |
				사고유형	사고종류	
1945	9	대구역 구내 열차 충돌	73	육상교통사고	철도사고	대구
	10	교포귀환선 부도환(浮島丸) 침몰	360	해상사고	침몰	일본
1946	11	영등포역 열차충돌 사고	41	육상교통사고	철도사고	서울
1948	8	중앙선 도농역에서 열차 전복	25	육상교통사고	철도사고	경기
1949	8	죽령터널 열차 질식 사고	46	육상교통사고	철도사고	경북
	10	평해환 침몰	120	해상사고	침몰	인천
1953	1	창경호 침몰 사고	229	해상사고	침몰	부산
	11	부산역전 대화재	29	대형화재	시설물화재	부산

연도	월	사고내역	사망 및 실종	구분		발생지
				사고유형	사고종류	
1954	6	낙동강 하류 나룻배 전복사고	27	해상사고	침몰	부산
	8	청양군 장진 도선 침몰사고	20	해상사고	침몰	충남
		마포나루 모터보트 전복	10	해상사고	침몰	서울
1957	6	부산진역 구내 판자촌 화재	49	대형화재	건물화재	부산
		부산 미군용 송유관 화재발생	38	대형화재	시설물화재	부산
1958	5	초평면 놀이배 사고	19	해상사고	침몰	충북
1959	3	안동 나룻배 사고	11	해상사고	침몰	경북
	7	부산 공설운동장 대참사	67	육상교통사고	압사	부산
1960	1	서울역 귀성객 압사 사고	31	육상교통사고	압사	서울
	3	부산 국제고무공장 화재	62	대형화재	시설물화재	부산
1961	2	경산군 연못에 버스 추락	14	육상교통사고	도로교통사고	경북
	12	완도 근해 여객선 일진호 전복	34	해상사고	침몰	전남
1962	8	경주역 부근 버스/ 기관차 충돌	11	육상교통사고	철도사고	경북
1963	1	여객선 연호 침몰 (영암 가지도)	140	해상사고	침몰	전남
	10	정선군 버스 전복 사건	10	육상교통사고	도로교통사고	강원
1965	8	괴산군 고개 버스 전복	15	육상교통사고	도로교통사고	충북
1966	1	남산동 판자촌 화재	21	대형화재	건물화재	서울
	5	영동군 건널목 버스/ 열차 충돌	12	육상교통사고	철도사고	충북
1969	1	휘경동 버스 열차 충돌	18	육상교통사고	철도사고	서울
1970	12	남영호 침몰 사고	326	대형화재	침몰	전남
1971	12	대연각호텔 화재 사고	165	대형화재	건물화재	서울
1972	12	서울시민회관 화재 사고	51	대형화재	시설물화재	서울
1973	1	한성호 침몰	61	해상사고	침몰	전남
1974	2	해군 YTL선 전복	159	해상사고	침몰	경남
	8	소흑산도 어선 4척 침몰	0	해상사고	침몰	전남
	10	뉴남산호텔 화재사고	19	대형화재	건물화재	서울
1979	6	삼척 고갯길 버스 추락	24	육상교통사고	도로교통사고	강원
1981	9	태풍 아그네스	131	자연재난	홍수	전국
	11	제36한일호 침몰	11	해상사고	침몰	전남

연도	월	사고내역	사망 및 실종	구분		발생지
				사고유형	사고종류	
1982	2	제주 군용기 추락	53	항공기 사고	군용기 사고	제주
	6	청계산 수송기 추락 사고	15	항공기 사고	군용기 사고	경기
1983	9	대한항공 007편 격추 사건	269	항공기 사고	민항기 사고	(구)소련
	10	거성호 침몰	11	해상사고	침몰	제주
1984	8	한강대홍수(태풍 준)	339	자연재해	홍수	경기
1987	7	태풍 셀마	345	자연재해	홍수	전국
	11	대한항공 858편 폭발 사건	115	항공기 사고	민항기 사고	미얀마
1989	4	대한항공 803편 리비아 추락 사고	72	항공기 사고	민항기 사고	리비아
1993	7	아시아나항공 733편 추락 사고	68	항공기 사고	민항기 사고	전남
	10	서해훼리호 침몰 사고	292	해상사고	침몰	충북
1994	10	성수대교 붕괴 참사	32	붕괴사고 & 폭발사고	붕괴사고	서울
1995	4	대구 상인동 가스 폭발 사고	101	붕괴사고 & 폭발사고	폭발사고	대구
	6	삼풍백화점 붕괴 사고	501	붕괴사고 & 폭발사고	붕괴사고	서울
1997	8	대한항공 801편 추락 사고	228	항공기 사고	민항기 사고	괌
	9	98원양호 침몰	10	해상사고	침몰	제주
1998	7	지리산 집중호우	91	자연재해	홍수	전남
1999	6	씨랜드 청소년수련원 화재 사고	23	대형화재	건물화재	경기
	10	인현동 호프집 화재 참사	52	대형화재	건물화재	인천
2000	9	목포 주원호 침몰	11	해상사고	침몰	전남
2003	2	대구 지하철 화재 참사	213	대형화재	시설물화재	대구
2005	10	상주 콘서트 압사 참사	11	육상교통사고	압사	경북
2014	4	세월호 침몰	304	해상사고	침몰	전남
	12	501 오룡호 침몰	53	해상사고	침몰	러시아
2015	7	지안버스추락사고	11	육상교통사고	도로교통사고	중국

1 위험의 역사성에 대한 연구가 갖는 의의를 논하시오.

2 대형재난의 시기별 발생 특성에 대해 설명하시오.

3 대형재난의 공간별 발생 특성에 대해 설명하시오.

4 재난의 역사성이 오늘날 재난관리정책에 주는 시사점에 대해 설명하시오.

5 대형재난 발생의 유형별 특성에 대해 설명하시오.

제7장 위험의 주기적 특성: 대형재난의 이슈생존주기[1]

1 개요

위험사회에서 위험이 갖는 시간적 역동성은 위험의 주기적 특성으로 파악될 수 있다. 특히 재난 위험은 역사성을 지님과 동시에 주기성을 가지고 있기에 이슈의 생존주기이론을 통해 위험이 갖는 시간적 특성을 살펴보는 것은 의미가 있다.

이에 본 장에서는 대형 재난 피해와 관련한 이슈들을 이슈생존주기라는 관점에서 살펴보고 있다. 환경적 이슈를 대상으로 이슈생존주기(issue attention cycle)를 다루는 분석은 시도된 바가 많으나, 대형 재난 사고와 같은 위험발생을 대상으로 하는 관련 연구는 찾아보기 어렵다. 본 장에서는 1960년대 이후 대형 재난사고 가운데 18건을 선정하여 실증분석 하였으며, 해당 이슈의 기사 건수를 조사하여 자료를 구축하였다. 아울러 시간 변화에 따른 위험이슈 생존율과 감쇄율에 관한 모형을 통해 사건별로 비교분석하며 일반화시키는 단계를 포함하였다. 본 장의 논점은 대형 재난 이슈가 Downs(1972)가 창안한 이슈생존주기 모형의 패턴과 달리 지수함수적 감소 형태를 나타낼 것이라는 점에 착안하고 있다.

현대사회가 직면하고 있는 위험과 재난은 언론의 보도를 통해 우리 일상생활로 밀접하게 다가온다. 재난이란 일상적인 절차를 통하여 관리될 수 없고 상당한 규모의 사망자 및 부상자를 발생시키고 재산상 손실을 초래하는 사건을 의미한다.

---

1 본 장은 서울도시연구 16권 4호 "대형재난 이슈의 생존주기 분석" 내용을 수정 및 보완하여 작성함.

일반적으로 대형재난이란 통상적인 재난보다 피해규모가 크고 피해 공간이 넓은 사건을 의미하고 있지만 피해 규모에 대한 정확한 기준은 아직 합의된 바가 없다.

국립재난안전연구원의 경우 대형 재난을 사망자 10인 이상으로 정의하고 1964년에서부터 2013년까지 발생건수를 조사한 결과 276건으로 나타났다(한국지방행정연구원, 2014). 평균적으로 두 달에 한 건의 빈도로 대형재난 사고가 발생하고 있음을 의미한다. 1995년에 발생한 삼풍백화점 붕괴나 2011년에 발생한 우면산 산사태 같은 대형재난은 서울과 같은 대도시도 대형 재난으로부터 자유로울 수 없음을 보여준다. 주목해야 할 것은 이 같은 재난의 발생이 때와 장소를 달리하며 반복적으로 일어나고 있다는 사실이다. 2007년 발생한 허베이 스프릿호의 기름 유출사고는 1995년에 일어났던 씨프린스 기름유출사고의 뼈아픈 경험이 재현되는 듯하였다. 2012년 25명의 사상자와 800억 원의 피해를 낸 태풍 볼라벤 역시 2000년대 초반 태풍 매미와 루사 때에 나타난 피해 양상을 연상시킨다. 2014년 4월 대한민국을 뒤흔들었던 세월호 침몰사고는 1990년대 중반 발생한 충주 유람선 화재사고와 서해 훼리호 침몰사고의 악몽이 재현되는 듯하였다.

대형사건·사고의 원인들이 개선되지 못하고 지속적으로 반복적으로 일어나는 이유는 무엇일까? 그것이 단지 재난·재해의 강도와 파괴력이 커졌기 때문인지는 곰곰이 생각해봐야 할 일이다. 이 같은 주제에 대해 본 장은 대형 재난 이슈의 탄생과 소멸이라는 관점에서 접근하고 있다. 일반적으로 대형 재난 사건·사고가 발생하게 되면 미디어가 주도적으로 정보를 제공하고 여론을 형성하게 된다. 그러나 재난 보도 행태와 관련된 연구들을 살펴보면 언론의 역할이 충분하지 못하였다는 것을 알 수 있다. 언론의 형식적 기사화와 단발적 보도행태에 대한 비판(이두석, 1998)뿐만 아니라, 허베이 스피릿트호 기름유출사고에서 나타났었던 언론의 비본질적 보도행태와 냄비근성의 문제점에 대한 지적도 있다(박동균, 2009).

발생한 재난 이슈에 대하여 관심이 빨리 사라진다는 것은 제도적으로나 사회적으로 문제가 제대로 해결될 수 있는 충분한 시간이 확보되지 않을 수 있음을 의미한다. 이는 얼마 지나지 않아 비슷한 유형의 사건·사고가 반복적으로 발생시킬 수 있는 위험을 야기할 수 있다. 이러한 문제의식을 바탕으로 본 장에서는 지난 50년간 사회·경제적으로 큰 영향을 미쳤던 주요 재난 이슈를 선정하고 이에 대한 사회적 관심이 얼마나 지속되었는지 살펴보았다. 특히 재난 이슈를 시기와 유형별로 구분하여 대형 재난 이슈의 생존율이 어떠한 차이를 보이는지 분석하고 그 원인을 살펴보고자 한다.

2 재난이슈의 주기적 속성

사건과 사고가 나면 언제나 그 현장에는 어김없이 언론 관계자들이 운집한다. 사회적 관심의 정도가 높을수록 그 정도는 심해진다. 이에 대해 Lippmann(1922)은 "언론이란 하나의 사건에 오래 머무르지 않고 늘 새로운 사건을 찾아 움직이는 탐조등(search light)과 같다"라고 하였다. 커다란 사건이 발생할 때마다 미디어들이 달려들어 집중 취재가 이루어진다. 하지만 얼마 지나지 않아 사건의 관심이 다른 쪽으로 옮겨가게 된다는 것이다.

대형 재난을 다루는 언론의 속성은 오래전부터 주요 연구의 대상이었다. 이경자(1994)는 대형사건들에 대한 언론의 보도를 상업주의적 경쟁과 냄비 저널리즘이라는 시각에서 살펴보았으며 송종길·이동훈(2003)은 국내 재난 보도의 문제점을 지적한 연구에서 언론의 무차별 상업주의적 문화와 '빨리 끓고 빨리 식는' 언론의 냄비 저널리즘적 행태를 비판하였다.

냄비 저널리즘을 넘어서 재난·사고에 대한 사회의 관심 변화 과정을 설명하기 위하여 Kasperson and Kasperson(1996)은 '위험의 사회적 증폭 분석 틀'(SARF: Social Amplification of Risk Framework)을 제시하였다. SARF는 재난이나 사고 등 위험에 대한 관심의 변화를 종합적으로 살펴보기 위한 기본 틀이다. 여기에서 위험 사건·사고(risk event)는 개인의 직접적 경험을 넘어서 언론매체 등을 통한 간접경험과 결합하면서 관심의 강도와 크기가 증폭(amplification)되거나 감쇄(attenuation)된다. 이 이론은 대형 재난 사고가 단지 하나의 재난이 아니라 당시 사회적 맥락과 연결되는 경우가 많음에 착안하고 있다. 특히 2000년대 이후 폭넓게 보급된 인터넷은 그 이전 세대와 달리 양방향 커뮤니케이션이라는 특징을 가지고 있어 재난에 대한 위험 증폭현상(risk amplification)을 가속화시킬 수 있다.

사회에서 나타나는 다양한 이슈들은 대중의 관심을 끌기 위하여 서로 경쟁한다.

여기에서 승리한 이슈는 사회적 관심을 끌게 되지만 일정 시간이 지나면 결국 다른 이슈와의 경쟁에 밀리면서 사라지는 과정을 겪게 된다. Hilgartner and Bosk(1988)는 이러한 것을 사회적 관심이라고 정의하고 언론이 특정 이슈를 다룬 기사의 건수, 글자 수 그리고 게재면적 등을 통하여 계량적으로 분석할 수 있다고 주장한 바 있다.

본 장에서는 사회적 관심의 증가와 해당 문제의 이슈화를 같은 맥락에서 파악하고 있다. Cobb & Elder(1995)는 사회에서 발생한 특정 사건들은 초기 단계에서 사람들에게 그다지 관심을 받지 못하지만 이후에 이슈화라는 과정을 겪게 되면서 대중의 관심이 집중되는 중요한 사건으로 부각하게 된다고 이야기하고 있다. 또한 Kasperson는 위험의 사회적 증폭분석 틀(SARF)을 통하여 재난 등 위험 사건(risk event)이 발생하게 되면 개인적 경험을 넘어서 특정 집단의 간접적 경험이 반영된다고 주장하고 있다. 이 경우 해당 집단의 의도에 따라서 해당 이슈에 대한 관심 강도와 크기가 달라진다고 말하고 있다.

특정 이슈에 한정하여 보도량 변동과 사회적 관심도의 변화를 관찰한 Neuman(1990)은 "보도가 지속되면서 사회적 관심이 증가되지만, 일정 시점을 지나면 더 이상 증가되지 않는다"라는 사실을 계량적으로 나타내어 한계효용의 체감법칙이 존재하고 있음을 보여준 바 있다. Kinnick et al.(1996)은 이러한 현상을 '관심 피로도'(attention fatigue)라 정의하고, 보도량이 증가하면서 접촉 기회가 증가하지만, 현실적으로 보도의 편재성과 반복성 그리고 동시성이 지속되면서 사람들이 점차적으로 해당 문제를 외면하면서 사회적 관심이 사라진다고 주장하였다.

사회적 문제로부터 탄생한 이슈는 마치 하나의 생명체와 같이 일정한 단계를 거쳐 성장하고 소멸되는 경향을 보인다. 이러한 공공문제에 대한 사회적 관심도 변화과정을 살펴본 연구 가운데 가장 널리 알려진 것은 Downs(1972)의 '이슈생존주기'(Issue Attention Cycle)모형이다. 그는 이슈의 생존주기를 다섯 단계로 구분하여 설명하였다.

첫 번째 단계(Pre-problem Stage)는 특정한 사회적 상황이 크게 나빠지고 있어 전문가 그룹을 중심으로 이슈가 부각되고 있으나 아직 대중들은 인지하고 있지 못하는 상태를 나타낸다. 두 번째 단계(Alarmed discovery and Euphoric enthusiasm)는 해당 문제가 갑자기 사회적 관심을 받게 되면서 전문가뿐만 아니라 일반 대중들도 깊은 관심을 보이는 상황을 의미한다. 세 번째 단계(Realizing the cost of Significant progress)는 일반인들의 관심이 최대에 도달하는 시기로서 해당 문제 해결을 위한 처리 비용 등을 고려해 보는 등 현실을 인지하게 된다. 네 번째 단계(Gradual decline of Intense public interest)는 해당 문제에 대한 사회적 관심이 극대점을 지나 천천히 식어감을 보여주고 있다. 마지막으로 다섯 번째 단계(Post-problem Stage)에서는 해당 문제에 대하여 관심도가 상당히 떨어진 상황으로서 더 이상 생각하지 않는 단계이다.

국내에서도 사회적 관심사의 변동을 측정하기 위하여 2000년대부터 이슈생존주기 모형에 기반을 둔 계량분석 연구들이 시도되었다. 박기묵(2002)은 언론 보도를 통한 공공이슈들 간에 상호 경쟁이 진행되는 과정 속에서 사회적 관심도가 어떻게 변화되고 있는가를 기사 수를 분석하여 운형함수(cubic spline function)로 계량화하는 방법을 제시하였다. 김성철·박기묵(2006)은 제2차 세계대전 이후 미국의 50대 사회적 이슈를 선정하여 운형함수 방법론으로 이슈의 생존주기를 분석하였다. 이종혁 외(2013)는 언론의 냄비 저널리즘적인 특성을 이슈보도주기와 운형함수를 활용하여 실증분석한 바 있다.

이러한 분석 결과들은 사회적 관심의 변화를 Downs의 이슈생존주기 모형으로 잘 설명하고 있다. 이슈생존주기 모형은 일정 기간 동안 안정적으로 증가와 감소를 반복하는 이슈를 대상으로 해당 문제의 사회적 관심 등락 패턴을 분석하는 데 매우 유용한 방법이다. 하지만 재난 이슈와 같이 잠복기나 성숙기가 미미하다가 사건 발생 이후에 폭발적으로 증가하는 패턴을 가진 이슈생존주기의 분석에는 기존 모형과는 다른 형태의 패턴이 나타날 수 있다는 점을 고려할 필요가 있다.

본 장에서는 기존의 이슈생존주기를 측정하는 방법인 운형함수 측정법의 한계를 극복하고 재난 이슈의 생존주기 특성을 분석하기 위하여 이슈 생존율(issue survival rate)과 이슈 감쇠율(issue decay rate) 개념을 조작적으로 정의하고 측정하고자 하였다. 이슈 생존율은 '1 - (발생시점에서 해당 기간까지의 기사 건수 / 전체 기간의 기사 건수)'를 백분율로 나타냈다. 이를 통해 이슈로 대표되는 사회적 관심이 어떤 지점에서 집중적으로 나타났는지, 그리고 해당 이슈의 평균적인 생존 기간이 어느 정도인지 파악할 수 있다. 생존율을 구하고 난 이후 이슈의 특성에 따른 비교·분석을 위해서는 생존율 곡선이 가지는 특성을 수치화할 필요가 있다. 이를 위해 생존율의 감소 추세를 '지수적 감쇠'(exponential decay)로 측정하였다. 이는 특정 값이 그 양에 비례하는 속도록 감소하는 것을 의미하기 때문에 일정 시간이 경과된 이후 해당 이슈의 생존 강도를 측정하고 비교하기에 적합한 방법이다. 이에 해당 이슈에 대한 언론의 기사 수를 사회적 관심의 척도로 파악하고 대형 재난 이슈의 사회적 관심이 유형과 시간에 따라 어떻게 변화되었는지 살펴보고자 한다.

3 대형재난의 이슈생존주기

본 절에서는 재난 이슈에 대하여 사회적 관심도를 나타내는 지표로서 언론 매체가 해당 문제를 다룬 기사 수를 계량화하였다. 연구범위는 1960년에서부터 2014년까지이며 이 기간 중 발생한 재난·재해 가운데 사망·실종 등 인명피해가 10인 이상인 경우 대형재난 및 재해로 선정하였다. 자료조사 결과 지난 54년 동안 모두 303건의 대형 재난·재해가 발생한 것으로 나타났다. 분석의 편의를 위하여 10년 단위로 대형 재난·재해 발생 현황을 〈표 7−1〉과 같이 여섯 개 구간으로 구분하여 보았을 때 시간이 지날수록 발생건수가 감소하고 있는 것으로 나타났다.

표 7-1 대형 재난·재해 발생 현황(1960-2014)   (단위: 건,%)

연대	대형 재난·재해 건수	비율
1960년대	72	23.8
1970년대	70	23.1
1980년대	63	20.8
1990년대	54	17.8
2000년대	32	10.6
2010년대	12	4.0
합계	303	100

본 연구에서는 10년 단위 구간별로 주요 재난이슈 가운데 가장 인명피해가 많았던 다섯 개 이슈를 분석대상 후보군으로 선정하고 이 가운데 사회적 관심과 파장이 가장 높았다고 판단되는 3개 주요 재난·재해 이슈를 선정하여 총 18개 이슈에 대한 자료를 수집하였다. 선정된 대표적 재난 사례는 〈표 7−2〉에 정리된 바와 같다.

표 7-2	주요 재난 이슈(1960'~2010')	(단위: 인)
연/월	**재난명**	**사망·실종**
62.08 63.01 67.01	순천폭우 연호침몰 한일호침몰	190 140 93
70.12 71.12 79.08	남영호침몰 대연각화재 태풍주디	326 165 136
84.01 87.07 87.11	대아호텔화재 태풍셀마 KAL폭발	38 345 115
93.10 95.06 95.08	서해훼리호침몰 삼풍백화점붕괴 태풍재니스	292 501 157
03.02 03.09 08.01	대구지하철화재 태풍매미 이천냉동창고화재	213 132 40
11.07 14.04 14.10	우면산산사태 세월호침몰 판교환풍구붕괴	18 304 16

재난별 기사 수를 조사하기 위하여 국내 주요 신문사 가운데 조선일보, 동아일보, 경향신문, 매일경제 등 4대 신문에 게재된 기사의 총 수를 측정하였으며 조사 기간은 해당 재난 이슈가 발생된 시점으로 부터 1년(53주)까지로 정하였다. 조선일보의 기사는 해당 신문사의 아카이브 DB를 통하여 자료를 확보하였으며, 동아일보, 경향신문 그리고 매일경제의 신문기사는 네이버 뉴스라이브러리와 한국언론진흥재단의 기사통합검색 포털 카인즈(KINDS, Korean Integrated News Database System)를 이용하여 조사하였다.

경제개발이 본격화되기 시작했던 1960년대 이후 한국 사회에 영향을 미쳤던 대형 재난 이슈들의 사회적 관심도를 시대별로 살펴봄으로써 위험사회의 시간적 역동성이 어떻게 나타나는지 파악하고자 하였다. 이에 국내 대형재난 이슈의 특징을 다음 사항의 관점에서 중점적으로 살펴보았다. 첫째, 대형 재난 이슈의 생존 주기는 어떤 특성을 가지고 있는가이다. 이는 위험의 사회적 확산을 나타내는 중요한 척도가 된다. 둘째, 대형 재난 이슈의 평균 생존 기간과 생존주기의 특성이 재난 유형에 따라 달라지는가이다. 이를 통해 시간의 흐름에 따른 사회적 관심정도를 파악하게 되며 위험사건별 사회적 역동성을 파악할 수 있다. 셋째, 시대 흐름에 따른 대형 재난 이슈의 생존주기 패턴이 변화하는가이다. 이를 통해 재난위험이 지니는 시간적 역동성과 사회적 역동성의 복합적 특성을 살펴보았다.

해당 이슈와 관계있는 기사를 추출하기 위하여 본 연구에서는 해당 이슈와 관계있는 키워드를 선정하여 기사를 검색하고 DB를 구축하였다. 이러한 생존주기의 변화 과정을 보다 명확하게 설명하기 위해서 네 가지 연구문제에 관하여 다음과 같은 방법론을 사용하였다. 첫째, 본 연구에서는 시간에 따른 이슈의 생존율(R_i)을 다음과 같이 설정하였다.

$$R_i = (1 - \frac{\sum_{k=1}^{i} a_k}{N_a}) \times 100(\%) \ \ 단, \ \ i = 1...n \ \ \text{.................} (1)$$

여기서 n은 1년 동안의 전체 주수(number of week per year)를 의미하며 본 분석에서는 53이 된다. 분자의 $\sum_{k=1}^{i} a_k$는 재난 발생시점($k=1$)부터 해당 주까지($k=i$) 누적된 기사 수를 의미한고 분모의 Na는 $N_a = \sum_{k=1}^{n} a_k (k=1...n)$로서 1년(53주) 동안 발생한 해당 이슈($a_k$)의 전체 기사 수를 나타낸다.

시간에 따른 이슈 생존율(R_i)의 변화를 살펴보면 지속적으로 감소하는 형태를 보여주고 있다. 본 연구에서는 이렇게 감소하는 비율을 대형 재난 이슈의 감쇠율이라고 정의하고 다음과 같이 비율을 측정하였다.

$$\frac{dN}{dt} = -\lambda N \ \ \text{..} (2)$$

이때 N은 기사 전체의 양(quantity)이며 λ는 감쇠 상수이다. 이 식은 시간(t)에 대하여 $N(t) = N_0 e^{-\lambda t}$로 표현될 수 있다. 여기서 $N(t)$는 시간이 t일 때의 양이며, $N_0 = N(0)$은 초기의 양으로 $t=0$일 때의 기사 발생량을 의미한다.

둘째, 이슈의 생존기간을 측정하기 위하여 18개 이슈에 대한 생존주기를 그린 다음 이슈별로 생존율이 50%가 되는 지점까지를 해당 재난 이슈가 활발히 공론화되가는 시기로 보고 이후로는 점차 쇠퇴하여 생존율이 10% 되는 지점 이후부터는 해당 이슈가 상실되어가는 시점이라고 조작적으로 규정하고 이슈의 생존기간을 측정하여 보았다. 셋째, 재난의 유형에 따라 생존주기가 어떠한 차이를 보이는가를 비교·분석하기 위하여 재난 이슈의 유형을 '자연재해', '침몰 및 추락' 그리고 '화재 및 붕괴' 등 세 가지 유형으로 구분한 다음 생존주기가 어떠한 차이를 보이는지 감쇠율을 비교함으로써 살펴보았다. 넷째, 오랜 세월 동안 한국 사회는 다양한 재난·재해 사고를 겪으면서 반성과 함께 개선을 요구하는 여론이 계속 증폭되었다. 이러한 부분들이 사회적으로 수용되었다면 재난 이슈의 감쇠율도 시간의 흐름에 따라서 점차 완화되었을 것이다. 즉 1960년대 재난 이슈에 비하여 2010년대 이슈가 더 천천히 사라지고 있음을 가정할 수 있다. 이에 따라 연대별로 감쇠율이 어떠한 변화 추세를 보이고 있는지 살펴봄으로써 우리 사회의 재난 이슈에 대한 태도의 변화를 간접적으로 살펴보았다.

4 대형재난의 이슈생존주기 특성

자료 조사를 통하여 수집된 전체 기사 수는 〈표 7-3〉과 같다. 전체 수집된 자료는 32,946건이며 이 가운데 2014년에 발생한 '세월호 침몰사고'가 23,280건으로 가장 많다. 다음으로 1995년에 발생한 삼풍백화점 붕괴사고와 1987년의 KAL기 폭발사고가 있다. 반면에 1984년 '대아호텔 화재사고'와 2014년 '판교 환풍구 붕괴사고'는 가장 적은 것으로 나타났다.

표 7-3 이슈별 기사 수와 비율 (건, %)

시기	재난명	기사 수	비율
62.08	순천폭우	437	1.3
63.01	연호침몰	156	0.5
67.01	한일호침몰	230	0.7
70.12	남영호침몰	311	0.9
71.12	대연각화재	473	1.4
79.08	태풍주디	152	0.5
84.01	대아호텔화재	100	0.3
87.07	태풍셀마	271	0.8
87.11	KAL폭발	1,115	3.4
93.10	서해훼리호	604	1.8
95.06	삼풍백화점붕괴	3,242	9.8

시기	재난명	기사 수	비율
95.08	태풍재니스	166	0.5
03.02	대구지하철방화	1,425	4.3
03.09	태풍매미	305	0.9
08.01	이천냉동창고화재	271	0.8
11.07	우면산산사태	265	0.8
14.04	세월호침몰	23,280	70.7
14.10	판교환풍구붕괴	143	0.4
총합계		32,946	100

수집된 자료들을 바탕으로 해당 재난의 발생 시점으로부터 1년이라는 기간을 설정하고 각 주(총 53주)에 따라 이슈의 발생과 감소가 어떻게 이루어졌는지 살펴보았다.

〈그림 7-1〉에서 알 수 있듯이 대부분의 이슈는 사건 발생 시점에서 500건 미만인 것으로 나타났다. 이후 이슈는 시간의 경과에 따라 지속적으로 감소하는 형태를 보여주고 있다. 특히 5~6주가 지난 시점부터는 발생량 자체가 매우 미미한 수준까지 낮아지고 있음을 알 수 있다. 다만 '세월호 침몰' 같이 사회적 파장이 크고 장기간에 걸쳐 발생한 이슈들은 기사의 양 자체가 많았을 뿐만 아니라 파생적으로 추가 이슈들이 발생하였기 때문에 다른 이슈들에 비하여 이슈 감소 속도가 완만한 것으로 나타났다.

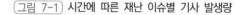

그림 7-1 시간에 따른 재난 이슈별 기사 발생량

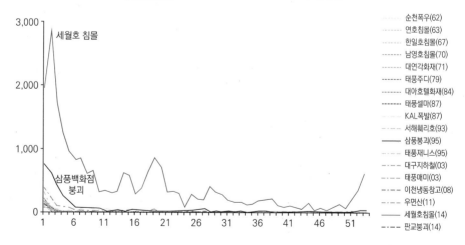

하지만 단순히 발생량을 나타내는 것만으로는 여러 개의 서로 다른 이슈들의 특성을 비교하기에는 한계가 있다.

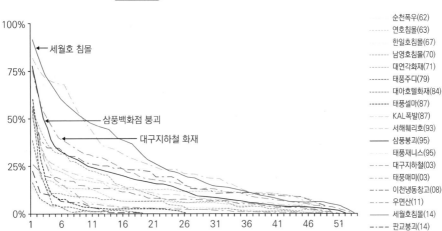

그림 7-2 시간에 따른 재난 이슈별 기사 생존율

따라서 각 대형 재난 이슈별 생존율(R_i)을 바탕으로 〈그림 7-2〉와 같이 생존율 그래프를 그려보았다. 생존율(R_i)을 바탕으로 해당 이슈의 생존주기 특성을 분석한 결과 대부분의 경우 재난 발생 초기에 집중적으로 나타났다가 일정한 비율로 낮아지는 지수함수적인 특성을 보여주고 있는 것으로 나타났다.

단순히 생존율(R_i)을 나타내는 것만으로는 해당 이슈의 발생특성을 살펴보는 데 한계가 있다. 따라서 각 이슈별로 기사 수를 0에서 1 사이를 범위로 정규화(Normalization)한 대형재난기사 표준화 지수를 식(3)과 같이 산출하였다.

$$S_i = \frac{a_i - Min(a_k)}{Max(a_k) - Min(a_k)} \quad \cdots\cdots\cdots\cdots\cdots\cdots\cdots\cdots\cdots\cdots\cdots\cdots\cdots\cdots\cdots\cdots 식(3)$$

여기서 a_i = 특정 재난의 해당 주(i)에 발생한 기사 수를 나타내고 $Max(a_k)$ = 1년(53주) 동안 발생한 특정 재난이슈(ak) 중 가장 빈도가 높았던 주(week)의 기사 수, $Min(a_k)$ = 1년(53주) 동안 발생한 특정 재난이슈(ak) 중 가장 빈도가 낮았던 주(week)의 기사 수를 의미한다. 또한 $X_{i,(0\,to\,1)}$ = 대형재난기사 표준화지수이며 0과 1

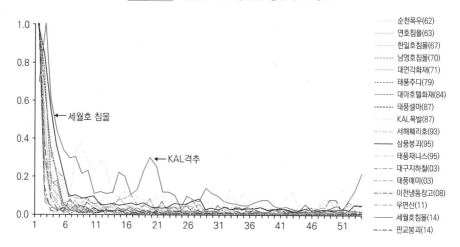

그림 7-3 재난별 기사 생존율 정규화 그래프

| 순천폭우(62) |
| 연호침몰(63) |
| 한일호침몰(67) |
| 남영호침몰(70) |
| 대연각화재(71) |
| 태풍주디(79) |
| 대아호텔화재(84) |
| 태풍셀마(87) |
| KAL폭발(87) |
| 서해훼리호(93) |
| 삼풍붕괴(95) |
| 태풍재니스(95) |
| 대구지하철(03) |
| 태풍매미(03) |
| 이천냉동창고(08) |
| 우면산(11) |
| 세월호침몰(14) |
| 판교붕괴(14) |

사이의 값을 가지고 있다.

〈그림 7-3〉과 같이 정규화한 값을 그래프로 나타낸 결과 대부분 재난 이슈 생존주기는 재난 발생 초기에 집중적으로 나타났다가 5~6주 이후 급격한 하락을 보이며 이후 미미한 수준을 유지하는 지수함수적인 특성을 보여주고 있는 것으로 나타났다. 다만 KAL폭발(1987)과 세월호침몰(2014)의 경우는 재난 발생 이후 급격한 하락을 보이다가 다시 반등하는 특이한 모습을 보여주었다.

KAL기 폭발사고의 경우 〈그림 7-4〉와 같이 8주까지는 기사 빈도수가 지속적인 하락을 보이고 있다. 하지만 9주부터 북한, 미국, 중공, 일본 등 주변 국가와의 외교 갈등이 심화되면서 14주까지 이슈와 관련된 기사 수가 소폭으로 반등하는 모습을 보여주었다.

세월호 침몰사고의 경우 〈그림 7-5〉와 같이 사고 발생 이후 10주까지 기사 발생 건수가 하락하였으나 세월호특별법을 둘러싼 여야 간의 갈등이 본격화되면서 13~20주까지 각 집단 간 대립과 갈등과 관련된 기사 수가 소폭 증가하는 모습을 보여주었다.

이러한 사례 등을 통하여 알 수 있듯이 재난 사건이 개별적인 재난을 넘어서 국가적 또는 사회적 갈등으로 확산되는 경우 기사의 수가 반등하는 모습을 보여준다.

이렇듯 대형재난 이슈를 대상으로 기사 발생량을 시계열적으로 조사하여 보고

그림 7-4 KAL폭발기사 정규화 생존율

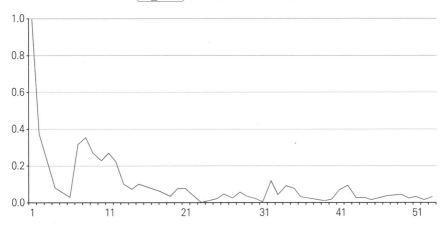

그림 7-5 세월호 침몰 정규화 생존율

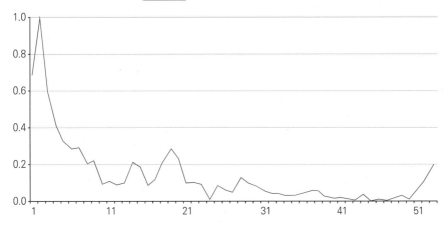

이에 따른 생존율을 구함으로써 주요 재난 이슈의 특성을 다음과 같이 살펴볼 수 있다.

첫째, 대형 재난 이슈의 생존율 곡선을 Downs의 이슈생존주기(Issue Attention Cycle) 모형과 비교하여 보면 이슈의 잠재기나 성장기가 거의 존재하지 않으며 발생 단계에서 최고 정점에 이르고 이후로 지속적인 하락을 보이고 있다. 특히 이슈의 성장과정이 존재하지 않기 때문에 이슈생존주기 모형과는 다른 형태의 주기를 가지고 있다고 할 수 있다.

둘째, 기사 발생량이 가장 많은 '세월호 침몰'사고의 경우 기사의 건수는 다른 대형재난 사고보다 월등하게 많지만 생존율(R_i)을 비교하여 보았을 때 다른 재난과 유사한 패턴을 보여주고 있다.

셋째, '세월호 침몰'사고보다는 기사 발생량이 적지만 비교적 기사의 수가 많다고 생각되는 '삼풍백화점 붕괴'사고(1995)와 '대구지하철 방화'(2003) 그리고 'KAL기 폭발'사고(1987)의 초기 생존율의 변화를 〈그림 7-6〉에서와 같이 살펴보면 발생 초기단계에서부터 80%에 육박하는 높은 생존율을 보이고 있으며 6주가 지난 후에도 여전히 높은 생존율을 보이는 것으로 나타났다.

그림 7-6 기사 발생량이 높은 이슈의 생존율

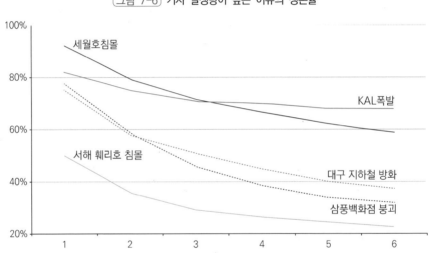

반면 기사 발생량이 낮은 이슈 다섯 개의 생존율을 비교한 〈그림 7-7〉을 살펴보면 이슈 생존율이 사건 발생 시점에서부터 60% 미만으로 낮게 분포하고 있음을 알 수 있다. 특히 태풍 주디, 태풍 재니스 그리고 대아호텔 화재의 경우 발생시점에서부터 생존율이 20% 미만으로 낮은 모습을 보여주고 있으며 6주가 지난 시점에서는 거의 의미를 부여하기 힘들 정도의 수준으로 생존율이 낮아지는 것으로 나타났다.

대형 재난 이슈의 기사 발생량이 많다는 것은 대중의 관심이 더 크다는 간접적인 지표로 해석할 수 있다. 따라서 사회적 관심이 높고 갈등 발생이 많은 대형

재난 이슈일수록 이슈의 생존율이 높고 그렇지 않은 재난일수록 이슈 생존율도 낮게 나타나고 있음을 알 수 있다.

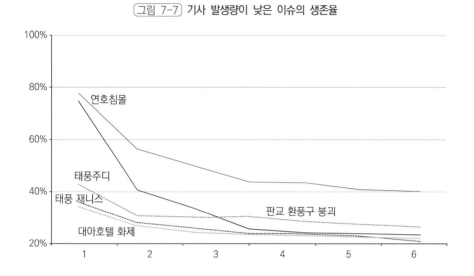

그림 7-7 기사 발생량이 낮은 이슈의 생존율

넷째, 각 주별로 발생하는 기사 수를 정규화하여 살펴본 결과 1987년의 KAL기 폭발사고와 2014년의 세월호침몰 사고의 경우 재난사고를 둘러싼 국가 또는 사회적 갈등이 고조되면서 기사 건수가 소폭 증가하는 특징을 보여주고 있다.

생존기간(duration of life)이란 개체가 탄생하여 사망할 때까지의 기간을 의미한다. 하지만 대형재난 이슈는 실존하는 생명체가 아니기 때문에 사망을 특정할 수 있을 만한 명확한 지표가 존재하지 않는다. 따라서 본 연구에서는 각 이슈의 생존율(R_i)이 50%되는 시점까지를 해당 재난 이슈가 사회적으로 활발히 공론화되는 시기로 보고 이후로는 점차 쇠퇴하여 10%에 이르는 지점을 더 이상 사회적으로 이슈의 의미가 상실된 시점이라고 규정하고 이슈의 생존기간을 측정하여 보았다.

사회적 이슈의 생존율이 50%에 이르는 시점은 대부분 사건 발생 이후 1~3주에 머무르지만 생존율이 10%에 이르는 지점은 재난에 따라서 다른 것으로 나타났다. 〈그림 7-8〉과 같이 이슈 생존율이 10%까지 되는 기간이 길면 길수록 해당 이슈는 사회적으로 더 오랜 기간 동안 관심을 받아왔던 이슈임을 알 수 있다.

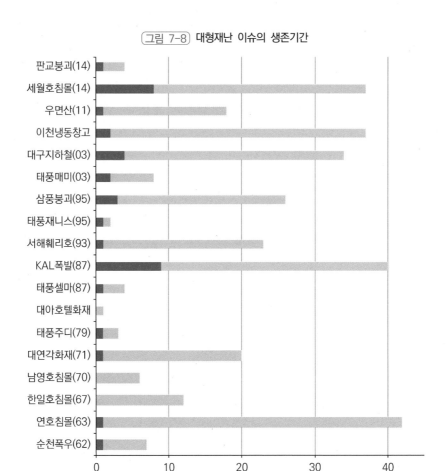

그림 7-8 대형재난 이슈의 생존기간

판교붕괴(14)
세월호침몰(14)
우면산(11)
이천냉동창고
대구지하철(03)
태풍매미(03)
삼풍붕괴(95)
태풍재니스(95)
서해훼리호(93)
KAL폭발(87)
태풍셀마(87)
대아호텔화재
태풍주디(79)
대연각화재(71)
남영호침몰(70)
한일호침몰(67)
연호침몰(63)
순천폭우(62)

0   10   20   30   40

■ 생존율 50% 지점   ■ 생존율 10% 지점

'삼풍백화점 붕괴'(1995), '대구지하철 방화'(2003), '이천 냉동창고화재'(2007), '세월호 침몰'(2014), 'KAL기 폭발'(1987), '연호침몰'(1963) 같은 대형재난 이슈들은 생존율이 30주 이상으로 장기간 주목받아 왔던 것으로 나타났다. 반면 '대아호텔 화재'(1984), '태풍 재니스'(1995), '태풍 주디'(1979), '판교 환풍구붕괴'(2014), '태풍 셀마'(1987) 등의 재난 이슈들은 생존기간이 4주 미만으로 매우 짧은 것으로 나타났다.

장기적으로 관심을 받아왔던 이슈들은 주로 침몰, 추락, 화재 등의 이슈가 많은 것으로 나타났으며 단기적 관심 이슈들은 자연재해가 많은 것으로 나타났다. 이러한 현상은 침몰, 추락, 화재로 인한 대형사고는 발생 빈도가 낮고 발생지역이 한정되어 있기 때문에 보다 쉽게 주목을 끌 수 있기 때문인 것으로 추정할 수 있다.

반면에 자연재해의 경우 대부분 반복적으로 발생할 뿐만 아니라 재난 발생 범위가 넓기 때문에 사회적 관심이 매우 한정적이고 이슈생존기간도 짧은 것으로 추정할 수 있다. 다만 우면산 산사태와 같이 서울에서 발생한 대형 재난의 경우 다른 대형 재해 이슈에 비하여 더 오랜 기간 동안 생존율을 보여주었다.

5 시간에 따른 대형재난 이슈 변화

대형재난이라도 시간이 지남에 따라 국민들의 관심은 잦아들게 되며 이에 따른 언론의 보도 역시 감소하는 추세를 보인다. 시간의 변화에 따른 감쇠율을 계산해보면 그 특징을 보다 정확히 파악할 수 있다. 생존율(R_i)을 그래프로 나타내면 여러 이슈의 특성을 대략적으로 비교하여 볼 수 있다. 하지만 다수의 이슈 생존주기 특성을 한꺼번에 비교하여 살펴보기는 어렵다는 문제를 가지고 있다. 이러한 비교를 위하여 이슈의 생존곡선을 〈표 7−4〉와 같이 $y = e^x$의 지수함수식으로 추정하였다.

각 이슈의 감쇠율은 $y = N_0 e^{-\lambda t}$으로 나타낼 수 있다. 여기서 N_0는 전체 모집단의 크기를 나타내며 이는 해당 이슈에 대한 사회적 관심의 크기라고 할 수 있다. λ는 감쇠율로서 시간의 경과에 따라 이슈가 얼마나 빨리 사라졌는지를 나타낸다. 〈표 7−4〉에서 도출된 수치를 바탕으로 사회적 관심의 크기와 이슈의 감쇠율을 비교하여 보면 〈그림 7−9〉와 같다.

〈그림 7−9〉에서 나타나듯이 사회적 관심의 크기와 감쇠율의 관계는 세 가지 유형으로 그룹화할 수 있다. 첫째, 오른쪽 하단에 위치하고 있는 그룹은 사회적 관심(N_0)도 높고 시간에 따른 감쇠율(λ)도 낮아 오랜 기간 동안 많은 주목을 받았던 대형 재난 이슈인 것으로 나타났다. 대표적으로 'KAL기 폭발'(87)과 '세월호 침몰'(14)이 해당한다. 둘째, 왼쪽 상단에 위치하고 있는 그룹은 사회적으로 크게 주목받지도 못하였을 뿐만 아니라 지속기간도 짧았던 이슈들로 구성되어 있다. 이는 '대아호텔화재'(84), '판교환풍구붕괴'(14), '태풍주디'(79), '태풍 재니스'(95) 그리고 '태풍 셀마'(87) 등 대부분의 자연재해가 여기에 속한다. 셋째, 왼쪽 하단에 위치한

이슈 생존곡선 추정식

재난명	생존곡선 추정식	R^2
순천폭우	$y = 0.2415e^{-0.087x}$	0.8889
연호침몰	$y = 0.2919e^{-0.035x}$	0.5550
한일호침몰	$y = 0.2261e^{-0.054x}$	0.7812
남영호침몰	$y = 0.2062e^{-0.073x}$	0.9582
대연각화재	$y = 0.5279e^{-0.078x}$	0.9396
태풍주디	$y = 0.1873e^{-0.195x}$	0.8140
대아호텔화재	$y = 0.1467e^{-0.288x}$	0.8946
태풍셀마	$y = 0.1970e^{-0.122x}$	0.7745
KAL폭발	$y = 1.0497e^{-0.122x}$	0.9010
서해훼리호	$y = 0.3778e^{-0.057x}$	0.8102
삼풍붕괴	$y = 0.5650e^{-0.065x}$	0.9734
태풍재니스	$y = 0.0676e^{-0.174x}$	0.7585
대구지하철	$y = 0.6202e^{-0.058x}$	0.9340
태풍매미	$y = 0.2123e^{-0.090x}$	0.9371
이천냉동창고	$y = 0.5507e^{-0.054x}$	0.7343
우면산산사태	$y = 0.2752e^{-0.053x}$	0.8780
세월호침몰	$y = 0.900e^{-0.059x}$	0.9907
판교환풍구붕괴	$y = 0.2637e^{-0.219x}$	0.9327

그림 7-9 사회적 관심의 크기와 감쇠율

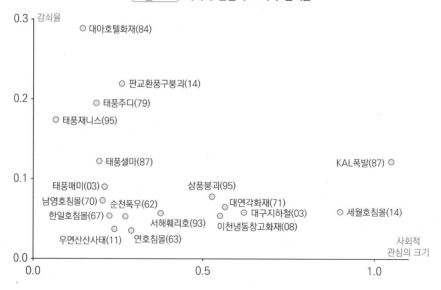

그룹은 사회적 관심의 크기에 비하여 오랜 기간 동안 관심을 받아온 이슈들로서 '연호 침몰'(63), '한일호 침몰'('67), '서해훼리호 침몰'(93), '남영호 침몰'(70) 등 침몰 사고 등이 주로 속하고 있는 것으로 나타났다.

이 그룹에서 특이할만한 점은 자연재해인 '우면산 산사태'(11)가 포함되어 있다는 것이다. 이는 서울의 중심지에서 발생하였다는 상징성으로 인하여 다른 재해 이슈들에 비하여 오랜 기간 동안 관심을 받아왔기 때문인 것으로 추정할 수 있다. 반면 오른쪽 상단에 속하는 사회적 관심도 많고 빨리 사라지기도 하는 이슈는 실증분석상에서 존재하지 않는 것으로 나타났다. 이는 국민의 관심이 많은 이슈의 경우 감쇠율이 낮아지기 어려움을 의미한다. 다시 말해 재난과 안전에 대한 국민적 관심이 꾸준하게 이루어질 경우 재난이슈를 다루는 언론 역시 그에 상응하는 관심을 꾸준히 보일 수 있음을 의미한다. 이 같은 논리는 역으로 언론이 재난과 안전에 대한 관심을 주도적으로 가질 경우도 국민적 관심이 꾸준하게 이루어질 수 있음을 시사한다.

이와 더불어 시대의 변화에 따라서 재난 이슈의 감쇠율이 어떠한 추세를 보이는지 파악하는 것이 중요하다. 재난 및 안전에 대한 국민들의 관심이 시대변화에 따라 어떻게 달라지는지 살펴볼 수 있기 때문이다. 〈그림 7-10〉을 통하여 보여주 듯이 1960년대의 재난 이슈는 0.1의 이하의 감쇠율을 보여주고 있어 대형 재난이

그림 7-10 시대의 변화에 따른 감쇠율의 변화

발생하면 사회적 관심이 비교적 오랜 기간 동안 유지되고 있는 것으로 나타났다. 그러나 1970~80년대에 발생된 대형 재난 이슈들의 경우 감쇠율이 급격히 상승하는 모습을 보이고 있어 점차적으로 이슈가 빨리 사라지는 추세를 보여주었다.

이는 당시 급속한 경제성장과 함께 대형 재난사고의 발생이 일상화되어 더 이상 사회적 이슈로서 커다란 파장을 일으키지 못한 결과인 것으로 추정할 수 있다. 그러나 1980년대 이후로는 감쇠율이 비교적 완만해졌으며, 이후로는 일관된 패턴을 보여주지는 않는 것으로 나타났다. 즉, 시대의 변화나 사회·경제의 발전에 따라서 사람들이 대형 재난 이슈를 더욱 많이 고려할 것이라는 기대에는 부응하지 못하는 것으로 나타났다.

사회적으로 주목받는 이슈가 미디어를 통하여 정책결정 과정에 반영되는 것은 잘 알려진 사실이다. 이러한 관점에서 재난과 관련된 정책결정과정에서 사회적 관심을 주도하는 언론은 상당히 중요한 역할을 수행한다. 특히 자연재해 같이 생존기간이 짧고, 급격한 감쇠율을 보이는 재난 이슈들은 해당 문제를 분석하고 개선안 등을 마련하기 위한 시간이 절대적으로 부족한 것으로 나타났다. 이는 대형 재난에 대한 지속적인 관심을 떨어뜨릴 뿐만 아니라 해당 문제의 관리나 후속조치 미흡의 원인이 될 수 있다. 이러한 상황이 반복되면 경제적 성장과는 별도로 재난에 대한 사회적 관심과 책임은 진전을 이루지 못할 것이다. 특히 특정 시기에 반복적으로 발생하고 있는 대형 재해 이슈의 경우 재난 발생 초기에 이슈를 계속 부각시키거나 화두를 던짐으로써 사회적 공론화의 확대를 이루어낼 필요가 있다.

6 안전사회를 위한 언론의 역할

이상 본 장에서는 대형 재난사고를 이슈생존주기의 관점에서 어떠한 특성을 가지고 있는지 파악하였으며 다음 네 가지 사항으로 정리할 수 있겠다.

첫째, 대형 재난 이슈의 생존곡선은 Downs의 이슈생존주기 모형과 달리 잠복기나 성숙기가 거의 존재하지 않는 특징을 보였다. 이는 사건 발생 이전까지 별다른 관심이 나타나지 않다가 사건 발생 이후 언론 등에 의하여 폭발적으로 증폭하며 4~5주 이후에는 급속하게 감소하는 지수함수적 패턴을 보여줌을 의미한다. 다만 KAL기 폭발사고나 세월호 침몰사고의 경우처럼 일정시간이 지난 이후에 소폭 증가하는 경우도 있었다. 이러한 반등현상은 대형재난 사고와 관련된 여러 이해관계 집단의 갈등이 표출되면서 파생적으로 사회적 관심이 증가한 경우이다.

둘째, 이슈 생존율을 기반으로 생존기간을 산정하여 살펴본 결과 침몰, 화재 그리고 추락 같은 대형 재난 이슈들은 비교적 오랜 기간 동안 생존한 반면 자연재난 이슈들은 비교적 생존기간이 짧은 것으로 나타났다. 이는 재난이슈의 지속정도가 재난피해의 규모에 의존하고 있음을 의미하며 그에 따라 국민들의 관심도 역시 증가함을 보여준다. 이와 더불어 자연재해의 경우 매년 일정기간에 발생하는 주기성을 지니고 있기에 대중들의 관심 피로도(attention fatigue)를 증가시킬 수 있는 요소로 작용할 수 있음을 시사한다.

셋째, 사회적 관심의 크기와 감쇠율의 관계를 살펴보았을 때 관심의 크기가 크면 이슈 생존율이 완만하게 낮아지는 것으로 나타났다. 하지만 이슈의 사회적 관심도가 높지 않더라도 침몰이나 화재와 관련된 재난 이슈들의 생존율은 다른 이슈들에 비하여 비교적 천천히 낮아지고 있는 것으로 분석되었다. 자연재해 이슈들은 사라지는 속도가 빠른 편에 속하지만 '우면산 산사태'(2011)와 같이 서울에서 발생한 대형 자연 재해의 경우 예외적으로 이슈가 천천히 낮아지는 것으로 나타났다.

넷째, 사회·경제적 발전에 따라 대형 재난 이슈가 더 오랫동안 기억되고 학습될 것으로 가정하였지만, 시대의 변화에 따른 감쇠율의 변화 추세를 살펴보았을 때 결과적으로 특별한 추세를 보이지 않는 것으로 나타났다. 이는 국민들과 언론의 재난보도 특성이 여전히 일시적인 관심증가로 나타나고 있음을 시사한다.

하지만 흥미로운 것은 재난의 유형에 따라 이슈의 생존기간이 차이를 보인다는 점이다. 재난 이슈를 유형별로 구분하여 보았을 때 침몰 및 추락이나 화재 및 붕괴 같은 인위적 재난에 비하여 자연재해 이슈 생존기간이 상대적으로 짧은 것으로 나타났다. 대부분의 인위적인 재난 이슈들은 발생 가능성을 예측할 수 없을 뿐만 아니라 발생 후에도 이해관계 집단이 명확하게 갈리고 이들에 대한 사회적 관심이 증대되면서 이슈의 생존기간이 증가한다. 하지만 태풍 및 홍수의 피해와 관련된 자연재해는 주로 여름철에 발생하는 주기적이고 반복적인 이슈일 뿐만 아니라 이해관계 집단 간 갈등 발생이 뚜렷하지 않기 때문에 사회적 관심이 낮은 것으로 판단된다.

재난 이슈의 생존기간은 유형에 따라 큰 차이를 보였으나 시대적 변화에 따른 생존율은 큰 차이를 보이지 않았다. 감쇠율을 측정하여 비교해본 결과 대형재난 이슈는 발생 단계에서 가장 높은 관심을 보이며 이후로 지속적으로 낮아지는 것으로 나타났다. 재난 이슈에 대한 감쇠율은 경제성장이 한창이었던 1970~80년대 시기와 현재를 비교해 볼 때 큰 차이를 보이지 않았다. 이는 한국 사회의 사회·경제·

그림 7-11 세월호 네이버 트렌드 검색결과

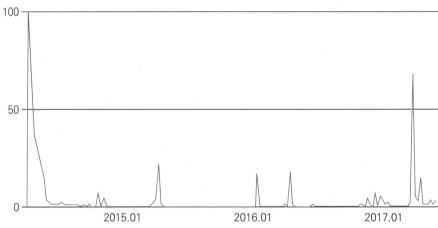

출처: http://ca.datalab.naver.com/ca/step1.naver

그림 7-12 세월호 구글 트렌드 검색결과

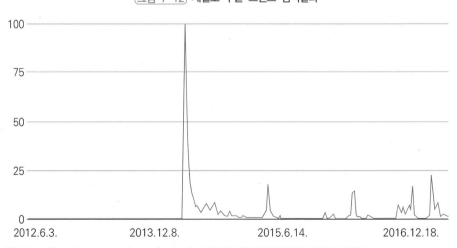

출처: https://trends.google.com/trends/explore?q=%EC%84%B8%EC%9B%94%ED%98%B8

문화적 성장에도 불구하고 재난에 대한 사회적 관심과 책임에 큰 변화가 나타나지 못하였음을 시사한다. 경제발전의 시작단계인 1960년대와 경제성장의 성숙단계에 도달한 2000년대는 사회·경제·문화적으로 많은 변화들이 있었음에도 여전히 안전에 대한 국민적 관심은 초보적 수준에 머물고 있음을 의미한다.

　　하지만 세월호 참사 이후 한국 사회는 시민의식의 성장과 함께 재난을 바라보는 위험대비와 안전에 대한 의식이 변화되었다. 세월호의 경우 시간이 지났음에도 정기적으로 국민적 관심이 이어지고 있음을 보여준다. 특히 2017년 3월의 관심정도는 사건이 발생한 2014년에 달할 만큼 높아졌다. 이는 세월호 사고의 원인이 제대로 밝혀지지 않았고 세월호 인양이 뒤늦게 이루어진 데에 따른 것으로 판단된다. 세월호 참사와 같은 끔찍한 재난이 다시 일어나서는 안 된다는 국민적 관심이 어느 때보다 강하고 꾸준히 이어지고 있다. 이는 안전사회에 대한 국민적 열망이 언론의 재난보도 행태를 변화시킬 수 있음을 시사하는 중요한 현상으로 판단된다.

1   이슈생존주기의 개념에 대해 설명하시오.

2   위험이슈에 대한 이슈생존주기 관점이 갖는 유용성과 한계에 대해 설명
하시오.

3   대형재난별 이슈의 생존기간이 왜 차이가 발생하는지 설명하시오.

4   시대별 재난 이슈의 감쇠율 변화에 대한 특징을 서술하시오.

5   재난이슈를 다루는 언론의 바람직한 자세가 무엇인지 토론하시오.

제3편
위험사회의 사회적 역동성

제 3 편

제8장 위험사회의 건강위협: 서울의 전염병 발생사[1]

1 개요

　도시화와 기후변화는 다양한 방식으로 삶에 영향을 미치지만 가장 위협적인 것은 인간의 건강에 대한 직접적 영향이다. 위험사회의 사회적 역동성은 위험이 사회적으로 불공평하게 확산될 수 있음에 주목하며, 이는 위험의 시공간적 불확실성에 더하여 위험을 확산시키는 역할을 할 수 있다. 위험사회에서 전염병은 주민의 삶과 지역사회에 미치는 그 파급효과가 크기에 전염병 발생에 대한 도시사적 담론은 위험사회의 사회적 역동성을 구성하는 중요한 부분이 될 수 있다.

　지구의 온도가 올라가고 정주환경이 덥고 습하게 되면 모기, 쥐, 벼룩, 파리, 진드기 등의 전염병 매개체가 더 살기 좋은 환경이 되어 이들에 의한 전염병 확산이 우려된다. 학자들 역시 새로운 전염병의 출현과 확산이 기후변화와 생태계변화 등에 의해 유발될 가능성이 높음을 지적한다. IPCC에서도 지구평균 온도가 1℃ 올라갈 때마다 말라리아 등 열대성 전염병이 전 세계적으로 확산될 것을 경고하고 있으며, WHO(세계보건기구) 역시 지표면의 온도가 2℃ 상승할 때마다 모기 서식지가 40% 이상 늘어난다고 보고한 바 있다. 전염병은 재난위험과 마찬가지로 오랫동안 역사 속에서 인류와 공존해 왔다. 전염병은 과학기술의 발달로 어느 정도 극복

---

1 본 장은 한국위기관리논집 11권 9호 "서울의 전염병 발생 특성에 관한 연구사적 고찰" 내용을 수정 및 보완하여 작성함.

되었다고 하지만, 도시화와 기후변화가 가속화되는 위험사회 속에서 여전히 인류의 생명을 위협하는 경계대상 1호로 인식된다.

② 위험사회와 전염병 연구

한반도 전체를 공포에 몰아넣은 중동호흡기증후군(MERS)은 2014년 발생한 세월호 사건보다 국가경제에 더 심각한 영향을 미쳤다는 견해가 지배적일 만큼 사회에 미치는 파장이 컸다. 사막지역 중동에서 주로 발병하며 전파되는 전염병이 현대화된 도시 서울에 착륙하여 그것도 첨단의료시설을 갖춘 병원을 무력화시키며 전파가 확산된 사실은 전염병이 더 이상 과거 후진국 시절의 전유물이 아님을 여실히 보여준다. 국제적 대도시 서울의 전염병 확산은 국가경쟁력을 좌우할 수 있는 중대한 이슈다. 낙후된 위생시스템의 문제도 아니었고 부족한 영양상태 때문도 아니었기에 전염병 확산이 현대 도시에 주는 메시지는 어느 때보다 진지하게 다루어질 필요가 있다. 전염병은 서울의 급속한 경제개발과정에서 시민들을 위협해온 낯익은 불청객이기에 더욱 그렇다. 대도시에서의 전염병 확산은 국가 및 지역의 경제활성화와 도시개발정책에 지대한 영향을 미치기에 전염병에 대한 의학적 접근뿐만 아니라 도시사적 연구도 중요한 의미가 있다.

지난 600년간 서울의 재난과 재해발생의 종류는 오늘날 발생하는 범주와 크게 다르지 않았다. 조선시대부터 현대(1945년 광복 이후)까지 서울의 재난과 재해양상을 살펴보면 주로 홍수, 지진, 전염병, 기근으로 인한 피해가 많았다. 무엇보다 서울의 재난과 전염병 양상에서 두드러진 특징을 나타내는 시기가 바로 현대(1945년부터 현재)라고 볼 수 있다. 어찌 보면 과거 수백 년간 발생했던 변화보다 최근 수십 년간 이루어낸 서울의 변화가 더 컸기에 보다 역동적인 모습이 오히려 자연스럽기까지 하다. 광복 이후 수십만 명의 인명을 앗아간 한국전쟁이 발생하였고 정치적 불안과 경제적 성장이 공존하는 가운데 전염병 발생은 매우 역동적 양상을 보여주었기 때문이다. 그럼에도 불구하고 현대시기의 전염병 양상을 역사적으로 다룬 연구는 드물었다. 이는 광복 이후 전쟁 시기에 이르는 자료를 구하기가 고려시대나 조선시대의 사료보다 더욱 어려웠기 때문이다. 이에 대해 본 연구는 현대 서울의 전염병 발생 특성을 파악하기 위해 서울시 사료와 더불어 언론의 보도 자료를 구축하며 전후(戰後) 자료 확보에 집중하였다.

화려한 현대 도시 서울의 유구한 역사 뒤에는 다양한 형태의 전염병 확산이 뒤따랐다. 현대사회의 첨단의학 및 과학기술이 각종 전염병 발생을 제어하고 대응하기 위해 활용되지만, 전염병에 의한 피해가 사라지거나 없어지지 않고 있으며 오히려 다른 양상으로 확산되며 피해가 늘어나고 있다. 전염병을 바라보는 인간의 관점은 시대에 따라 정도의 차이는 존재하지만, 전염병의 변화를 주시하며 오랜 기간 관찰과 경험을 통해 이에 적응하려는 끊임없는 노력을 해온 점에서 공통점이 존재한다(최충익, 2013). 이 같은 맥락에서 과거 서울의 전염병의 발생특성에 대한 역사적 연구가 현재 서울의 전염병 및 방재정책수립에도 시사하는 바가 클 것으로 기대한다. 전염병은 오랜 도시의 역사와 함께 하고 있으며, 과거 서울의 전염병 확산에 관한 연구사적 고찰을 통해 현대 위험사회의 국가 전염병 대응 및 바람직한 보건행정을 위한 기초자료가 될 것으로 기대한다.

현대시기 서울시에서 발생한 전염병 연구를 위해 1945~2010년 서울특별시 시사편찬위원회 간행물 및 서울통계연보와 신문을 활용하여 기초자료를 수집하였다. 분석의 편의를 위해 1945~2010년까지 기간을 1기~4기로 나누어 분류하였다. 1기는 1945~1960년까지, 2기는 1961~1980년까지, 3기는 1981~2000년까지, 4기는 2001~2015년까지 조작적으로 정의하였다. 다만 자료구득상의 이유로 2013년까지의 서울시 전염병 통계자료만을 사용하였다. 1~4기 서울의 전염병 양상에 대한 연속성을 위해 조선시대 후기의 전염병 양상을 개관하였다.

서울통계연보는 1961년 이후부터 발간되어 이를 통해 1961~2010년(2~4기)까지 서울시에 발생한 전염병 관련 자료를 조사하였다. 아울러 소방방재청에서 발간하는 재해연보를 통해 1979~2001년까지의 서울시 전염병 자료를 추가 정리하였다. 한편, 1945~1960년까지의 자료는 구축되어 있는 자료가 미흡하여, 서울특별시 시사편찬위원회에서 발행한 『서울 통계자료집(1945~1948)』과 『市勢一覽』(1948~1960)을 활용하여 1기 기간에 해당하는 자료를 불연속적으로 수집하여 참고하였다(최충익, 2013). 한편, 조선시대 전염병 상황을 개관하기 위해 〈조선왕실병원 제1년도 보고서〉를 활용하였으며 해방 이후 전염병 통계는 〈대한민국 건국십년지〉 자료를 참고하였다.

보조 자료로서 신문을 활용하여 1945~2010년 동안 있었던 서울시의 전염병 관련 자료를 수집하였다. 주요 검색 대상 신문으로 동아일보를 선택하였다. 동아일보는 1920년 창간되어 일제강점기 시기에 일본의 강요에 의해 1940년 8월 강제 폐간 된 이후 1945년 12월 1일 중간(重刊)하여 현재까지 신문을 발행하고 있어 1945년대 이후 부족한 전염병 자료를 확보하기에 적합하였다. 각 기수별 자료는 '네이버 뉴스라이브러리(http://newslibrary.naver.com/)'에서 제공하는 경향신문, 매일경제, 동아일보 기사를 통해 수집하였다(최충익, 2013).

방법론적으로 현대 서울의 재난 및 재해의 양상과 특성을 역사적 연구(historical research)기법이라는 질적인 접근방법을 활용한다. 역사적 연구는 역사적 사실에 관한 관찰기록에 대한 고찰을 통해 일반적으로 볼 수 있는 법칙과 특징을 찾아내 해석하는 연구방식으로 본 연구의 목적을 이루기에 가장 적합한 질적 방법론이라고 판단하였다(Breisach, 1994). 아울러 현대 서울의 전염병 발생 특성을 파악을 위해 발견적 탐색(heuristic search)기법이 활용되었다. 이는 당시 복잡하고 불확실한 사항에 대해 판단을 내릴 필요가 있지만, 본 연구와 같이 명확한 실마리가 없는 경우 사용하는 편의적 방법으로 주로 역사적 연구에 주로 사용된다(Moustakas, 2001; 최충익, 2013에서 재인용).

3 서울의 시대별 전염병 발생 특성

1) 조선후기 및 일제 서울의 전염병

조선시대에 사람들이 어떤 질병에 많이 걸렸는지에 대한 정확한 통계자료는 존재하지 않는다. 질병 혹은 사망을 기록하는 통계자료가 구비되지 않았기 때문이다. 다만 천연두, 홍역, 장티푸스, 콜레라 등의 전염병으로 많은 사람들이 죽었다는 기록이 남아 있다(서울특별시 시사편찬위원회, 2014). 1885년 설립된 최초 서양식 병원인 제중원의 의사로 근무했던 선교사 알렌이 작성한 〈조선왕실병원 제1년도 보고서〉에서는 말라리아가 가장 유행했던 것으로 적고 있다. 말라리아는 학질이라고도하였는데 사람이 견디지 못할 정도로 포악스러운 질병이라 해서 붙여진 이름이다. 학질에 걸린 사람은 상당히 고통스러움을 오랫동안 느꼈으며 그 치료의 어려움을 빗대어 '학을 뗀다'는 표현까지 나오게 되었다(신동원, 1999).

말라리아가 서울에 집중적으로 발생했는지에 대한 설명은 기록되어 있지 않지만 병원의 위치가 지금의 을지로입구인 것과 교통수단이 제대로 발달되지 않았음을 감안하면 서울 시민들이 주로 이용했음을 짐작할 수 있다. 말라리아 못지않게 1년 동안 무려 750명의 환자들이 제중원을 찾은 사람들이 바로 매독 환자들이다. 조선시대 당시 매독이 꽤 널리 퍼져있었음을 짐작할 수 있으며 열악한 위생환경으로 인해 회충, 촌충 등 기생충병 역시 매우 흔하게 발병하였음을 확인할 수 있다. 1920년도 일제 초기의 질병별 사망순위를 보면 1위가 전염병, 2위 소화기 질환, 3위 호흡기 질환으로 나타나 급성 전염병에 의한 사망이 많았던 것으로 추정된다(서울특별시 시사편찬위원회, 2014). 통상적으로 소화기 질환과 호흡기 질환이 대부분의 사망원인인 것을 감안했을 때 1920년도의 전염병의 확산이 심각했음을 말해준다. 근대에서 현대로 이행하는 시기의 급성전염병으로 콜레라, 천연두, 장티푸스, 성홍열, 디프테리아 등이 확산되고 있었으며 수도 서울은 서양의 방역대책과 위생학을 조선에 정착시키는 1번지 역할을 수행하기 시작해야만 했다.

1921년에는 전염병을 조금이라도 줄이기 위한 서울시의 웃지 못할 사업이 있었다. 콜레라 예방을 위한 서울시의 파리사업소 설립이었다. 예방 백신과 치료제가 제대로 구비되지 않은 상황에서 콜레라 매개체인 파리를 사 모으는 사업을 벌인 것이다.[2] 서울시가 설치한 파리사업소에서 마리당 3리의 가격으로 사 모았는데 당시 쌀 한가마가 50원으로, 파리 1섬에 쌀 10섬에 해당하는 가격이었던 것이다.[3] 이같은 주먹구구식 전염병 대책은 결국 시의 예산부담을 늘렸고 4일 만에 매입을 중단하는 해프닝으로 끝나게 되었다.

2) 해방직후의 콜레라 확산(1기)

현재 서울에서 질병이 재난 및 재해로 인식될 만큼 사망자가 많지 않으나 1945년

---

2 한겨레신문, 1994년 4월 21일자 참조
3 도정(搗精)한 쌀 144kg이 한 섬에 해당한다.

이후 각종 풍수해와 전쟁으로 인해 각종 전염병이 발생하여 많은 사망자가 발생하였으며 재난의 한 유형으로 파악되었다. 서울통계연보가 발간되기 전인 1945~1959년까지의 자료는 질병에 관한 자료가 매우 미흡하여 『市勢一覽』(1948~1960)을 활용하였으며 전염병에 관한 전국 통계자료로 〈대한민국 건국십년지〉 자료를 참고하였다. 해방 직후 전국의 전염병 발생추이를 살펴보면 〈표 8−1〉과 같다.

표 8-1 해방 직후 서울의 전염병 발생 현황

		1946년	1947년	1948년	1949년	1950년	합계	사망률
콜레라	발생	15,644					15,644	65.1
	사망	10,181					10,181	
이질	발생	2,389	1,161	1,318	876	52	5,796	33.9
	사망	1,239	598		118	7	1,962	
장티푸스	발생	11,278	8,250	5,062	5,691	7,211	37,492	12.0
	사망	1,921	1,371		515	691	4,498	
파라티푸스	발생	65	97	385	159	125	831	31.3
	사망	31	8	202	11	8	260	
천연두	발생	20,810	402	1,197	10,085	2,349	34,843	19.8
	사망	4,234	220		2,068	382	6,904	
발진티푸스	발생	4,754	1,831	1,806	1,322	1,821	11,534	7.8
	사망	442	184		120	153	899	
성홍열	발생	400	89	39	12	2	542	55.0
	사망	225	71		2		298	
재귀열	발생	136	314	260	380	569	1,659	7.6
	사망	44	31		21	30	126	
디프테리아	발생	864	362	2,231	1,668	932	6,057	12.4
	사망	142	206		233	169	750	
유행성 뇌척수막염	발생	446	207	164	139	50	1,006	23.1
	사망	79	108		37	8	232	
유행성뇌염	발생				5,616	5	5,621	48.6
	사망				2,729	1	2,730	

출처: 대한민국 건국십년지 간행회, 1956

1946~1950년 사이 가장 많이 발생한 전염병은 장티푸스로 나타났으며 천연두, 콜레라, 발진티푸스가 그 뒤를 잇고 있다. 가장 높은 사망률을 보이는 전염병은 콜레라와 성홍열로 나타났으며 사망률이 무려 50%를 넘는 것으로 나타났다.

특히 1947년에 발생한 성홍열은 89명이 발생하여 71명이 사망한 것으로 나타나 무려 80%에 달하는 사망률을 보여 전국적으로 전염병에 취약한 상태를 보여주었다. 콜레라의 경우 1946년 한해에 1만 5천명이 넘는 환자가 발생하였지만 1950년까지 발생하지 않았던 것으로 나타났다. 하지만 발생 당시 무려 70%에 육박하는 사망률을 보이는 맹독성 전염병으로 인식되며 서울시민에게 공포의 대상이 되었다.

서울에서 1945년에서 1960년 동안 서울에서 전염병이 가장 많이 발생한 시기는 1950년이다. 1950년에는 장티푸스 발생 환자가 149명 사망 환자는 45명, 발진

표 8-2 1기 서울의 전염병 발생 현황

		1946	1948	1950	1952	1953	1954	1955	1956	1958	1959	1960
콜레라	발생	345	345	–	–	–	–	–	–	–	–	–
	사망	83	87	–	–	–	–	–	–	–	–	–
장티푸스	발생	201	201	149	9	13	20	18	35	124	52	93
	사망	26	26	45	–	1	1	1	2	4	8	3
파라티푸스	발생	5	5	2	–	–	1	2	4	4	1	9
	사망	–	–	–	–	–	–	–	–	–	–	–
발진티푸스	발생	24	–	106	31	6	8	7	7	29	22	1
	사망	40	–	16	1	1	–	–	1	–	6	–
천연두	발생	415	415	739	11	15	6	–	1	–	–	–
	사망	76	76	371	1	4	2	–		–	–	–
성홍열	발생	2	2	2	–	–	–	–	1	–	–	–
	사망	–	–	–	–	–	–	–	–	–	–	–
디프테리아	발생	171	–	–	31	40	69	81	237	308	440	693
	사망	21	–	–	6	2	8	8	24	25	33	38
적리	발생	–	105	52	93	66	33	6	12	8	5	9
	사망	–	95	16	11	4	5	1	–	2	1	1
유행성뇌척수막염	발생	80	–	54	9	17	15	6	7	8	13	5
	사망	8	–	9	9	5	5	3	4	3	2	–
재귀열	발생	118	–	77	236	3	–	1	–	–	–	–
	사망	11	–	18	9	–	–	–	–	–	–	–
뇌염	발생	–	–	38	11	5	6	12	–	–	288	322
	사망	–	–	11	8	2	4	6	–	–	108	79
계	발생	1361	1073	1613	431	165	155	133	304	482	821	1133
	사망	265	284	602	45	19	25	19	31	34	153	121

출처: 서울통계연보 각연도.

티푸스 발생 환자는 106명 사망 환자는 16명, 천연두 발생 환자는 739명 사망 환자는 371명으로 기타 전염병을 합쳐서 1,613명의 전염병환자가 발생했고 그 중에서 약 600명이 사망했다(최충익, 2013).

해방 직후 200만명에 달하는 해외 동포들이 일시에 귀국하기 시작했으며 특히, 중국, 필리핀, 인도네시아 등 열대 지역에 거주하던 국민들이 서울에 밀집되면서 열대 전염병의 확산을 더욱 부추겼다. 게다가 해방 이후 수도 서울은 낙후된 도시에 불과했다. 도시의 위생상태가 좋지 못한 상황에서 시민들의 영양상태의 부실은 급속한 전염병 확산으로 나타났다. 또한 전염병환자가 발생하더라도 제대로 된 치료가 불가능해 환자는 급속도로 확산되었다. 서울에서의 전염병 발생과 사망상황을 살펴보면 1946년에는 콜레라 환자가 345명가량 발생하였고, 그중에서 약 83명이 사망하였다. 흥미로운 사실은 전국적인 콜레라 사망률이 65%에 이르렀을 때 서울의 경우 25%에 불과했다는 점이다. 이는 서울시의 콜레라 예방접종 등 전염병 예방 및 국민보건 향상을 위한 노력도 한몫을 하였다. 게다가 콜레라균은 감염성이 높고 더운 여름에 잘 번식하지만 추위에 약해서 날씨가 싸늘해짐에 따라 발생 환자도 줄고 사망 환자도 대폭 감소하기에 이르렀다는 지적이다. 때문에 1946년 이후에 1960년까지 콜레라 환자는 발생하지 않았고, 1946년 이후 콜레라가 전멸한 가장 큰 이유로 추워진 날씨를 들고 있다.[4] 1946년 당시 서울시의 콜레라 발생으로 용산경찰서가 당분간 한강에서의 수영을 금지시켰다는 자료가 존재한다(서울특별시 시사편찬위원회, 1995).

3) 도시에 확산되는 성병(2기)

해방 직후 급격히 해외동포 유입에 따른 전염병의 확산은 서울의 전염병 방역 업무가 작동되는 계기가 되었다. 이후 정부와 서울시의 방역 및 예방접종사업으로 전염병 발생은 한동안 소강상태를 지속했다. 이와 함께 전염병에 사망률도 급격히 줄기 시작했다. 1971년 7월 31일자 매일경제는 1970년도 보고된 장티푸스 발생총수는 3,835명에 사망자 37명이었고 이질은 925명 발생에 25명이 사망한 것으로 보도했다. 일본뇌염은 27명 발생에 사망 1명, 콜레라는 206명 발생에 사망 12명으로 전했

---

4 서울신문, 1946년 10월 20일자.

다.

　　2기 서울의 전염병 발생 특징으로는 성병의 등장을 들 수 있다. 성병은 검진인원이 1960년대 초에 6,000여 명에 불과하던 것이 1979년에는 10만 명을 넘어섰다. 성병감염자는 1961년 2,520명에서 해마다 증가하다가 70년대 초에 감염자가 줄어들다가 다시 70년대 중후반에 증가하였다. 당시 성병감염자 증가의 주요 원인으로 6.25 이후 외국 군인들의 주둔과 이에 따른 서구 문화 유입을 들 수 있다. 미군부대의 서울 주둔에 따라 신종 서비스업들이 등장하게 되었고 문란한 성문화 등으로 서울시의 전염병관리는 홍역을 앓을 수밖에 없었다. 이후에 정부의 꾸준한 관리로 감염자가 많이 줄어들긴 했지만 성병환자는 여전히 존재하고 있다. 한국전쟁 이후 가족으로부터 이탈된 무위무탁한 여성, 전쟁미망인들로 가족을 부양하기 위한 여성을 비롯해 서구사조에 휩쓸려 전락한 여성들이 많이 생겨나 전염병의 문제를 넘어 하나의 큰 사회문제로 대두되기까지 하였다(서울특별시 시사편찬위원회, 1995). 1969년 보사부가 미군부대 주변 유흥가 윤락여성을 대상으로 한 조사에서 성병보균자가 38%에 달하는 것으로 밝힌 바 있다.[5]

표 8-3 2기 서울의 성병발생 현황

항목	성병 검진연인원	성병 감염자	치료 연인원
1961	5,903	2,520	–
1962	22,099	6,838	–
1963	50,603	11,703	–
1964	61,041	8,915	–
1965	35,359	9,098	–
1966	60,004	14,008	–
1967	59,953	13,988	–
1968	40,322	8,046	51,306
1969	48,655	4,710	28,316
1970	35,241	2,358	12,747
1971	27,299	3,124	25,542
1972	31,704	3,397	26,544
1973	51,620	4,938	18,704
1974	30,575	3,228	25,768

5 경향신문, 1969년 3월 12일자.

항목	성병 검진연인원	성병 감염자	치료 연인원
1975	54,344	5,792	34,696
1976	51,235	7,507	9,273
1977	62,187	12,669	16,203
1978	96,194	12,945	12,091
1979	103,632	12,173	10,623

출처: 서울통계연보 각연도(최충익, 2013에서 재인용)

또한 서울시에서 전염병 환자가 은폐되고 있는 사실이 많았던 것으로 나타났다. 서울시에 보고된 장티푸스 환자수는 실제 발생수의 절반밖에 안 되는 경우가 많았다고 한다. 이는 발병사실을 창피하게 여긴 나머지 환자가족 측의 요구에 따라 개인병원이나 심지어 종합병원에서조차 병원 경영을 위해 정확한 수치보고를 기피하는 경향이 있었다. 이 같은 사실은 성병의 경우 더 뚜렷하게 나타났다. 사회문제가 될 정도로 심각하게 확산되고 있었지만 〈표 8-3〉에서 보는 바와 같이 1960년대 후반~1970년대 초반에는 공식적 성병감염자에 비해 치료연인원이 월등히 큰 것을 알 수 있다. 1978년 서울시는 해마다 늘어나는 성병환자를 줄이기 위해 8개 의료기관을 1차 의료보호 기관으로 지정하기까지 했다.6 사회경제적으로 급성장하는 시기의 서울에서도 성병 감염자수가 꾸준히 늘어났으며 전통적 관습이나 금기가 파괴되고 새로운 가치관 및 성윤리가 들어오면서 서울의 성병 감염은 심각한 사회문제가 되었다.7

4) 줄어드는 결핵(3기)

서울의 3기 전염병 발생 특성은 결핵 발생의 급격한 감소를 들 수 있다. 3기(1981~2000)는 한센병(나병)과 결핵의 국가 관리로 인해 환자수가 크게 줄어드는 시기임을 알 수 있다. 특히, 결핵 예방접종에 따라 결핵 환자 수는 매우 큰 폭으로 감소하고 있음을 나타내고 있다.

1981~1990년 동안의 서울시의 보건통계를 살펴보면 크게 한센병, 결핵 그리고 법정전염병 등으로 분류되어 있다. 먼저 한센병을 살펴보면 1981년에는 약 800

---

6 경향신문, 1978년 1월 30일자.
7 동아일보, 1979년 10월 31일자.

그림 8-1 한센병과 결핵의 환자 수 추이

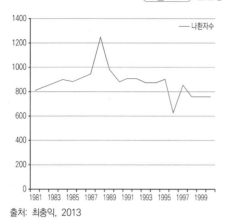
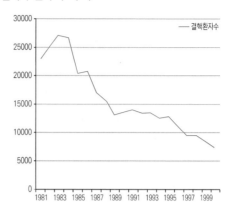

출처: 최충익, 2013

명, 2000년에는 약 760명으로 조금 감소하였다. 매년 약 800명 정도의 한센환자수가 1988년에는 약 1,300명으로 크게 증가하였다. 서울의 도시개발에 따른 인구집중현상과 함께 전염성 악성질환인 나병의 전염율이 1990년대까지 꾸준히 증가하는 추세를 보였다. 1990년대 이후 서서히 감소추세를 보였으며 점차 환자가 고령화되어가는 추세를 보였다.[8] 당시 기독교와 카톨릭 등 종교계에서도 나병환자들의 노후대책과 노인복지사업에 활발했으며 노인복지시설 건립과 나환자 정착촌 마련에 애썼다.

결핵환자를 살펴보면, 1981년에 약 2만 3천명에 달했던 결핵 발생 수가 2000년에는 약 7천 6백 명으로 과거에 비해 1/3정도로 발생 수가 급감하는 추세를 나타냈다. 또한 결핵에 따른 사망도 1981년 약 390명에서 2000년에는 약 40명으로 대폭 감소하였다(최충익, 2013). 결핵의 경우 예방접종과 함께 치료제가 개발되어 대수롭지 않은 전염병이라는 사고가 시민들 사이에 퍼지고 있었다. 서울에서는 급속한 도시개발과정에서 뒷전으로 밀린 많은 영세민들이 결핵으로 고통을 받았으며 이들 대부분은 영양을 제대로 섭취하지 못하고 치료비를 낼 능력이 부족하여 결핵 퇴치에 어려움을 겪었다.[9]

---

8 동아일보, 1989년 1월 28일자.
9 한겨레신문, 1988년 11월 8일자.

법정전염병 중 장티푸스, 파라티푸스, 디프테리아, 세균성이질, 콜레라는 1군 전염병에 분류되었고 백일해, 홍역, 유행성이하선염, 디프테리아는 2군 전염병으로 분류되었다. 하지만, 1군 전염병이었던 디프테리아는 지속적인 관리로 인해 거의 발생하지 않게 되어 1996년부터는 2군 전염병으로 바뀌었다. 반면, 1군 전염병인 세균성 이질은 1980년대에 평균 12회 발생했던 것이, 1990년대 초·중반에 평균 5회 정도로 크게 줄었다가 1990년 후반에 들면서 평균 21회에 발생으로 크게 증가하여 서울시민들의 전염병에 대한 긴장을 늦추지 못하게 하였다(최충익, 2013). 전국적으로도 세균성 이질은 확대 양상을 보였다. 1997년 11건에 불과했던 것이 1998년 905건, 1999년 7월말 913건 등으로 불어나 80배 이상의 폭발적 증가세를 보였다.[10]

한편, 매년 장마철 우기에 대한 대책으로 수인성 전염병 확산을 막기 위한 방역 활동을 강화하는 것은 서울시의 중요한 업무였다.[11] 장마철에 발생하기 쉬운 장티푸스와 이질 등 전염병을 예방하기 위해 10일간 시내 전역을 구별로 일제 소독하였으며, 당시 소독차가 뿜어내던 하얀 연기는 서울시민들에게 익숙한 장면이었다.[12] 3기에는 백신과 전염병 치료제가 보급되면서 서울의 전염병의 발생수치와 그에 따른 사망자가 1, 2기에 비해 줄었다. 하지만 여전히 열대 풍토 전염병인 말라리아 모기 등으로 서울시는 긴급방역과 항공방역을 수시로 실시했다. 항공방역이 실시될 때면 방역기간 중 서울시민들은 장독뚜껑을 덮고 기타 음식물이 공중에 살포된 약품에 노출되지 않도록 주의해야 했다.[13]

5) 해외유입 감염병의 증가(4기)

2000년 이후 4기의 한센환자와 결핵환자수를 보면 꾸준하게 그 수가 3기에 비해 뚜렷하게 줄어들고 있음을 알 수 있다. 한편, 2000년대 이후 1군, 2군 전염병으로만 규정되던 질병도 4군으로 늘어났으며 전염병 관리의 체계가 세분화되었다.

2000년대 이후 1군, 2군 전염병으로만 규정되던 질병들이 4군으로 늘어났다. 1군 전염병에는 장티푸스, 파라티푸스, 세균성이질, 콜레라, 장출혈성 대장균감염

---

10 경향신문, 1999년 10월 6일자.
11 매일경제, 1985년 5월 24일자.
12 경향신문, 1981년 7월 4일자.
13 경향신문, 1998년 6월 24일자.

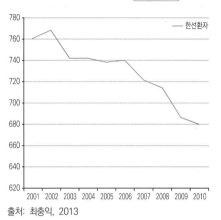 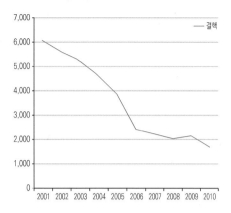

그림 8-2 │ 2000년 이후 서울의 전염병 추이

출처: 최충익, 2013

증이 있으며, 2군 전염병에는 백일해, 홍역, 디프테리아, 파상풍, 풍진, 일본뇌염, B형간염, 수두 등이 있다. 3군 전염병에는 말라리아, 결핵, 성홍열, 한센병, 성병, 수막구균성 수막염, 비브리오 패혈증, 쯔쯔가무시증, 랩토스파리증 등이 있다. 4군 전염병에는 페스트, 황열, 뎅기열 등의 전염병이 포함되어 있다.

　법정감염병은 「감염병의 예방 및 관리에 관한 법률」 제2조에 명시된 감염병을 의미하며, 제1군감염병, 제2군감염병, 제3군감염병, 제4군감염병, 제5군감염병 및 지정감염병으로 구분된다. 제1군감염병은 콜레라, 장티푸스 등 마시는 물 또는 식품을 매개로 발생하고 집단 발생의 우려가 커서 발생 또는 유행 즉시 방역대책을 수립하여야 하는 감염병(6종)을 말한다. 제2군감염병은 디프테리아, 백일해, 파상풍, 홍역 등 예방접종을 통하여 예방 및 관리가 가능하여 국가예방접종사업의 대상이 되는 감염병(12종)을 말한다. 폐렴구균은 2014년 9월에 법정감염병으로 지정되어 2014년 36명, 2015년에는 228명이 신고되었다. 제3군감염병은 말라리아, 결핵, 한센병, 성홍열 등 간헐적으로 유행할 가능성이 있어 계속 그 발생을 감시하고 방역대책의 수립이 필요한 감염병(19종)을 말한다. 제4군감염병으로 페스트, 황열, 뎅기열 등이 국내에서 새롭게 발생하였거나 발생할 우려가 있는 감염병 또는 국내유입이 우려되는 해외 유행 감염병으로서 보건복지부령으로 정하는 감염병(19종)을 의미한다. 제5군감염병은 회충증, 편충증, 요충증 등 기생충에 감염되어 발생하는 감염병으로서 정기적인 조사를 통한 감시가 필요하여 보건복지부령으로 정하는

감염병(6종)을 말한다(보건복지부, 2015).

한편, 법정감염병 환자분류 기준은 크게 3단계로 구분된다. 감염병환자는 감염병의 병원체가 인체에 침입하여 증상을 나타내는 사람으로서 「감염병의 예방 및 관리에 관한 법률」에 규정된 진단 기준에 따른 의사 또는 한의사의 진단이나 보건복지부령으로 정하는 기관의 실험실 검사를 통하여 확인된 사람을 말한다. 한편, 감염병의사환자는 감염병병원체가 인체에 침입한 것으로 의심이 되나 감염병환자로 확인되기 전 단계에 있는 사람이며, 병원체 보유자는 임상적인 증상은 없으나 감염병병원체를 보유하고 있는 사람을 말한다.

표 8-4 서울시 법정전염병 발생현황(2001-2013)   ( ) 서울발생 인구

연도	2001	2002	2003	2004	2005	2006	2007	2008	2009	2010	2011	2012	2013
제1군	1,537	1,413	1,457 (94)	834 (76)	597 (122)	681 (178)	447 (67)	504 (69)	446 (65)	480 (102)	5,970 (1,159)	1,532 (288)	1,435 (289)
제2군	24,874	881	1,573 (361)	1,787 (388)	3,844 (237)	13,189 (252)	25,099 (426)	27,454 (2,620)	31,738 (4,623)	30,718 (2,715)	44,028 (4,497)	38,306 (4,695)	57,976 (6,358)
제3군	40,298	36,801	34,614 (8,625)	38,508 (7,164)	44,990 (2,525)	45,753 (10,039)	44,759 (539)	42,912 (3,849)	43,585 (11,509)	45,372 (12,153)	48,388 (10,943)	51,907 (11,087)	53,125 (11,811)
제4군	6	10	17 (4)	21 (8)	36 (14)	42 (20)	111 (26)	71 (8)	706,985 (16)	56,989 (47)	84 (27)	163 (38)	314 (98)
전국합계	66,715	39,105	37,661	41,150	49,467	59,665	70,416	70,941	782,754	133,559	98,470	91,908	112,850

출처: e-나라지표 법정감염병 발생현황(http://www.index.go.kr)과 서울 통계표(http://stat.seoul.go.kr)

법정감염병의 신고범위는 환자, 의사환자, 병원체 보유자에 따라 다르며 이에 대해 정리하면 〈표 8-5〉와 같다.

2004년 서울에서 발생한 2군 전염병 388명 중 383명이 유행성 이하선염(볼거리) 환자였다. 2008년도 2군 전염병이 급증하는 가운데 수두의 발생이 2,065건으로 이하선염을 앞질렀다. 이듬해인 2009년에도 4,623명으로 급증하였으며 이전까지 발생하지 않았던 B형 간염도 1,249건이나 발생하였다. 3군 전염병도 11,509명으로 급증하였는데 전년도 3,482명이던 것이 11,097명으로 급격히 늘어나 결핵에 대한 경고등이 다시 서울에서 발생하고 있었다. 이후 결핵은 2011년 이후에도 꾸준히 1만명이 넘는 환자가 매년 발생하는 양상을 보이고 있다. 이는 결핵이 더 이상 영양이 부족하고 위생이 부실했던 시기에만 발생하는 질병이 아님을 보여주고 있으며 예방과 치료가 다시 체계적으로 이루어져야 함을 시사한다.

제1군감염병	환자	의사환자	병원체보유자
콜레라	○	○	○
장티푸스	○	○	○
파라티푸스	○	○	○
세균성이질	○	○	○
장출혈성대장균감염증	○	○	○
A형간염	○	×	×

제2군감염병	환자	의사환자	병원체보유자
디프테리아	○	○	×
백일해	○	○	×
파상풍	○	×	×
홍역	○	○	×
유행성이하선염	○	○	×
풍진	○	○	×
폴리오	○	○	×
B형간염 급성	○	×	×
B형간염 산모	○	×	○
B형간염 주산기	○	×	○
일본뇌염	○	○	×
수두	○	○	×
b형헤모필루스인플루엔자	○	○	×
폐렴구균	○	○	×

제3군감염병	환자	의사환자	병원체보유자
말라리아	○	×	○
결핵	○	○	×
한센병	○	×	×
성홍열	○	○	×
수막구균성수막염	○	×	○
레지오넬라증	○	○	×
비브리오패혈증	○	○	×
발진티푸스	○	○	×
발진열	○	○	×
쯔쯔가무시증	○	○	×
렙토스피라증	○	○	×
브루셀라증	○	○	×
탄저	○	○	×
공수병	○	○	×
신증후군출혈열	○	○	×
인플루엔자	○	○	×
후천성면역결핍증(AIDS)	○	×	○
매독	○	×	×
크로이츠펠트-야콥병(CJD) 및 변종크로이츠펠트-야콥병(vCJD)	○	○	×

제4군감염병	환자	의사환자	병원체보유자
페스트	○	×	×
황열	○	×	×

제4군감염병	환자	의사환자	병원체보유자
뎅기열	○	○	×
바이러스성출혈열	○	○	×
두창	○	○	×
보툴리눔독소증	○	○	×
중증급성호흡기증후군(SARS)	×	○	×
동물인플루엔자 인체감염증	○	○	×
신종인플루엔자	○	○	×
야토병	○	○	×
큐열	○	○	×
웨스트나일열	○	○	×
신종감염병증후군	○	○	×
라임병	○	○	×
진드기매개뇌염	○	×	×
유비저	○	×	○
치쿤구니야열	○	×	×
중증열성혈소판감소증후군	○	×	×
중동호흡기증후군	○	○	×

제5군감염병	환자	의사환자	병원체보유자
회충증	○	×	×
편충증	○	×	×
요충증	○	×	×
간흡충증	○	×	×
폐흡충증	○	×	×
장흡충증	○	×	×

지정감염병	환자	의사환자	병원체보유자
C형간염	○	×	×
수족구병	○	○	×
임질	○	○	×
클라미디아감염증	○	×	×
연성하감	○	×	×
성기단순포진	○	×	×
첨규콘딜롬	○	×	×
반코마이신내성황색포도알균(VRSA)감염증	○	×	○
반코마이신내성장알균(VRE) 감염증	○	×	○
메티실린내성황색포도알균(MRSA)감염증	○	×	○
다제내성녹농균(MRPA) 감염증	○	×	○
다제내성아시네토박터바우마니균(MRAB) 감염증	○	×	○
카바페넴내성장내세균속균종(CRE)감염증	○	×	○
장관감염증	○	×	×
급성호흡기감염증	○	×	×
해외유입기생충감염증	○	×	×
엔테로바이러스 감염증	○	×	×

○: 신고대상임, ×: 신고대상이 아님
출처: 보건복지부 질병관리본부, 2015

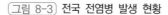
그림 8-3 전국 전염병 발생 현황

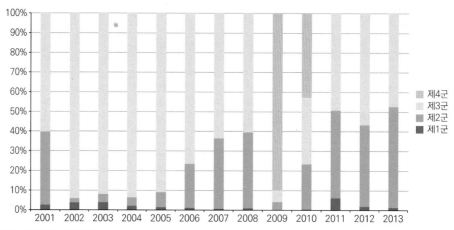

출처: 김염병웹통계시스템(is.cdc.go.kr/dstat)

특이한 것은 2009년 당시 신종인플루엔자는 법정 감염병이 아니었기에 서울시 통계에서는 감염자 수가 통계에 반영되지 않은 것으로 판단된다. 전국적으로 70만 명이 넘는 4군 전염병 환자가 발생했지만 서울은 16명에 불과한 사실은 이를 말해 준다. 서울 역시 2009년에는 신종플루에 따른 질병관리에 집중하였다. 2009년 4월 28일 국내에서 신종 플루 추정환자가 처음 발생한 이후로, 서울시는 신종플루의 급격한 확산을 막기 위해 시장을 중심으로 집단 발병 예방 및 대책을 위한 노력을 기울였다. 서울지역은 2009년 11월 3일을 기준으로 신종플루 확진 누적 환자는 총 2만 2,888명으로 이 중 1만 6,560명이 완치됐고 6,165명이 치료를 받고 있으며 6명은 사망했다.[14] 이 과정에서 신종플루 치료제인 '타미플루' 오·남용 문제가 발생하였다. 환자가 아닌 사람이 먹으면서 이에 따른 부작용이 발생되었으며, 정작 약을 먹어야 할 환자들은 약을 구하지 못하는 사례가 속출하였다.[15] 서울시에서도 신종플루에 대한 일종의 공포감마저 조성되어 대규모 행사 등이 무더기로 취소되는 사태로 연결되기도 하였다. 이를 통해 도시의 위생과 건강이 크게 이슈화되는 계기가 되었고 도시의 위생 및 환경에 대한 관심이 고조되었다.

---

14 서울신문, 2009.11.6
15 경향신문, 2009.11.9

4기 서울의 전염병 발생의 특징은 해외유입 감염병(4군 전염병)이 눈에 띄게 늘고 있다는 점이다. 국제교류와 해외여행 활성화로 여행객을 매개로 해외 감염병이 국내 들어오고, 전파되는 일이 지속적으로 늘고 있기 때문인 것으로 풀이된다. 2015년 한반도를 공포에 몰아넣은 중동호흡기증후군(MERS) 사태와 같은 일이 이후에 언제든지 발생할 수 있음을 뜻한다. 전국적으로 2009년까지만 해도 200건 안팎에 불과했으나 2010년 이후 약 350건이 발생했고, 2014년에는 400건의 신고가 들어왔다. 서울의 경우 인천공항과 거리가 가깝고 해외 여행자들 및 해외 유입인구가 크기에 더욱 주의가 요구된다. 2013년 질병관리본부에 신고된 해외 유입 감염병 가운데 뎅기열 환자가 전체의 41%(164명)를 차지해 가장 비중이 높은 것으로 나타났으며 이어 말라리아 환자 비율이 20%(80명), 세균성 이질 10%(38명), 장티푸스 6%(22명), A형 간염 5%(21명)과 홍역 5%(21명) 등의 순으로 집계됐다(보건복지부, 2015).

서울시민들은 2015년 메르스(MERS)를 비롯하여, 2003년 중증급성호흡기증후군(사스), 2009년 신종플루, 2014년 에볼라 등 최근 몇 년 동안 치명적인 신종 전염병에 불안해했다. 특이한 것은 이 같은 신종 전염병의 대부분 동물과 인간 사이에 전파되는 병원체에 의해 발생하는 인수공통전염병이라는 점이다. 인간과 동물에 공통으로 감염될 수 있는 질환이기에 직접전파와 매개곤충 또는 기타 매개물에 의해 다양하게 이루어질 수 있다. 병원체를 매개하는 동물과 사람을 모두 통제해야 하는

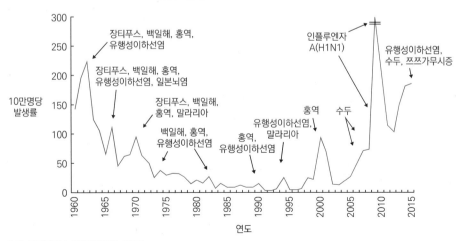

그림 8-4 전국 전염병 발생 추이

출처: 보건복지부 질병관리본부, 2015

어려움이 따르고, 국가 간 교류가 활발해지면서 인수공통 감염병의 발생 간격이 짧아지고 있어 서울의 새로운 위협이 될 수 있다. 서울과 같은 대도시에서의 전염병 확산은 재앙으로 연결될 수 있기에 서울시 보건당국의 각별한 주의와 대책이 요구되는 시점이다.

그림 8-5 전국 법정 감염병 발생 현황

출처: 보건복지부 질병관리본부, 2015

〈그림 8-4〉는 1960년 이후 전국의 전염병 발생 추이를 나타낸다. 인구 10만 명당 발생률은 1960년대 143.4로 높은 수치를 보인 이후 지속적으로 감소하다가 신종플루(H1N1)로 인해 2009년에 1,502.6을 기록하였으며 이후 2013년에도 148, 2014년에도 181이라는 높은 수치를 기록하고 있다. 위생환경이 개선되고 영양상태가 양호해도 새로운 전염병에 의한 노출로 인해 전염병 발생률은 지속적으로 늘어가고 있음을 시사한다. 의학의 발달로 인해 전염병으로 인한 사망률은 줄었지만 발생률은 오히려 늘고 있다는 점에서 서울을 비롯한 지방자치단체의 보건정책에 주는 정책적 시사점이 크다.

전염병의 연구사적 고찰과 정책적 시사점

　　지금까지 서울의 전염병 발생의 동태적 양상을 조선후기, 일제시대, 해방 이후로 구분하여 살펴보았다. 조선후기와 일제시대 서울의 전염병 발생에 관한 정확한 통계는 존재하지 않았지만 사료를 통해 나타난 바로는 말라리아와 콜레라 발생이 심했던 것으로 파악된다. 예방백신도 없고 치료제도 부족한 상태에서의 전염병 발생은 확산이 쉽게 이루어지기 쉬웠고 게다가 체계적인 역학조사가 제대로 이루어지지 못하여 주먹구구식의 대응이 주로 이루어졌다.

　　1기의 시기에는 광복에 따른 해외 동포들의 유입 급증과 전쟁 이후 열악한 위생환경과 영양부실 상태에서 발생한 전염병이 수도 서울에서 급속히 확산되는 양상이었다. 반면, 서울의 2기 전염병 특성은 전쟁 이후 불안정한 경제적 지위를 가진 여성 증가와 서구식 가치관과 개방적 성윤리 유입으로 성병이 급속히 확산되는 사회문제를 양산하였다는 점이다. 반면, 3기에 접어들면서 경우 예방 백신과 치료제의 보급으로 전염병의 확산이 줄었으며 무엇보다 치사율이 현저히 낮아져 질병으로부터 시민들의 생명이 보호되었다. 특히, 전쟁 이후 급격한 도시성장과정에서 등장한 성병이 서울의 골칫거리였는데, 경제안정기로 접어들면서 점차 줄어들기 시작했다. 무엇보다 도시개발에 따른 위생환경 개선 및 시민의 위생관념이 높아짐에 따라 인구밀도가 높은 서울의 질병관리에 큰 기여를 한 것으로 풀이될 수 있다. 무엇보다 가난한 시절 영양부실에 따른 결핵환자 증가가 이 시기부터 급격히 줄어들기 시작했다.

　　4기의 전염병 발생특징에 따른 시사점으로 먼저 결핵의 예방과 치료에 대한 관심이 증대될 필요가 있다는 점이다. 결핵이 가난한 나라의 열악한 위생상태에서 발생하는 후진국형 전염병이라는 인식이 이제 바뀔 필요가 있다는 점이다. 2000년 이후 서울의 결핵 환자는 매년 1만 명을 넘고 있으며 젊은 여성들의 경우 과다한 다이어트 등으로 영양상태가 좋지 않은 20대 초반의 젊은 여대생들이 결핵에 취약하기 때문이다. 게다가 결핵의 전염성이 높아 밀도가 높은 서울시민들의 취약성은 더욱 고조될 수 있다. OECD국가 중 결핵 발생률과 사망률에서 꾸준히 1위를 기록하는 불명예를 벗기 위해서는 무엇보다 서울의 결핵 감염관리시스템 구축이 필수적이다.

아울러 메르스(MERS), 사스(SARS), 뎅기열 등과 같은 해외유입 감염병 증가에 대한 대비책이 필요하다. 문제는 전염병의 발생은 기후의 영향을 많이 받는데 기후변화로 인한 온난화 추세는 당분간 지속될 가능성이 크다는 점이다. 서울은 위생적이고 현대화된 첨단도시이지만 동시에 주변 산악지역이 분포해 있고 해외 유입으로 새로운 질병의 출현 위험을 항상 안고 있기에 전염병에 안전하다고 단언하기 어렵다. 좁은 면적에 1천만의 인구가 밀집해 있기에 전염병의 파급효과는 여타 도시보다 클 수밖에 없다는 점에서 전염병 대응센터의 운영과 위기관리 역량 강화가 어느 때보다 중요한 시기다.

인류 발달과정에서 뿐만 아니라 현대 위험사회 속에서도 인간에게 큰 위협요인인 전염병에 대한 역사적 고찰은 의미가 있다. 사례지가 지난 600년간 우리나라의 대표도시로서 기능해오고 도시화와 기후변화의 영향력 중심에 있는 서울이었기에 더욱 그렇다. 과거 100년 동안 서울의 전염병 발생과 대응에 관한 논의는 향후 서울의 전염병 대응정책뿐만 아니라 위험사회의 건강정책 수립에도 기초자료가 될 것이라고 기대한다.

1 전염병과 다른 자연재해와의 차이점과 공통점을 논하시오.

2 도시화와 기후변화가 전염병의 확산에 어떤 영향을 미칠 수 있는지 설명하시오.

3 서울의 1-2기 전염병 발생 패턴의 공통점에 대해 설명하시오.

4 서울의 3-4기 전염병 발생 패턴의 차이점에 대해 설명하시오.

5 1920년대 서울시가 콜레라 매개체인 파리를 사 모으는 사업을 진행하게 되는데 이 정책의 문제점이 무엇인지 위험사회의 역동성 관점에서 토론하시오.

제9장 위험의 사회적 확산: 미세먼지정책의 경로의존성[1]

1 개요

　본 장에서는 위험사회의 사회적 역동성을 미세먼지정책의 경로의존성 관점에서 접근한다. 위험의 사회적 확산과 국가와 지방자치단체의 미세먼지 정책 딜레마를 연결시키고 있으며 미세먼지정책의 경로의존성 현상을 짚어보고 이에 따른 정책적 시사점을 도출하고자 한다. 경로의존성(path dependency)은 한 번 경로가 결정되면 나중에 그 경로가 비효율적이라는 사실을 알아도 그 경로의 기득권 때문에 과거 경로를 변경하기 어렵다는 이론에 근거한다(Arthur, 1994; David, 2000). 과거 미세먼지 대책이 구조적 변화 없이 대중적인 처방에 치중하면서 장기적이고 효율적 대책마련에 대한 고민이 부족했다는 반성에서 출발한다. 본 장에서 위험의 사회적 확산(social amplification of risk)은 위험이 사회적으로 증폭되는 과정을 설명하는 틀(framework)이다. 반복되는 미세먼지 문제가 본질적인 이슈와는 무관하게 언론에 의해 증폭되고 확산되는 것에 착안하여 보다 효율적인 위험 커뮤니케이션이 어떻게 이루어져야 하는지에 대해 고민할 것이다.

　계절에 무관하게 뿌연 하늘을 만드는 미세먼지는 이미 우리에게 익숙한 불청객이 되었다. 최근에는 육안으로 식별되지 않는 초미세먼지가 국경을 넘어 건강을

---

1 본 장은 한국지역개발학회지 28권 5호 "미세먼지정책의 경로의존성과 위험의 사회적 확산" 내용을 수정 및 보완하여 작성함.

위협하는 일이 다반사다. 중국과 몽골의 사막화뿐만 아니라 산업화에 따른 대기오염이 편서풍을 타고 국경을 넘어 우리 국민들에게 심각한 영향을 주고 있다. 미세먼지는 입경에 따라 호흡성 미세먼지(PM10, <10μm), 초미세먼지(PM2.5, <2.5μm), 극미세먼지(<100nm)로 구분되며 직경이 작을수록 인체에 미치는 영향이 더 크다. 이에 따라 최근 초미세먼지의 인체영향을 다루는 연구수가 급증하고 있다. 뇌졸중 환자 1만여 명을 대상으로 미세먼지의 위험성을 조사한 결과 PM2.5의 농도가 15~40 μg/m³(WHO 일평균 기준 25μg/m³, 연평균 기준 10μg/m³)인 곳에서 24시간 노출되면 급성 뇌졸중 위험도가 34% 높아진다는 결과를 도출하였다. 평균 10년의 거주 기간을 기준으로 미세먼지농도가 10μg/m³ 높아질 때마다 뇌의 인지기능 퇴화속도가 2년씩 빨라진다는 연구결과도 있다(Wellenius et al., 2012). 세계보건기구(WHO)산하 국제암연구소(IARC: International Agency for Research on Cancer)도 2013년 10월 PM2.5를 1급 발암물질로 지정하면서 위해성을 밝힌 바 있다. 초미세먼지의 농도가 10μg/m³ 짙어질 때마다 호흡기 질환으로 인한 노년층의 입원 건수가 8.8% 늘어난다는 KEI 연구결과는 미세먼지가 노약자에게 얼마나 위협적인지 적나라하게 보여준다(한국환경정책·평가연구원, 2012; 환경정책연구회, 2013에서 재인용). 지역개발과 대기오염 및 건강에 대한 세간의 관심이 급증하는 가운데 미세먼지와 관련한 연구들이 활발하게 진행되고 있으며, 지역개발을 담당하는 국가와 지방자치단체 역시 보건환경부문에 정책적 우선순위를 높이고 있다. 미세먼지관리에 대한 사회적 수요는 국민 개개인의 생명과 건강증진에 중대한 영향을 미치기에 국가와 지방자치단체의 신속한 행정적, 입법적 대응을 요구한다. 미세먼지 문제는 개인의 관리 역량을 초월하는 보건 및 환경문제이기에 국가나 지방자치단체와 같은 공공기관의 주도적인 정책개발과 더불어 국회와 지방의회의 적절한 입법적 조치가 수반되어야 한다. 중요한 것은 단발성 미세먼지 대책으로 대기오염이 극적으로 개선될 수 없기에 실효성 있는 대책을 위한 장기적이고 체계적인 방향정립이 필요하다는 점이다.

미세먼지와 이슈생존주기

미세먼지 이슈는 대개 황사가 오는 봄철에 집중되는 계절적 사이클을 지니고 있기에 이슈생존주기가 적합한 분석모형으로 활용될 수 있다. 우리 사회에서 발생한 문제들 가운데 관심이 집중 되거나 영향력이 큰 것은 이슈화가 되고, 대중의 관심을 받게 된다(Cobb & Elder, 1995). 이렇듯 사회적인 문제에서부터 시작된 이슈는 하나의 생명과 같이 탄생과 성장 그리고 소멸 같은 일정한 단계를 거치게 된다. 이러한 변화 과정을 가장 잘 모형화 한 이론이 Downs(1972)의 '이슈생존주기'(Issue Attention Cycle) 모형이다.

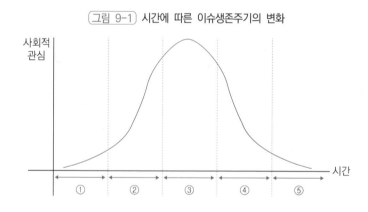

그림 9-1 시간에 따른 이슈생존주기의 변화

Downs는 특정한 이슈가 탄생하여 소멸되기까지 모두 다섯 단계를 거치게 된다고 주장하였다. 가장 첫 번째 단계(the pre-problem stage)인 잠복기 단계는 특정한 사회 문제에 대하여 여건이 나빠지고 있지만 관련 전문가 또는 일부 시민·사회단체의 경고만 나타나고 사회 전체적인 관심은 없는 상황을 나타낸다. 두 번째 단계(alarmed discovery and euphoric enthusiasm)는 어떠한 계기를 바탕으로 해당문제에 대한 사회 전체의 관심이 집중되고 문제를 분석하고 해결하기 위하여 다양한 이해관계자가 움직이는 상황을 의미한다. 세 번째 단계(realizing the cost of significant progress)에서는 일반 대중의 관심도 급상승하여 정점에 도달하게 되지만 다양한 정보를 통하여 문제 해결을 위한 비용이 자신의 편익 수준을 넘어선다는 것을 인지하게 되는 상황을 나타낸다. 네 번째 단계(gradual decline of intense public interest)에 이르게 되면 해당 문제에 대한 관심이 점차적으로 사라져 가는 순간을 묘사한다. 마지막으로 다섯 번째 단계(the post-problem stage)에서는 대부분의 사람이 더 이상 해당 이슈에 관심을 가지지 않는 상황을 의미한다〈그림 9-1〉 참조). 사회적 관심은 공동체 내에서 해당 문제가 얼마나 이슈화되었는지를 통하여 측정할 수 있다. Hilgartner & Bosk (1988)는 '사회적 문제의 흥망성쇠'(The Rise and Fall of Social Problems)라는 논문을 통하여 언론매체가 해당 문제를 얼마나 다루었는가를 측정할 수 있다고 주장하였다 (김철민·최충익, 2015).

한국언론진흥재단에서 제공하는 종합뉴스 데이터베이스(BIG KINDS)에서 제공하는 자료를 바탕으로 1990년 1월에서 2016년 7월 말까지 '미세먼지'가 포함된 뉴스를 검색한 결과 모두 16,249건의 기사가 등록된 것으로 나타났다. 기사 발생건수를 시계열로 구분하여 살펴보았을 때 1995년 이전까지는 관련 기사가 연평균 50건 미만에 불과하였을 정도로 사회적으로 큰 관심을 받지 못하였다. 그러나 1996년 126건을 시작으로 2001년에는 216건으로 나타나 불과 5년 사이 기사 건수가 두 배 이상 증가한 것으로 나타났다.

이러한 관심의 증가는 이후 폭발적으로 이어져 2002년에는 668건, 2009년에는 1,392건을 기록하였으며 2016년의 경우 1월에서 7월말까지 7개월 동안 모두 1,977건

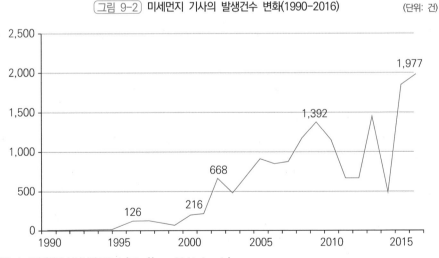

그림 9-2 미세먼지 기사의 발생건수 변화(1990-2016)　　(단위: 건)

출처: 뉴스빅데이터 분석서비스Kinds(http://www.bigkinds.or.kr).

의 기사가 등록되는 등 한국사회 내에서 미세먼지 이슈에 관한 사회적 관심이 폭발
적으로 증가하는 것으로 나타났다.

다른 사회적 문제와 다르게 미세먼지 이슈의 독특한 특성 가운데 하나는 계절
에 영향을 받는다는 것이다. 이러한 계절적 특성을 살펴보기 위하여 1년 동안 발생
한 미세먼지 기사를 100%로 놓고 각 분기별로 기사 발생건수가 어떻게 변화되었
는지 살펴보았다. 2006년부터 2015년까지 10년 동안 분기별 기사 발생건수의 평균
을 살펴본 결과 1분기(1월~3월)에 전체의 32.7%가 집중된 것으로 나타났다.

표 9-1. 미세먼지 기사의 분기별 발생비율의 변화(2006-2015)

구분	06년	07년	08년	09년	10년	11년	12년	13년	14년	15년	평균
1분기	21.3	33.8	34.8	35.1	38.7	29.7	29.1	25.4	48.0	31.1	32.7
2분기	39.4	33.3	23.2	17.9	29.5	33.8	25.7	20.9	27.8	28.1	28.0
3분기	21.4	16.8	16.3	21.2	14.3	13.8	24.2	7.6	13.5	11.2	16.0
4분기	17.9	16.1	25.7	25.8	17.5	22.7	21.0	46.1	10.7	29.6	23.3

출처: 뉴스빅데이터 분석서비스 Kinds(http://www.bigkinds.or.kr)

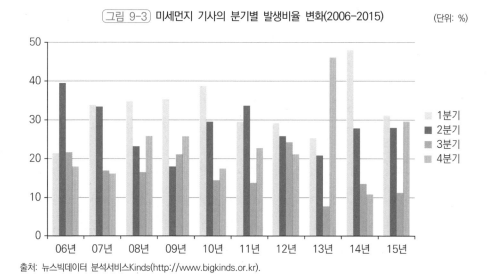

그림 9-3 미세먼지 기사의 분기별 발생비율 변화(2006-2015)   (단위: %)

출처: 뉴스빅데이터 분석서비스Kinds(http://www.bigkinds.or.kr).

2분기(4~6월)의 경우 소폭 감소하나 큰 차이를 보이지 않고 있다. 그러나 여름
에 해당하는 3분기(7~9월)에 들어서게 되면 기사 발생건수는 평균 16%로 1분기에

비하여 절반으로 감소하는 것으로 나타났다. 이후 가을과 초겨울에 해당하는 4분기(10~12월)에 들어서게 되면 소폭 증가하는 모습을 보여주고 있다. 흥미로운 것은 2000년대 후반까지만 하더라도 봄에 해당하는 2분기에만 집중적으로 나타나던 미세먼지 이슈가 최근에는 1분기와 4분기에까지 확산되고 있다는 점이다. 이는 이제 미세먼지 이슈가 봄철에 국한되지 않고 연중 내내 꾸준히 국민들의 관심과 이목을 끌고 있음을 의미한다.

미세먼지 이슈를 이슈생존주기모형에 적용했을 때 얻는 중요한 시사점은 냄비저널리즘에 대한 정책적 대응을 들 수 있다. 커다란 이슈가 발생할 때마다 언론이 집중적으로 달려들어 취재와 분석이 이루어지지만 얼마 지나지 않아 이슈에 대한 관심이 다른 쪽으로 옮겨가게 된다는 것이다. 이는 정책적으로나 사회적으로 문제가 해결되지 못한 채 임시로 봉인된다는 것을 의미한다. 2016년 6월 3일 발표된 정부합동 미세먼지 관리 특별대책 역시 미세먼지 대책미흡에 대한 언론의 압력에 못이겨 서둘러 발표된 것은 이슈생존주기적 관점 측면에서 시사점이 있다. 즉, 국민 여론에 대한 반응성을 높이기 위해 단기적 전략을 취하는 경향성이 나타나기 쉽다는 점이다. 미세먼지 대책과 같은 장기적 접근과 전략이 필요한 사안에 대해 단기적 문제 해결만을 고집할 경우 정책의 효과가 떨어질 수 있음을 간과해서는 안 되겠다.

3 미세먼지 위험의 사회적 확산

1) 위험의 사회적 확산모형(SARF)과 위험 커뮤니케이션

미세먼지는 현대 사회에서 일종의 위험으로 인식될 수 있다. 다양한 위험 증폭 모델 가운데 최근에 가장 빈번하게 사용되고 있는 모델은 위험의 사회적 증폭 프레임워크(social amplification of risk framework)이다(Kasperson et al., 1988). 이 모델은 위험사건에 대한 인식이 사회, 문화적 특성에 따라 달라지며, 이러한 환경이나 조건에 따라 위험인식과 행위를 결정한다고 주장한다(김영욱, 2008). 위험은 물리적 피해를 입을 수 있는 '객관적 위험'과 실제적인 피해와는 상관없이 피해대상이 인지하는 '주관적 위험'으로 구분할 수 있는데 미세먼지의 경우 두 가지 모두에 해당될 수 있다. 미세먼지 위험은 언론에 의해 확산되는 성향을 지니기에 인지된 사회적 인식과정에서 증폭될 수 있다. 특히 인지된 위험(perceived risk)은 사회 또는 문화적 맥락을 중심으로 개인이나 집단의 주관적인 판단에 기초하고 있어 위험 커뮤니케이션(risk communication)의 관점에서 파악될 수 있다(한동섭·김영일, 2011). 일반적인 커뮤니케이션 과정과는 달리 위험 커뮤니케이션은 특정한 상황에 대하여 전문가의 지식을 동원한 판단과 의제화 과정이 포함되어 있다. 이때 대중은 제시된 이슈에 대하여 끊임없이 응답하고 반응하는 과정을 반복한다(송해룡 외, 2012). 기상 예·경보 기술의 발달 및 스마트폰과 SNS가 활발하게 보급된 현대사회에서 미세먼지 위험의 사회적 확산은 빠르고 신속하게 이루어진다는 점이다.

위험 커뮤니케이션 과정에서 특정 사회에 속한 개인이나 집단은 제시된 이슈에 대하여 지속적으로 응답하고 반응한다. 이 과정에서 위험에 영향을 받는 개인이나 집단은 자신들이 가지고 있는 경험과 가치 그리고 신념에 따라서 위험신호를 증폭(amplification)시키거나 감쇄(attenuation)시킨다는 것이다. 때문에 위험의 사회적 확산이론(SARF)은 이러한 프로세스를 통합적으로 설명한다는 점에서 특화된 위험 커뮤니케이션 이론으로 파악될 수 있다.

미세먼지 위험의 사회적 모형은 위험이 사회적으로 증폭되는 과정을 두 단계로 구분하여 설명될 수 있다. 첫째 단계는 위험 이슈의 전달 단계이다. 이때 전달되는 정보는 사실, 이미지, 징후, 상징 등이 있으며 정보의 양(volume)과 논쟁(disputation), 극화(dramatization), 상징(symbolic) 정도로 표현 가능하다. 미세먼지 배출원인, 배출현황, 대책 마련 등과 같은 위험이슈 관련 상세정보들이 전달되는 단계를 의미한다. 둘째 단계는 위험 이슈의 해석과 반응 단계이다. Solvic(2000)은 이 단계에서 위험을 받아들이고자 하는 집단은 자신들의 사회·문화적 맥락에 기반을 두고 이슈를 재해석하고 가치를 부여한다고 주장한다. 미세먼지와 관련한 위험이슈의 확산과 증폭은 주로 이 단계에서 발생하게 된다. 동일한 미세먼지 배출 수준도 국가·지역적 맥락에 따라 위험으로 인식되거나 안전으로 인식되기도 하기에 다양한 해석과 반응이 나타나게 된다. 이렇듯 두 단계를 거쳐 증폭된 이슈는 개인이나 지역사회, 지방자치단체 그리고 국가 차원으로 범위를 확장해 나아가면서 사회 전반에 걸쳐 다양한 영향을 발휘한다(최충익·김철민, 2016).

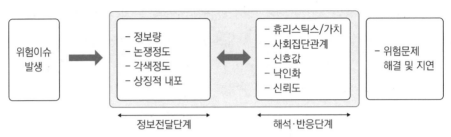

그림 9-4 위험의 사회적 확산 모형

위험이슈 발생 → 정보전달단계 (– 정보량 / – 논쟁정도 / – 각색정도 / – 상징적 내포) ↔ 해석·반응단계 (– 휴리스틱스/가치 / – 사회집단관계 / – 신호값 / – 낙인화 / – 신뢰도) → – 위험문제 해결 및 지연

출처: 최충익·김철민(2016).

2) 미세먼지 위험 이슈의 사회적 증폭

지난 수년간 우리 사회는 미세먼지 문제와 관련하여 정부의 불신, 부정확한 정보, 언론의 선정적 보도 그리고 시민의 과잉반응 등이 맞물리며 혼란과 공포의 시간을 경험해야 했다. 미세먼지 위험에 대한 인식과 대응은 중요하지만, 과도한 위험의 증폭은 사회적으로 올바른 정보의 유통을 제한하고 구성원 간 생산적인 소통을 방해함으로써 불안과 갈등을 야기한다. 미세먼지 이슈 역시 과도한 혼란과 공포가 조장되면서 실제적이고 필요한 사회적 합의를 도출하는 데 실패하였다. 본 연구에서는 미세먼지 이슈를 사례로 위험의 사회적 확산과 증폭이 어떻게 일어나는지 살펴보고자 하였다. 정부와 시민·사회단체, 전문가 그리고 대중 간 위험 이슈가 어떻게 증폭되었는지 그리고 이러한 과정에서 본질적인 문제가 어떻게 다루어졌는지에 대한 위험 이슈의 증폭 메커니즘을 살펴보면 다음과 같다.

2016년 6월 이루어진 미세먼지 특별대책을 사례로 위험의 사회적 확산모형을 적용해보면 다음과 같다. 첫째, 위험 이슈의 전달단계는 2016년 5월 10일 미세먼지 위험 이슈에 대해 대통령이 국무회의석상에서 미세먼지 해결을 위한 특별대책 수립을 지시하면서 본격화되었다. 이에 각 부서는 실무적인 논의를 거치면서 각 부처의 의견을 수렴·종합하는 과정을 거쳤다. 그러나 이러한 과정에서 환경부는 5월 19일 '경유차'를 미세먼지의 주범으로 지목하여 경유세 논란을 불러 일으켰다. 이러한 논란은 곧바로 서민증세 논란으로 번져나가기 시작하였다. 이어서 5월 23일 환경부가 보도 자료를 통하여 미세먼지의 또 다른 주범으로 '고등어'를 지목하면서 미세먼지 문제보다 경유세 논란과 고등어 문제가 미세먼지 정책 문제를 대체하기 시작하였다. 이러한 혼란 와중에 5월 26일 미세먼지 특별대책을 둘러싸고 중앙정부 부처 간 의견조율 회의가 취소되었다는 소식이 전해지고 5월 30일부터 각 부처 간 갈등이 심화된다는 소식이 계속 이어지면서 정부 정책에 대한 대중의 불신이 가중되었다. 이후 6월 3일 미세먼지 특별대책이 발표되었으나 이전부터 사회적 관심은 '경유세'와 '고등어'에 집중되었으며, 정부의 대책 역시 과거 실패하였던 정책의 재탕이라는 사실이 언론에 의하여 밝혀지면서 정책에 대한 불신과 불만이 극한에 도달하였다. 이처럼 미세먼지 원인 및 주요 대책에 대한 핵심 정보의 전달 과정에서 위험이 사회적으로 확산되기 시작하였다.

둘째, 위험이슈의 해석과 반응단계에서는 미세먼지 위험 이슈의 전달 과정에서 생긴 위험 이슈가 미디어를 통해 걷잡을 수 없이 증폭되기 시작한다. 미세먼지를 둘러싼 본격적인 혼란은 미세먼지 특별대책 발표 후에 시작되었다. 미세먼지의 원인을 둘러싸고 "중국발 미세먼지가 가장 큰 문제다"라고 주장하는 측과 "국내에서 발생하는 미세먼지가 더 큰 문제이다"라고 주장하는 측으로 나누어져 대중은 혼란에 빠지기 시작하였다. 게다가 국내에서 발생하는 미세먼지의 주요원인이 '경유차' 같은 이동오염원 이라고 주장하는 측과 '석탄 발전소'와 같은 점오염원이라고 주장하는 측 그리고 '사업장'의 비산먼지라고 주장하는 측이 서로 갈려서 자신만의 목소리를 내놓고 있어 사회적 합의를 도출하지 못한 채 사람들의 혼란을 더욱 가중시켰다. 이러한 상황에서 언론은 여러 갈래로 흩어진 의견을 조율하여 일관된 합의를 이끌어 내기보다는 미세먼지의 위험을 과도하게 증폭시키거나 피해사례를 극대화 하여 보여주기도 하며, 사람들의 불안 심리를 이용하여 개인용 미세먼지 측정장비 판매가 증가하고 있다는 등의 비본질적이고 선동적인 내용의 보도에 초점을 맞추어 보도하였다. 결국 실제적이고 핵심적인 미세먼지 대응정책은 논의되지 못한 채 미세먼지 원인에 대한 다양한 해석과 반응으로 인해 위험이슈는 사회적으로 증폭되었던 것이다.

4 미세먼지 정책의 경로의존성

미세먼지에 대한 위험의 사회적 확산은 미세먼지 정책에 대한 경로의존성을 통해 더욱 강화되는 경향을 갖는다. 정책의 경로 의존성(path dependency)이란 어떠한 정책이나 제도가 계속되는 이유를 설명하는 역사적 제도주의 방법론의 하나로서 '특정한 시점에서의 정책적 선택이 다음 시점의 선택을 지속적으로 제약하는 경향'을 의미한다(Arthur, 1994; Peters, Pierre & King, 2005). 전통적인 측면에서 경로의존 개념은 선행사건이 후속사건에 영향을 미친다는 시간적 인과관계에 집중해왔으나 최근에는 시간의 변화에 따른 '자기강화적' 특성을 강조하고 있다(Mahoney, 2000). 경로의존성 개념을 정립한 대표적인 학자인 Mahoney은 시간적 순서에 띠리 다섯 단계로 구분된 '경로의존성'의 개념을 주장하였다(Mahoney, 2000). 첫 번째, 선행조건이란 역사적인 요인으로 선택 가능한 것을 정의하는 단계를 의미한다. 두 번째, 결정적 국면이란 두 개 이상의 대안 가운데 하나를 선정하는 단계를 가리킨다. 세 번째, 구조적 지속이란 선정된 정책이 특정한 패턴을 생산하고 이를 다시 재생산하는 구조적 특성을 보이는 단계를 의미한다. 네 번째, 반응적 순열이란 구조화된 제도와 현재 정책들이 지속적으로 영향을 미치는 단계로서 이 단계에서는 긍정적 반응과 부정적 반응 모두 나타난다. 마지막으로 종결 단계에서는 반응과 역반응을 통하여 갈등이나 문제들이 해결되는 최종 단계를 지칭한다(〈그림 9-5〉 참조).

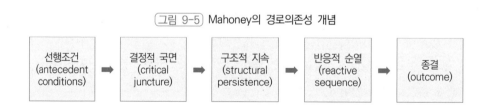

그림 9-5 Mahoney의 경로의존성 개념

선행조건 (antecedent conditions) ➡ 결정적 국면 (critical juncture) ➡ 구조적 지속 (structural persistence) ➡ 반응적 순열 (reactive sequence) ➡ 종결 (outcome)

그 뒤를 이어 Martin & Simmie은 정책이 형성되고 강화되는 논리적 순서를 바탕으로 하는 네 단계로 구분된 '경로의존성' 개념을 제시하였다. 여기서 핵심은 세 번째 단계라고 할 수 있는 경로의 닫힘(positive lock-in)단계이다(〈그림 9-6〉 참조). 이 논문은 세 번째 단계에서 축적된 자기강화가 발생하게 되고 이를 통하여 기존

관성을 유지하려는 성향이 강화된다고 주장한다(Martin & Simmie, 2008).

그림 9-6 Martin & Simmie의 경로의존성 개념

| 형성이전시기 (pre-formation stage) | ⇒ | 경로설정단계 (path creation phase) | ⇒ | 경로잠김 단계 (path lock-in phase) | ⇒ | 경로소멸단계 (path dissolution phase) |

'잠김'이란 설정된 정책 경로가 자기강화 과정을 거치면서 경로에 따른 기득권이 축적되고 나면 이후 경로를 바꾸고자 하는 다양한 외부압력에도 불구하고 기존의 관성을 유지하려는 자기강화적 과정을 의미한다. 본 논문에서는 정부 미세먼지 정책의 변화가 경로잠김 현상에서 나타남에 착안하여 Martin & Simmie의 경로의존성 개념 틀을 적용하였다. 이는 미세먼지 정책이 형성되고 강화되는 논리적 순서를 살펴보는 데에 Martin & Simmie 모형이 더 적합하다고 판단하였기 때문이다.

2016년 6월 정부의 미세먼지 특별대책 수립과정에서 나타난 여러 가지 논란들은 지난 2005년 이후 정부의 관련 정책 수행과정에서 다양한 문제가 있었음을 시사하고 있다. 이에 본 절에서는 미세먼지 정책이 형성되는 과정과 함께 경로가 잠기고 소멸되는 과정을 단계별로 살펴봄으로써 정책이 어떤 식으로 변화되어 왔는지 살펴보았다.

1) 형성이전시기(pre-formation stage)

1945년 해방 이후부터 한국전쟁으로 인한 피해를 복구하는 1950년대 말까지 한국사회에서 미세먼지를 비롯한 대기환경을 관리하기 위한 시도는 거의 이루어지지 못하였다. 그러나 전후 복구가 어느 정도 마무리되고 산업발전이 이루어지기 시작하는 1960년대에 이르면서 한국사회는 대기오염 문제에 적극 관심을 기울이기 시작하였다. 1962년 10월 22일 경향신문 기사에 실린 "서울 뒤덮은 「오염된 공기」"라는 기사는 당시 심각해져가는 대기 오염문제를 단편적으로 보여준 사례라고 할 수 있을 것이다 이러한 사회적 관심의 증가는 1960년대 초반의 '공해방지법', 1970년대 말의 '환경보전법'으로 이어지면서 미세먼지 정책을 위한 사전 경로를 형성하기에 이르렀다.

공해방지법(1963~1977)은 1963년 11월에 대기오염, 수질오염, 소음 또는 진동으로 인한 보건위생상의 위해와 생활환경의 피해를 방지하여 국민보건을 향상시키고 적정한 생활환경을 구성할 목적으로 제정되었다. 이 법은 대기를 오염시킬 수 있는 매연, 먼지, 가스 등을 최초로 관리 대상으로 지정하였다. 하지만 당시 사회적 분위기가 보건환경의 강화보다는 산업발전에 초점이 맞추어져 있어 정책을 실행할 수 있는 예산이나 행정 전담인력이 배정되지 못한 반쪽짜리 법안이라는 문제점을 가지고 있었다. 이때까지만 해도 산업 및 경제활성화에 치중하여 미세먼지 정책에 대한 관심은 크지 않았으며 관련 정책에 대한 구체적 경로화 과정도 아직 형성되지 않았다고 판단된다.

1970년대를 지나면서 지속적인 경제발전과 함께 여러 가지 환경 오염사건이 불거지고 국민의 불안감이 증가하기 시작하였다. 이에 소극적인 대응방안을 벗어나 환경문제에 적극적 대응하기 위하여 기존의 공해방지법을 대신할 환경보전법(1977~1990)을 제정하였다. 이법의 주요한 특징은 단순히 사후 환경규제를 넘어서 사전예방적 관리기능을 담았다는 것이다. 대기오염 분야에서도 SO₂, CO, NO₂, O₃와 함께 처음으로 TSP(총먼지)에 대한 기준이 추가되면서 본격적으로 먼지를 대기오염 물질에 포함시키게 되었다. 1980년대 후반에 들어서면서 기존의 환경보전법만으로는 다양화되는 환경문제에 대응하기 어렵게 되자 1990년 환경정책기본법을 새롭게 제정하였다. 이 기본법을 중심으로 대기환경보전법과 수질환경보전법 등 6개 법안이 개별적으로 제정되었다. 대기환경보전법 안에는 배출허용기준, 오염물질 종류, 배출시간 및 배출량을 고려한 부과금 제도의 개정과 함께 자동차 및 생활 대기오염과 관련한 구체적인 법안을 포함시켰다. 특히 1995년 지방자치시대를 맞이하여 시도지사가 직접 관할 구역 내의 대기환경 정책을 수립·추진할 수 있게 함으로써 지자체의 역할과 책임을 강화시켰다. 이 시기는 대기오염에 대한 관심이 커진 시기로 미세먼지 대책에 대한 본격적인 경로가 설정된 단계로 파악될 수 있다. 대기오염 분야에 TSP(총먼지)에 대한 기준이 추가되었고 대기환경보전법이 개별법으로서 대기질을 관리하기 시작했다.

2) 경로설정단계(path creation phase)

2000년대 초반 미세먼지가 건강의 위협요인으로서 새롭게 떠오르면서 국가적 차원에서의 대응도 본격화되기 시작했다. 2000년대 초반 OECD 국가 가운데 최악의 대기오염을 보였던 수도권 지역의 대기환경을 개선하기 위하여 '수도권 대기환경 개선에 관한 특별법(이하 특별법)'이 새롭게 제정되었다. 이 특별법은 매 10년마다 질소산화물, 황산화물 같은 오염물질과 함께 미세먼지를 대기오염의 주범으로 지정하고 이를 저감하기 위하여 '수도권 대기환경관리 기본계획'을 수립하도록 하였다. 이를 위하여 2005년에서 2014년까지 1차 수도권 대기환경 개선 특별대책을 마련하였으며, 2015년부터 2024년까지 2차 특별대책을 마련하고 있다. 미세먼지 정책의 경로설정이 이 시기에 일어났다고 판단되는 이유다.

산업계의 반발로 대기오염규제의 패러다임을 전환할 수 있는 '대기오염물질 총량규제' 도입은 1997년 이후 큰 진전 없이 계속 표류하다가, 결국 2003년 말에 특별법이 국회를 통과하고 2005년부터 본격적으로 시행되면서 '오염물질 총량제' 역시 제도적 틀을 갖추게 되었다. 그러나 이 과정 역시 출발부터 순탄한 과정은 아니었다. 경제 논리에 기반을 둔 일부 부처나 기업집단 등의 반발로 '오염물질 총량제'의 도입시기, 부과금의 규모, 적용 대상지역의 축소 등 정책경로를 소멸시키고자 하는 시도가 끊이지 않았다.

2005년 초 특별법 시행과 함께 '수도권 대기환경청'이 만들어지고 '1차 수도권 대기환경관리기본계획(2005-2014)'(이하 1차 계획)이 수립되면서 미세먼지 정책은 본격적인 경로설정단계에 돌입하게 되었다. 이 계획은 "맑은 날 남산에서 인천 앞바다를 볼 수 있을 정도의 시정확보"라는 슬로건으로 미세먼지(PM10), 이산화질소(NO₂)를 선진국 수준으로 개선한다는 목표를 수립하였다. 또한 목표를 구체화하기 위하여 경유차를 중심으로 하는 자동차 배출 오염물질 저감, 사업장 배출 오염물질 관리 그리고 친환경 에너지·도시 관리 같은 미세먼지·오염물질 저감사업을 마련하면서 본격적인 경로설정이 이루어졌다.

3) 경로잠김단계(path lock-in phase)

제도에 대한 경로설정이 이루어진 직후부터 미세먼지 정책은 자기강화를 반복하는 경로잠김현상을 보였다. 이러한 현상은 1차 계획의 핵심 축 가운데 하나인 자동차 오염물질 배출 저감 사업에서 두드러졌다. 사업 초기부터 환경부는 "경유 자동차가 수도권 미세먼지의 66%를 배출"한다며 기존 운행 중인 경유차량에 대한 디젤 매연 저감장치(DPF: disel particulate filter) 부착사업에 2014년까지 국비와 지방비 3조 8천억 원을 투입할 계획을 수립하였다. 그러나 2006년 서울대와 대기환경학회의 미세먼지 연구결과들이 경유차가 수도권 미세먼지(PM10) 배출량의 10% 수준이라는 결과를 제시하면서 환경부의 정책 타당성과 실효성에 의문이 제기되었다. 감사원 감사결과 역시 미세먼지 정책사업의 초점이 잘못 맞추어져 왔음을 지적하고 정책의 방향과 내용 변경을 주문하였다.

경유차를 중심으로 하는 환경부의 미세먼지 정책은 경로소멸의 위기를 맞이하였으나 이후 드러나는 환경부의 태도는 반대로 자기강화적인 모습을 보였다. 국정감사에서 이 같은 문제를 제기하자 "문제없다"라는 식으로 일관하였을 뿐만 아니라 논란의 중심이었던 DPF 사업에 2007년에도 917억 원의 예산을 할당하는 등 전형적인 경로잠김 속에서 자기강화를 반복하였다. 아울러 경유 자동차가 수도권 미세먼지의 66%를 배출한다는 통계자료를 기반으로 기존 운행 중인 경유차량에 대한 디젤 매연 저감장치(DPF: disel particulate filter) 부착사업에 2014년까지 국비와 지방비 3조 8천억 원을 투입할 계획을 수립하는 등 특정 정책사업의 경로를 강화하며 전형적인 경로잠김의 양상을 나타냈다.

2015년 2차 기본계획(2015~2024)과 2016년 6.3 특별대책에서 나타난 미세먼지 정책은 초기 정책과는 변화된 모습을 보였다. 가장 눈에 띄게 달라진 점은 초미세먼지(PM2.5)를 새롭게 관리대상으로 추가하였다는 것이다. 이외에도 친환경차량 200만대 보급이나 공해차량운행제한지역제도 같은 새로운 정책이 다수 포함되었다. 하지만 1차 기본계획에서 문제시 되었거나 추진되지 못한 부분은 크게 반영되지 않는 모습을 보였다. 수도권 미세먼지 배출원인 가운데 공사장에서 배출되는 비산먼지가 30%를 차지하고 있으며 그 뒤를 이어 경유차가 24% 차지하고 있다는 분석결과에도 불구하고(국립환경과학원, 2014), 자동차 중심의 미세먼지 저감 정책은 여전히 계속 유지되고 있으며, 반대로 사업장에서 배출되는 미세먼지에 대한 대책은 기업과의 자발적 협약이 중심이 되는 등 상대적으로 미진하였다. 또한 수도권 미세먼지 오염의 주범 가운데 하나라고 지적받고 있는 석탄화력 발전소의 축소 및 조정에 대한 의지 역시 반영되어 있지 못하다. 이와 함께 최근 문제시 되고 있는 인접국가와의 월경성 대기오염물질 협약 및 대응방안에 대한 부분도 전혀 다루고 있지 않다. 이렇듯 2015년 이후의 미세먼지 대책은 실제 미세먼지 발생을 최소화할 수 있는 정책 중심으로 구성되어 있기 보다는 환경부가 통제 가능한 부분만을 강조하고 나머지 부분은 소멸시키는 반쪽자리 정책으로 경로가 변경되었다.

4) 경로소멸단계(path dissolution phase)

반대로 사업장 오염물질 배출관리나 친환경 에너지·도시 관리 같은 사업은 외부의 압력에 이기지 못하고 사업이 위축되는 등 정책의 경로소멸 과정을 겪었다. 앞서 수도권에서 발생하는 초미세먼지(PM2.5) 가운데 사업장 등지에서 배출되는 비산먼지의 비율이 30%를 초과한다는 국립환경과학원의 분석결과에도 불구하고 이 부분에 대한 정책적 강도는 시간이 갈수록 느슨해졌다. 사업장을 대상으로 하는 '사업장 오염물질 총량제'는 정책 형성과정에서부터 업계의 반발로 2·3종 사업장에 한하여 적용시기를 2008년에서 2009년으로 1년 유예하였으며 위반 부과금 역시 절반으로 낮추는 등 다양한 편의를 봐주면서 논란이 되었다. 특히 2008년 새롭게 들어선 정부의 친환경적 정책방향으로 인하여 사업장의 오염물질 총량관리 대상에서 먼지를 제외하는 특별법 일부개정안이 통과되는 등 정책이 점차 후퇴하는 모습을 보여주었다. 특히 2014년부터 철강, 시멘트 등 미세먼지 다량배출업종 26개 사업장과 발생량 감축에 대한 자발적 협약을 체결하는 등 정책집행을 위한 강제성마저 포기하면서 사업장 미세먼지 정책은 점차적으로 경로소멸과정에 이르게 되었다.

친환경 에너지 보급을 위한 사업 역시 비슷한 경로를 걷게 되었다. 태양광이나 풍력 에너지 등을 사용하여 에너지 공급 과정에서 발생하는 오염물질을 최소화한다는 초기 방향과 달리 정부의 '제6차 전력수급기본계획'은 석탄 화력발전소를 기존 에너지 부족을 대체할 새로운 대안으로 내세웠다. 특히 건설업계와 대기업 등을 중심으로 민자 발전소 건설과 운영에 대한 요구가 쏟아지면서 충남지역에 새로운 석탄 화력발전소 건설계획이 수립되었다. 환경부는 이러한 계획에 원칙적으로 반대한다는 입장만 표명하였을 뿐 정책적 모순 문제를 해결하기 위한 뚜렷한 대안을 제시하지 못하였다. 결국 2016년 감사원에서도 "충남의 화력발전소가 수도권 초미세먼지에 최대 28%나 영향을 주고 있음에도 환경부가 뚜렷한 대책을 마련하지 않고 있다"라고 환경부의 미온적 태도를 지적하기도 하였다. 이렇듯 친환경 에너지 보급을 통한 미세먼지 저감 사업 역시 점차적으로 경로소멸의 과정으로 나아가는 모습을 보여주었다.

2012년부터 중국발 초미세먼지가 사회적 문제로 대두되면서 이를 둘러싸고 2013년부터 한·중·일 등 세 국가의 협력체계 구축에 대한 정책이 새롭게 형성되었다. 물론 이러한 협력체계 구축의 역사는 상당히 오래전부터 출발하였다. 한·중·일의 대기오염물질 협력 관계는 1995년 '동북아 월경성 대기오염물질에 관한 국제회의 개최'로 시작되어 2012년까지 장거리 이동 대기오염물질 공동연구(LTP: Long-Range Transboundary Air Pollutants in Northeast Asia)까지 꾸준히 이루어져 왔으나 실제적 협력체계보다는 단순히 부분적 연구에 한정되었다는 한계를 가지고 있었다. 그러나 2012년 이후 중국발 초미세먼지가 동아시아 국가의 핵심 이슈로 부각되면서 2013년 5월 '대기오염에 대한 3국 정책대화' 창설에 합의하였다. 문제는 합의만 있었을 뿐 실행을 위한 후속 행보가 거의 없었다는 것이다. 국내 발생 미세먼지 가운데 중국에서 날아오는 양이 통상적으로 30~50%에 이른다는 연구결과들이 이어지고 있음에도 불구하고 환경부는 2013년 공동합의라는 정책경로만 설정한 채 특별한 대책을 제시하지 않아 경로소멸이 되었음을 보여주고 있다(〈표 9-2〉 참조).

표 9-2 미세먼지정책의 경로의존성

미세먼지 정책수단	경로설정 단계	경로강화 단계	경로소멸 단계
자동차 오염물질 배출저감 정책	• 경유차 DPF 부착사업 실시(2005)	• 경유차 DPF 설치사업 강화 (2007~현재)	–
사업장 오염물질 배출관리 정책	• 사업장 오염물질 총량제 실시(2008)	–	• 총량관리 대상 먼지 제외 (2008) • 발생량 감축에 대한 자발적 협약(2014)
친환경 에너지 확대 정책	• 친환경 에너지 보급·확대 (2005)	–	• 석탄화력발전소 확충 (6차 전력수급기본계획) (2013)
국제 공동대응 협력 구축 정책	• 대기오염에 대한 3국 정책 대화(2013)	–	• 국제 공동대응을 위한 특별한 정책방향 제시 없음

5 결론 및 정책적 시사점

지금까지 정부의 미세먼지 정책을 위험의 사회적 확산과 경로의존성의 관점에서 살펴보았다. 아울러 미세먼지 위험의 이슈생존주기적 특성을 살펴보고, 정부정책의 경로의존성이 미세먼지 위험의 사회적 확산을 가중시켜 국민들의 불안감을 키울 수 있음을 확인하였다.

수도권을 비롯한 우리나라 미세먼지의 발생은 종합적 원인에 의해 이루어진다. 자동차와 같은 이동오염원과 사업장 그리고 화력발전소에서 발생하는 점오염원, 그리고 중국 등에서 월경하는 외국 유입 오염원에 기인한다. 하지만 이번 6.3 특별대책에서도 나타났듯이 경유차에 대한 논란이 지속되고 있음에도 환경부는 여전히 경유차 문제에 집착하고 있으며 반대로 사업장이나 석탄 화력발전소에서 발생하는 미세먼지를 저감하기 위한 정책은 포기하는 모습을 보여주었다. 이는 전형적인 정책의 경로잠김 현상을 나타낸다. 또한 미세먼지 저감을 위한 국제적 협력체계 구축에 대해서는 수년째 정책방향에 대한 일언반구 언급도 없어 이미 경로소멸 현상을 보여준다. 결국 지난 10여 년간의 정부 미세먼지 정책을 경로의존성으로 설명해보자면 환경부가 경로설정 단계에서부터 관심을 가져왔던 경유차 미세먼지 저감대책만 경로가 강화되고 확대되는 모습을 보였으며 나머지 정책은 그 중요성에도 불구하고 축소하거나 방치함으로써 경로소멸 단계에 이르는 편중된 경로의존과정을 보여주고 있다.

2015년부터 시작된 2차 특별대책(2015~2024)과 6.3 특별대책은 관리대상에 초미세먼지를 새롭게 추가하고 공해차량운행제한지역제도(Low Emission Zone System) 같은 일부 선진제도를 도입하였다는 측면에서 긍정이지만, 1차 특별대책의 집행과정에서 나타난 다양한 문제를 반영하지 못하고 기존의 틀과 경로를 크게 벗어나지 못하고 반복되는 정책을 되풀이했다는 평가는 전형적인 경로잠김 단계의 모습을 보이고 있음을 확인하였다.

6.3 특별대책에서도 환경부는 국민이 납득할 만한 대응방안을 제시하기보다는 미세먼지의 주범으로 '디젤엔진'을 지목하여 경유세 인상 논란을 야기했다. 또한 '미세먼지의 주범은 고등어'라는 해프닝을 일으켜 본질적인 미세먼지 대책은 뒤로 한 채 발언 해명에 급급한 모습도 보여주었다. 미세먼지를 둘러싼 정부정책의 초점과 균형이 깨졌을 뿐만 아니라 국민에게 보여주어야 할 정책의 일관성과 신뢰성마저 무너져 미세먼지 정책대안에 대한 경로소멸(path dissolution)을 초래하고 있다. 미세먼지 정책의 경로의존성 극복을 위해 경로변화와 경로적응 과정이 시급하며, 이를 위해 중앙부처 간 힘겨루기가 아닌 협력적 거버넌스가 절실한 시기다.

1   위험사회에서 위험이 지니는 사회적 역동성을 위험의 사회적 확산 측면
    에서 설명하시오.

2   경로의존성 현상이 미세먼지 정책에서 나타나게 되는 이유에 대해 설명
    하시오.

3   미세먼지 정책의 이슈생존주기적 특성에 대해 설명하시오.

4   미세먼지 이슈를 위험의 사회적 확산 관점에서 설명하시오.

5   위험사회를 극복하기 위해 위험커뮤니케이션이 나아갈 방향에 대해 토론
    하시오.

제10장 위험사회에서 안전사회로의 이행: 행위자 네트워크의 회복[2]

1 개요

본 장에서는 한국사회에서 지난 10년 동안 미세먼지 저감정책을 둘러싼 변화와 실패과정을 행위자 네트워크 이론(ANT)을 활용하여 분석하여 보았다. 미세먼지 저감정책은 핵심적 행위자인 환경부를 중심으로 이동오염원, 고정오염원, 에너지생산 오염원 그리고 해외유입오염원 정책영역으로 나뉜다. 분석결과 이동오염원에 속하는 매연저감장치(DPF) 사업을 제외한 나머지 행위자는 환경부와 동맹을 거부하였으며 결과적으로 네트워크가 붕괴된 것으로 나타났다. 흥미로운 것은 붕괴되지 않는 네트워크에 속한 행위자 사이에 블랙박스가 형성되어 네트워크의 회복과 확장을 막고 있다는 것이다. 마지막으로 정책실패의 극복을 위하여 블랙박스를 해체하고 의무통과점을 다시 조정하는 방안을 제안하였다.

현대사회의 정책은 다양한 행위자 사이의 이해관계에 대한 충돌과 양보의 산물이다. 정책학 분야에서 많이 활용되고 있는 정책네트워크 분석은 이러한 갈등과 협력 관계를 연결망이라는 구조 속에서 분석하고 설명해 왔다(Hay & Richards, 2000). 그러나 행위자를 개인이나 집단 같은 인격체로 한정하고 있어 실제 정책영역에 포함되어 있는 사물·기술·제도 같은 다양한 비인간적인 요소를 반영하지 못한다는

---

2 본 장은 Crisisnomy 13권 3호 "행위자 네트워크 이론(ANT)을 통한 미세먼지 정책의 이해" 내용을 수정 및 보완하여 작성함.

한계를 가지고 있었다. 이에 라투르(B. Latour), 칼롱(M. Callon) 그리고 존 로(John Law)는 행위자의 범위를 확대하여 보다 다양한 관계를 반영하는 행위자 네트워크 이론(actor-network theory: 이하 ANT)을 제안하였다. 이 이론은 우리가 살아가는 현실 세계에서 만들어지는 관계는 인간 대 인간뿐만 아니라 인간과 사물 사이에서도 일어난다는 사실에 주목하고 있다. 이렇듯 ANT는 기존 정책네트워크 분석이 다루지 못했던 비인간적인 요소까지 분석 영역까지 포함시킴으로써 복잡해져가는 정책현실을 보다 잘 이해하고 분석할 수 있도록 새로운 관점을 제시하고 있다.

흥미로운 것은 이러한 방법론이 다양한 의사결정이 이루어지고 이해관계가 끊임없이 변하는 대규모 사업이나 정책의 실패과정을 설명하기에 적합하다는 것이다. 1950년대 영국 국방부에서 추진한 항공기 프로젝트의 실패과정을 ANT관점에서 분석한 Law & Callon(1992)나 2008년 항공우주연구원의 우주인 배출사업이 대중에게 부정적으로 인지되면서 결과적으로 실패한 사업으로 남게 된 과정을 유사한 방법론으로 분석한 An(2009)의 연구는 기존의 연결망 분석에서 한 발 더 나아가 정책이나 사업의 실행 과정에서 동원된 이질적인 요소들을 분석에 반영함으로써 새로운 관점에서 정책의 실패를 다루었다는 점에서 의미가 있다.

인류의 발전은 기술발달의 역사이지만 시대에 따라 기술이 차지하는 사회적 위치는 크게 변화하였다. 근대 이전의 기술은 신체의 기능을 확장시킨 도구에 불과하였으나 20세기 이후에는 기술결정론과 기술의 사회적 구성론 같은 기술철학의 등장에 힘입어 기술과 사회의 관계를 살펴보려는 노력이 증가하였다. 전자는 기술을 인간의 통제를 넘어 사회를 움직이는 원동력으로 보았으며, 후자는 기술의 발전과 사회의 변화는 깊은 관계를 가지고 있다는 입장을 보였다.[1] 최근 기술철학의 새로운 흐름은 두 가지 시각을 하나로 통합하려는 것이다. 라투르(B. Latour)와 칼롱(M. Callon)의 행위자 네트워크 이론(Actor-Network Theory: 이하 ANT)은 이러한 논의 가운데 선두에 서 있다. 우리가 살아가는 현실 세계는 인간과 사물이라는 행위자의 복잡한 관계로 구성되어 있다. 관계의 변화는 사회를 구성하는 행위자의 역할이 치환될 때 나타난다. 이러한 관점에서 ANT는 인간을 넘어 사물·기술·제도 등 비인간적인 요소까지 사회를 구성하는 행위자로 간주하고 이들의 관계 변화에 관심을

---

1 김성일, 2009, 문화기술의 정책담론 형성과 제도화 과정에 관한 연구, 문화경제연구 13. 215-245.

기울인다. 여기에서 우리가 주의해야 할 부분은 인간 사이에 어떠한 네트워크가 만들어지는가가 아니라 인간과 사물 사이에 만들어진 네트워크로 어떠한 가치가 창출되고 이것이 현실세계에 어떠한 영향을 미치는가이다.

본 장은 미세먼지 저감정책의 수립 및 집행과정에서 행위자 네트워크가 어떻게 구성되고 변화되었는지를 ANT 관점에서 살펴보았다. 특히 네트워크가 변화되는 과정에서 새롭게 만들어진 가치와 소멸된 가치가 정책변화에 미친 영향을 분석하였다. 연구는 크게 세 부분으로 구성된다. 첫째, ANT에 대한 이론적 소개와 함께 연구방법을 설명하였다. 둘째, 미세먼지 저감정책을 둘러싼 행위자를 특정하고 이들의 복잡한 이해관계를 설명하였다. 그 뒤를 이어 ANT에 기반을 두고 정책의 입안과 변화과정에서 행위자들 간의 네트워크가 어떻게 재편되었는지 분석함과 동시에 관계변화로 사라지거나 새롭게 등장한 가치가 정책변화에 미친 영향을 분석하여 보았다. 마지막으로 현재 실패한 환경 정책 가운데 하나라고 인식되고 있는 미세먼지 정책이 효율적인 정책으로 전환되기 위해서는 어떠한 가치가 창출되어야 하는가에 대하여 살펴볼 것이다.

2 방법론으로서의 행위자 네트워크 이론

전통적으로 사회과학은 과학·기술의 발전과 사회의 발전을 별도의 영역으로 간주해 왔다. 그러나 20세기 이후 기술의 사회적 구성론(social construction of technology)이 등장하면서 과학이란 객관적 진리나 사실이 아니라 상황에 따라 만들어지고 구성된다는 생각이 늘어났다(Lee et al., 2006). 여기에 한발 더 나아가 라투르(B. Latour)를 중심으로 하는 과학기술사회학(science technology studies) 연구자들은 사회적 연결망을 구성하는 기본단위에 인격적 요소뿐만 아니라 비인격적인 요소까지도 행위자로 간주해야 한다고 주장하였다. 따라서 전통적으로 연결망 분석에서 단순한 판별이나 이해 대상에 불과하였던 사물·기술·제도는 ANT에서는 하나의 독립적인 행위자(actor)로 자리매김한다. 인격적 요소와 비인격적 요소가 혼합된 이종적(heterogenous) 네트워크에서 행위자들은 상호 이해관계에 따라 동맹과 배반을 반복하게 되며 이러한 과정이 연속적으로 일어나면서 새로운 네트워크가 나타나게 된다. 새롭게 구축된 연결망 내에서 특정한 행위자는 자신의 영향력을 강화하기 위하여 다른 행위자를 자신의 네트워크 안으로 포섭하려고 시도한다. 이는 "하나의 행위자의 의도나 다른 행위자의 언어로 치환하기 위한 프레임을 만드는 행위"로서 ANT에서는 번역(translation) 과정이라고 한다.

ANT는 번역의 과정을 충돌과 파열이 동반된 접속과정으로 본다. 새로운 질서가 자신에게 이익이 있다고 판단하는 행위자는 역할등록이나 조정을 통하여 안정된 네트워크를 구축하려는 번역과정으로 이어진다. 한편 신(新) 질서 구축에 관심이 없거나 이익이 없다고 판단하는 행위자들은 배반이라는 과정을 거쳐 기존 관계를 복원하려고 하는데 이러한 퇴행적 자기보호 과정을 정화(purification)과정이라 한다. 정화는 끊임없이 네트워크의 변화를 추구하는 번역이라는 행위와 충돌할 수밖에 없다. 결국 ANT는 네트워크 내에서 행위자들의 번역·정화 행위가 사물이나 제도의 발전과 변화에 미치는 영향을 살펴보고자 하는 것이다. 특히 행위자들의 새로운 관계로 만들어지는 가치가 사물이나 제도변화에 미치는 영향에 관심을 기울이고 분석하는 데 관심을 기울이는 이론이라고 할 수 있다(김진택, 2012).

번역은 ANT의 탄생과 변화를 설명할 수 있는 핵심적인 개념으로서 문제제기(problematization), 의무통과점(obligatory passage point) 설정, 관심유발·이익발생(interest)이라는 과정으로 구성되어 있다. 이 과정이 성공적으로 이어진다면 연결망 내의 행위자들은 새롭게 구축된 네트워크 안에서 역할등록·조정(enrollment)을 통하여 새로운 관계를 구축한다. 반대로 행위자들의 관심유발이나 이익발생에 실패한다면 배반(betrayal)으로 넘어가면서 의무통과점 지점으로 회귀(回歸)하려고 한다(Callon, 1986).

번역과정에서 가장 먼저 일어나는 사건은 문제제기다. 이는 특정 행위자가 다른 행위자들의 문제점을 지적하고 이를 해결하기 위한 협상 테이블로 이끌어냄으로써 안정된 네트워크를 교란시키는 것을 의미한다. 교란된 네트워크에서 행위자들은 새로운 질서를 수립하기 위하여 문제 해결 핵심사항이 포함된 의무통과점을 설정하게 된다. 그 뒤에 행위자들은 새로운 네트워크에서의 기대이익에 비례하여 다른 행위자에게 관심을 기울이고 포섭하려고 시도함으로써 새로운 연결망에서 자신의 영향력을 강화하려고 한다. 이때 기대이익이 높은 행위자들은 다른 행위자를 적극적으로 포섭하여 기존의 관계를 단절시키면서 새로운 정체성과 역할을 부여한다. 이러한 과정이 성공적으로 이루어지면 새롭게 구축된 네트워크에서는 블랙박스(black box)가 만들어지기도 한다. 이는 네트워크 속에서 한번 접힌 부분으로서 다른 행위자들에게는 하나의 개체로 보일만큼 탄탄하고 안정된 구조를 가진 네트워크 속의 네트워크를 의미한다. 블랙박스는 새롭게 구축된 네트워크의 핵심으로서 안정감을 주는 역할을 수행하지만 반대로 네트워크에 경직성을 부여할 수 있기 때문에 언제든지 새로운 문제제기의 출발점이 될 여지가 있다. 반면 포섭에 실패하면 번역의 과정은 더 이상 진전되지 못하고 정화과정으로 전환된다(Latour & Gille, 2007).

그림 10-1 행위자 네트워크 이론에 나타나는 번역과 정화의 과정

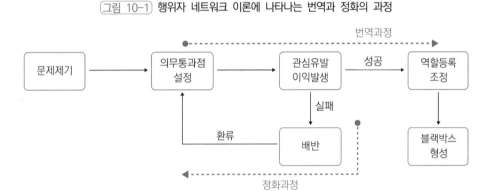

정화과정으로 넘어간 행위자는 배반이라는 과정으로 이동하면서 기존에 자신이 가졌던 영향력을 회복하기 위하여 이전 관계를 회복하려고 노력함과 동시에 의무통과점을 다시 설정하려고 한다. 이렇게 정화과정으로 넘어간 행위자들은 자신의 기대이익이 만족될 때까지 환류(feedback)과정을 반복한다.

3 미세먼지 저감정책의 번역과 정화과정

1) 미세먼지 관련 정책의 흐름

국내에서 대기오염에 대한 규제방안이 마련되기 시작한 것은 1960년대 초반부터이다. 이때 만들어진 공해방지법(1963)과 환경보전법(1977)은 매연이나 가스와 더불어 먼지를 대기오염의 주범으로 지정하여 관리하고자 하였다. 하지만 경제적 논리에 밀려 실질적 정책으로서는 역할을 수행하지 못하였다. 이렇듯 유명무실하였던 대기오염 제도는 1980년대 초반 온산공단 인근에서 발생한 괴질인 '온산병'의 원인이 대기오염이었다는 사실이 밝혀지면서 점차 힘을 얻기 시작하였다. 먼지 발생에 대한 최초의 제도는 1983년 입자 크기 50㎛ 이하의 총먼지(total suspended particles, TSP) 발생량을 오염측정 기준에 포함시킴으로써 시작되었다. 이후 1993년에는 10㎛ 이하의 미세먼지(particulate matter 10, PM10)로 기준이 강화되었으며 2014년에 이르게 되면 2.5㎛ 이하의 초미세먼지(PM2.5)가 새로운 미세먼지 측정 기준으로 등장하였다. 이렇듯 시간이 흐름에 따라 먼지 측정기준은 강화되어 왔으나 여기에 대한 사회의 관심은 상대적으로 적었다. Google Trends를 통하여 미세먼지에 대한 관심도 변화를 살펴보면 미세먼지에 대한 사회적 관심이 최근 얼마나 늘었는지 극명하게 나타난다.

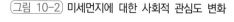
그림 10-2 미세먼지에 대한 사회적 관심도 변화

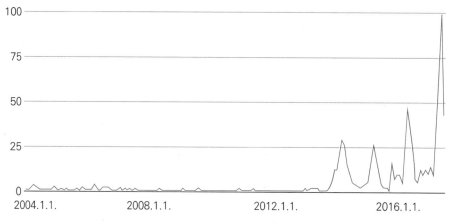

2000년대 이전까지 미세먼지에 대한 사회적 관심은 크지 않았다. 그러나 2000년대 이후 미세먼지에 대한 사회적 관심이 눈에 띄게 증폭되었음을 확인할 수 있다. 특히 2010년 이후 미세먼지에 대한 국민적 관심은 최고조에 이르렀다. 관심의 증가는 결국 미세먼지 규제정책으로 이어져 2005년 특별법과 「1차 수도권 대기환경 관리기본계획」(이하 1차 기본계획)이 수립되는 계기가 되었다(최충익·김철민, 2016). 10년 내 수도권 미세먼지(PM10)를 절반으로 감축한다는 목표하에 시작된 1차 기본계획 (2005~2014)은 목표 달성을 위하여 정책대상을 크게 네 분야로 구분하였다. 첫째는 경유차 같은 이동오염원에서 발생하는 미세먼지를 저감하기 위한 정책으로서 경유차 생산을 제한하고 기존 경유차에 매연 저감장치(diesel particulate, filter: 이하 DPF)를 부착하여 미세먼지 발생량을 최소화 하는 정책을 입안하였다. 둘째는 사업장 등에서 발생하는 미세먼지를 저감하기 위한 정책으로 공장 굴뚝에서 배출되는 질소산화물이나 공사장에서 배출되는 비산먼지 같은 오염원을 최소화하기 위하여 오염물질 총량제와 배출권 거래 제도를 도입하였다. 셋째는 에너지 생산과정에서 미세먼지 발생을 최소화하기 위하여 에너지 생산 중 석탄·화력발전소가 차지하는 비중을 줄이고 신재생 에너지 의존도를 높이는 정책 방향을 수립하였다. 넷째는 중국 등에서 월경(越境)하는 미세먼지 발생을 예측하고 관리하여 국제적 차원에서 미세먼지 피해를 최소화하는 제도를 마련하고자 하였다.

그러나 1차 계획이 종료된 2015년을 기준으로 미세먼지 저감정책의 효과를 살펴보면 그다지 성공적이지 못하였던 것으로 보인다. 2015년 발표된 수도권 미세먼지(PM10) 농도는 $46\mu g/m^3$으로 벤치마킹 도시(도쿄 $21\mu g/m^3$, 런던 $20\mu g/m^3$)보다 두 배 이상 높게 나타났을 뿐만 아니라 자체 목표 역시 달성하지 못한 것으로 나타났다(서덕록, 2016). 감사원 역시 수도권 외 지역의 오염원 관리대책 마련 미비, DPF 사업의 비효율성, 배출량 계산오류, 측정망 신뢰성 의문 등 정책 도입과 시행 과정에서의 근본적인 문제점을 지적하였다(BAI, 2016). 실제 미세먼지에 대한 측정결과 역시 정책이 효율적이지 못하였음을 보여주고 있다. 〈그림 10-3〉에서 나타나듯이 2009년 이후 서울의 미세먼지와 초미세먼지의 감소는 큰 변화를 보이지 않았다. 결국 계획집행과 목표달성이라는 측면에서 1차 대기환경 개선정책을 평가하여 볼 때 실패한 것으로 보인다(우정현, 2016).

이렇듯 정책의 실효성에 대한 의문이 제기되자 정부는 2016년 6.3 특별대책을

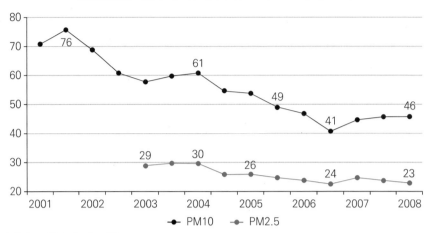

그림 10-3 서울의 연도별 미세먼지(PM10, PM2.5) 농도변화

출처: 환경부, 서울시 발표자료 종합

통하여 새로운 해결방안을 제시하고자 하였다. 하지만 이러한 정책 역시 기존 정책의 답습이라는 비난을 받으며 오히려 정책적 불신을 확산시켰다. 여기에 정부, 전문가 집단이나 시민 단체들은 미세먼지 증가의 원인을 서로 다르게 규정하고 상반된 해결책을 제시하면서 혼란만 부추겼다. 언론 역시 다양한 논란을 정리하고 수습하여 정책 변화의 방향을 제시하기보다는 부분적이고 비본질적인 뉴스만을 집중 보도함으로써 사회적 혼란을 가중시켰다. 결국 6.3 특별대책이 발표된 지 6개월이 지난 시점에서도 새로운 정책 방향은 물론이고 지난 10년 동안 이루어졌던 정책실패 원인조차 정리되지 못한 채 제자리걸음을 반복하고 있는 상황이다. 이에 본 연구는 ANT의 번역과 정화과정이라는 틀을 활용하여 정책실패의 원인을 분석하여 보고 이러한 문제를 극복할 수 있는 방안을 제시하여 보고자 한다.

2) 문제의 제기

문제의 제기는 ANT에서 제일 처음 나타나는 사건으로 네트워크 내 특정한 행위자가 현재 시스템에 대한 의문을 제기하며 변화의 필요성을 주장하는 단계다. 미세먼지 저감정책의 경우 1997년 「대기오염물질 총량규제」 법안이 환경부에 의하여 발의되면서 본격적인 문제제기가 이루어졌다. OECD 회원국의 환경통계 비교분석 결과 한국의 미세먼지 오염도가 다른 주요 국가에 비하여 심각하다는 결과는 한국

사회에서 이 문제가 가지는 심각성을 잘 보여준다고 할 수 있다(한겨레, 2000. 2. 19). 그러나 경제·산업 관련부처의 반대, 민간기업의 반발 그리고 국민의 무관심 속에서 환경부의 문제제기는 큰 주목을 받지 못하였다. 상황의 변화는 「2002 한·일 월드컵」이라는 스포츠 이벤트를 계기로 우연히 이루어졌다. 월드컵이라는 특수한 상황에서 국내 개최도시의 미세먼지 문제가 일본에 비하여 심각하다는 결과가 발표되고 관련 기사들이 계속 이어지면서 관련 법안의 빠른 통과를 촉구하는 사회적 여론이 자연스럽게 형성되었다(국민일보, 2000. 1. 10). 이러한 변화를 반영하듯 총량규제 시범사업 실시에 대한 발표가 이어지면서 환경부는 미세먼지에 대한 문제제기에 성공한다.

3) 의무통과점 설정

연결망 내의 특정한 행위자가 문제제기에 성공하여 네트워크를 교란하는 데 성공하면 이후 관련된 행위자들은 새로운 질서를 수립하기 위한 목표나 기준점을 합의하는데 이것을 의무통과점이라 한다. 미세먼지 저감정책 사례에서도 문제제기에 성공한 환경부는 향후 10년 이내 수도권의 미세먼지를 도쿄 수준으로 개선한다는 목표를 수립하고 1차 기본계획(2005~2014)이라는 의무통과점을 설정하였다. 환경부에 의하여 설정된 의무통과점은 정책영역에 따라 이동오염원 저감정책, 고정오염원 저감정책, 에너지 생산과정 발생 오염원 저감정책 그리고 해외유입 오염원 저감정책 등 네 가지 영역으로 세분화되고 각 영역별로 〈표 10-1〉과 같은 행위자들이 포함되었다.

표 10-1 미세먼지 저감정책의 세부영역과 행위자

세부 정책영역	행위자	
	이해관계 그룹	관련 정책·사업
이동 오염원	환경부, 산업자원부, 경유차 제작업체, 저감장치 제작업체	DPF 부착사업 경유승용차 허용정책
고정 오염원	환경부, 건설교통부, 대기오염물질 배출 사업장	사업장 오염물질 배출 총량제
에너지생산과정 발생 오염원	환경부, 화력발전소, 산업통상자원부,	전력수급기본계획
해외유입 오염원	환경부, 외교부, 중국	대기오염에 대한 3국 정책대화

4) 관심유발·이익발생

미세먼지 저감정책 영역 내에 위치하고 있는 행위자들은 1차 기본계획이라는 의무통과점을 통과하면서 서로 다른 정책에 대한 기본입장과 기대이익을 가지고 있다. 이 단계에서 관심을 가지고 유심히 살펴보아야 할 부분은 개별 행위자가 가지는 정책에 대한 입장과 그에 따른 기대이익이다. 왜냐하면 이에 따라 행위자의 관심 유발정도가 결정될 뿐만 아니라 포섭에 성공할 경우 새로운 네트워크 안에서 강력한 정체성과 역할을 부여할 수 있기 때문이다.

핵심적 역할을 수행하는 행위자인 환경부의 경우 미세먼지 기준을 강화하여 다른 행위자들에게 영향력을 확대하기를 원하였다. 이와 입장을 같이 하는 행위자는 DPF 제작업체(DPF device Suppliers)와 외교부가 있으나 이들이 바라는 기대이익은 환경부와 그것과는 전혀 달랐다. 전자의 경우 제품 판매에 초점을 맞추고 환경부에 적극 포섭되었지만 후자의 경우에는 새로운 네트워크에서 기대할 수 있는 이익이 크지 않았으므로 포섭에 소극적이었다. 한편 이를 제외한 대부분의 행위자들은 미세먼지 기준이 강화되는 것이 자신들이 기대하는 이익에 걸림돌이 된다고 생

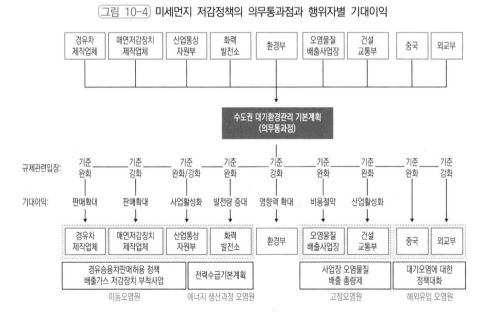

그림 10-4 미세먼지 저감정책의 의무통과점과 행위자별 기대이익

각하여 미세먼지 저감정책 네트워크에 적대적인 입장을 보였다. 경유차 제작업체(diesel car makers)는 배출기준 최소화로 차량 판매 확대를 기대하고 있었으며 화력발전소(coal-fired power plants)는 발전용량이 증가하기를 바라고 있었다. 오염물질 배출 사업장(air-pollution emitting facilities)의 경우 시설 및 장비 설치로 소요되는 비용이 최소화되기를 희망하고 있었으며 국토교통부 역시 건설 산업 활성화라는 정책목표를 달성하기 위하여 기준이 최소화되는 것이 바람직하다고 주장하였다. 한편 중국의 경우 주요 미세먼지 배출원 가운데 하나로 지목되었지만 국내법이나 제도에 영향을 받지 않기 때문에 새롭게 구축되는 네트워크에 대하여 별다른 기대이익이나 관심을 보이지 않았다. 이렇듯 환경부는 기본계획 수립을 통하여 정책영역 내의 모든 행위자들이 참여해야 하는 의무(obligatory)를 만들어 내었지만 행위자별로 다양한 입장과 기대이익은 관심유발·이익발생이라는 미세먼지 저감정책 네트워크 구축의 복잡성을 증대시키고 포섭을 어렵게 만드는 요인이 되었다.

5) 배반

환경부의 포섭실패는 곧바로 배반단계로 이어졌다. 새로운 네트워크가 자신들의 기대이익에 부합하지 않는다고 판단한 국토교통부와 산업통상자원부 그리고 산업계가 미세먼지를 저감한다는 정책적 취지에는 동참하지만 장기적 차원에서 단계별로 적용해야 한다고 반발하면서 환경부는 한 발 물러설 수밖에 없었다(국민일보, 2003. 4. 3). 최초의 배반은 경유차 제작업체를 중심으로 이루어졌다. 경유차 제작업체는 미세먼지 규제가 경유차 판매의 걸림돌이 되지 않기를 원하였으며 이를 지원하는 산업통상자원부와 재정경제부가 경유 승용차 판매를 허용하면서 2005년부터 미세먼저 저감정책 네트워크 영역에서 빠져나갔다. 그 뒤를 이어 국토교통부와 건설업체의 배반이 이어졌다. 이들은 오염물질 배출 총량제가 시행될 경우 도로건설과 산업단지 조성에 어려움이 증가한다고 주장하며 새로운 네트워크와의 관계단절을 시도하였다. 결국 2008년 사업장 오염물질 총량관리 대상에서 먼지가 제외되었으며 2014년에는 미세먼지 다량 배출업체들과 자발적 감축협약을 맺음으로써 규제 수단으로서의 의미를 잃고 정책영역에서 제외되었다. 에너지생산 오염원 저감정책 네트워크 영역에 위치하고 있는 화력발전소와 산업통상자원부 역시 2013년 「제6차 전력수급기본계획」과정에서 친환경 발전 용량 증대보다는 석탄·화력발전소 증설을 추진하면서 더 이상 저감정책 영역에 머무르지 않고 배반의 단계로 넘어갔다. 결국 미세먼지 저감정책이 자신들의 기대이익 달성에 장애물이 된다고 판단하는 고정오염원 영역과 에너지 생산과정 오염원 영역 그리고 이동오염원 영역 중 일부 행위자들은 자신들의 기대이익을 확보하기 위하여 미세먼지 저감정책 네트워크와 관계를 단절하고 정화단계로 전환하였다.

6) 역할등록·조정

이렇듯 많은 행위자들이 새로운 네트워크에서의 정착을 거부하고 배반의 단계로 넘어갔지만 일부 행위자들의 미세먼지 저감정책에 대한 입장이 일치하면서 역할등록과 조정이라는 단계로 전환하였다. 이 단계에서 관심 있게 바라보아야 할 부분은 동맹관계를 맺은 행위자들이 이전단계로 회귀하지 않고 새로운 역할을 수행할 수 있는 근거와 명분을 마련해주는 것이다. 환경부는 해외유입오염원 정책영역에 속해있는 중국이나 외교부 그리고 대기오염에 대한 3국 정책대화 같은 행위자들에게는 미세먼지 저감정책 영역에서 활동하기 위한 기반이나 근거를 마련해주지 못하여 포섭에 성공하지 못하였다. 반면 DPF 제작업체 그리고 DPF부착사업 같은 행위자들에게는 1차 계획 기간 동안 3조원이 넘은 예산 투입을 약속하는 등 적극적 지원 방안을 마련해주면서 포섭에 성공하게 되고 새로운 네트워크에서의 역할을 강화할 수 있는 근거를 마련해 주었다(투데이 에너지, 2008. 1. 30).

7) 블랙박스 형성

새롭게 구축된 네트워크에서 행위자 사이에 강력한 동맹이 만들어지면 블랙박스가 형성된다. 미세먼지 저감정책 영역에서 환경부와 강력한 동맹을 맺은 DPF 제작업체 그리고 DPF 부착사업은 네트워크의 영향력을 강화하기 위하여 블랙박스를 형성하였다. 이는 네트워크 한 번 접힌 부분으로 외부 관찰자 눈으로 살펴볼 때 마치 하나의 행위자로 보이는 착시를 가져오기도 한다. 이러한 블랙박스는 정책실행의 구심점 역할을 수행한다는 장점을 가지고 있지만 기득권 유지나 경직성 강화로 인하여 네트워크의 안정을 위협하는 새로운 문제로 발전하기도 한다. 실제 1차 계획이 진행되던 2006년에 수도권 미세먼지 가운데 이동오염원 배출량이 10%에 불과하다는 연구결과와 함께 정책방향과 예산편성에 대한 감사원의 지적에도 불구하고 '환경부－DPF 제작업체－DPF 부착사업'으로 연결된 블랙박스는 계속 유지되었다. 이러한 세부정책 영역에서 행위자 사이의 연결, 배반 그리고 동맹관계와 블랙박스가 만들어지는 영역을 하나의 〈그림 10-5〉로 도식화할 수 있다.

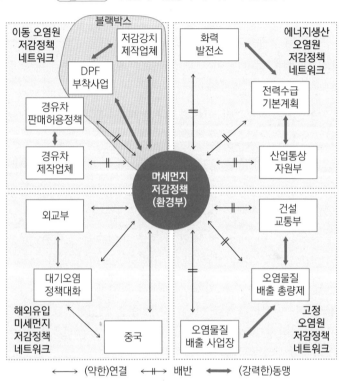

그림 10-5 미세먼지 저감정책 네트워크의 관계변화

4 미세먼지 변화와 안전사회로의 지향

본 장에서는 미세먼지 정책의 변화를 ANT 관점에서 살펴본 연구로서 정책영역에 따른 행위자들의 번역과 배반의 과정을 분석하였다는 데 의의가 있다. 사례분석에서 나타나듯이 미세먼지 저감을 위하여 특별법과 기본계획을 만들고 영역을 네 가지로 분류하여 정책사업을 진행한다는 개념과 방향은 무리 없었던 것으로 보인다. 문제는 환경부가 의무통과점을 선점하지 못하면서 새롭게 구축된 네트워크에 대한 영향력이 저하되었으며 다른 행위자들이 만족할만한 기대이익을 제공하지 못함으로써 네트워크는 점차 무너져 갔다는 것이다. 네트워크의 붕괴를 막기 위하여 환경부는 정책에 대한 입장이 유사한 DPF 제작업체와 DPF 부착사업에 예산투입을 강화함으로써 포섭에 성공하였을 뿐만 아니라 강력한 동맹 관계를 만들어 냈다. 강력한 동맹관계는 무너져가는 네트워크를 유지시킬 수 있는 구심점인 블랙박스를 형성하게 되었다. 하지만 이는 네트워크의 새로운 문제로 등극하게 된다. 학계와 감사원 그리고 언론 등을 중심으로 미세먼지 저감정책이 블랙박스 영역의 사업에만 편중되어 있다는 지적이 이어졌으나 이미 탄력성을 잃은 미세먼지 저감정책 네트워크는 기존의 관성을 계속 유지하였다.

이러한 일련의 변화과정을 살펴보면 2016년 6.3 미세먼지 특별대책에서 환경부의 납득하기 어려운 태도와 사회적 혼란을 부분적으로나마 이해할 수 있게 된다. 당시 환경부의 미세먼지 정책은 대부분 경유차에 집중되어 있었으며, 사업장·발전소·중국에서 발생하는 미세먼지에 대한 정책은 소극적으로 대처함으로써 많은 논란과 비난을 받았다. 전문가나 언론 역시 이러한 프레임에 대한 이해 없이 특정한 정책 영역에 대해서만 비판과 대안을 제시하는 바람에 문제해결보다는 사회적 혼란만 불러일으켰다. 이것보다 더 중요한 것은 종합적인 정책실패의 원인이나 해결방향조차 제시하고 있지 못하다는 것이다. 이에 본 연구에서는 사례분석 결과를 바탕으로 향후 미세먼지 정책 네트워크를 회복하기 위한 몇 가지 정책방안을 다음과 같이 제시하였다. 첫째, 현재 블랙박스화되어 있는 환경부-DPF 제작업체-DPF부착사업의 연결망을 완화할 필요가 있다. 경유차 미세먼지 발생이 수도권 미세먼지 발생의 주요 핵심이 아니라는 연구결과를 적극 반영하여 블랙박스를 깨고 정책 방향을 새롭게 전환해야 한다. 둘째, 지금까지 크게 중시되지 않았던 해외유입 미세먼지 저감정책 영역이 활성화될 필요가 있다. 다른 정책영역과 다르게 이 부분은 아직 배반의 과정에 진입하지 않고 역할등록 및 조정 단계에 머무르고 있기 때문에 새로운 네트워크에서 활동할 수 있는 근거와 명분이 마련된다면 역할이 강화될 것이다. 이를 위하여 미세먼지 저감정책과 대기오염 정책대화라는 두 행위자 사이의 공통점과 기대이익을 조정하는 것이 필요하다. 셋째, 이미 배반단계에 들어간 세부 정책영역에 대해서는 의무통과점을 다시 조정함으로써 네트워크를 회복해야 한다는 점이다. 미세먼지 정책은 특정 영역이 아니라 모든 영역이 골고루 역할을 다 할 때 정책에 효율성이 높아진다. 따라서 해당 영역의 행위자들에게 기대이익을 제공할 수 있도록 의무통과점을 다시 조정할 필요가 있다. 본 연구는 정책에 초점을 맞추고 있어 네트워크 내에 포함되어 있는 다양한 미세먼지 저감기술의 변화가 사회나 정책에 미치는 변화까지는 반영하지 못하였다는 한계를 가지고 있다. 하지만 ANT를 통하여 정책 네트워크 내에서 벌어지는 복잡한 번역과 정화의 과정을 이해하기 쉽도록 하나의 흐름으로 정리하였다는 점에서 의미가 있다. 이러한 관점에서 향후 미세먼지 측정 및 저감 기술변화를 중심으로 사회구성과 정책변화를 살펴본다면 보다 의미 있는 연구결과를 도출할 수 있을 것으로 기대해본다.

5 위험사회의 안전관리 패러다임

1960년대 이후 지난 반세기 동안 우리사회는 강력한 성장 패러다임 속에서 급속한 경제성장을 이루었다. 이 과정에서 안전은 희생이 강요되거나 소홀하게 다루어지는 일이 많았다. 때문에 우리사회에서 안전이라는 단어는 지루하고 형식적인 말로 치부되기 일쑤였다. 안전은 성장과 동행해야할 가치가 아니라 성장 속에 파묻힌 하나의 성가신 존재로 인지되었기에 안전 패러다임은 우리사회에 뿌리내리고 성장하기 어려운 것이 현실이었다. 대형 사건사고가 발생하기 전까지 위험한 행동마저도 안전한 것으로 둔갑되는 일이 반복되는 일도 흔하다. 어쩌면 위험천만한 행동이 안전이라는 탈을 쓰고 우리 사회를 기만하고 있는지도 모른다. 화려한 경제성장 뒤에 숨겨진 위험사회의 그늘에 대한 고민과 대안마련이 진지하게 시작될 필요가 여기에 있다.

압축적 산업화 및 근대화과정에서 축적된 위험요인들이 각종 재난 및 재해로 현재화되고 있다. 그럼에도 불구하고 현대 위험사회에서 축적된 위험요소가 현실세계에서 재난으로 다가올 것에 대해 정부와 정책결정자들은 위험과 무관한 반응을 보여 왔다. 결국 이 같은 '나 아닌 타자' 현상이 위험을 방치하고 조장하는 결과를 초래하여 우리사회를 더욱 위험하게 한다는 점이다(Beck, 1992; Beck, 1999; Norman, 2008; Klein et al., 2007; 최충익, 2011; Joffe, 1999). 인간이 자연을 타자화하는 가운데서 재난이 발생한다. 자연은 타자이기에 인간과 무관하게 개발되고 통제되는 대상으로만 인식되었고 사물의 연장으로 파악되었던 것이다. 인류 문명이 자연의 타자화 과정에서 생겨났기에 인간은 자연에 대한 통제방법과 관리기술이 완벽하다고 믿는 경향이 있다. 이제 인간은 자신도 모르게 타자화된 자연에 의해 역습을 받고 있다. 어쩌면 기후변화와 자연 재난인 타자화된 자연이 인간에게 되돌려주는 당연한 산물일 수 있다는 것이다.

아이러니하게도 첨단 과학기술에 기반을 둔 화려한 인류문명이 오히려 재난에 더 취약해졌다. 복잡한 위험사회 속에서 위험은 잘 파악되지 않으며 재난 발생의 가능성이 늘 존재하기 때문에 늘 사고발생의 불확실성이 높은 가운데 생활해야 한다. 일반인들이 이해하기 어려운 복잡한 기술계에서 사고가 발생할 가능성을 미리 발견하기란 어려우며 무엇보다 기술에 대한 무한의 신뢰 속에서 위험이 더욱 커질 수 있다는 사실이다. 그럼에도 주변에는 대형 사고나 자연재해가 발생하면 공학·자연과학 중심의 대증적 처방들이 이루어질 뿐 지금까지 '위험과 안전'에 관한 담론이 제대로 이루어지지 못했다. 눈부신 경제성장과 더불어 근대화과정을 거치면서도 이들에 의해 만들어진 그늘을 보지 못하는 경향이 있다.

위험사회에서 전문가주의는 위험을 더욱 가중시킬 수 있다. 위험한 상황은 민주적이지만, 위험의 관리능력에서는 독재적이기 때문이다. 위험관리에 있어서 다양한 주체의 참여가 힘들어지는 만큼 사회가 위험에 빠질 가능성이 커진다. 자연현상을 통제하며 만든 문명이 자연현상에 온전히 대처할 만한 능력을 갖추지 못한 상태에서 전문가 주의는 그 위험성을 오히려 높일 수 있다(김성철, 2015). 위험사회에서는 타자화된 자연이 소수에 의해 통제되고 허술하게 관리되는 곳에서 인간의 예측을 넘어 치명적 반격을 할 수 있음을 주지해야 한다.

위험사회(risk society)에서 새롭게 등장한 위험은 특정 지역이나 집단에 한정되지 않으며 초국가적이며 비계급적이다(Beck, 1992; Beck, 1999). 예를 들어, 중국에서 넘어오는 황사와 미세먼지와 후쿠시마 원전 폭발사고는 위험사회의 재난 발생이 초국경적으로 발생할 수 있음을 단적으로 보여준다. 아울러 재난 및 재해피해 발생은 모든 계급과 계층의 사람들에게 동등하게 발생한다. 가령, 불확실성이 큰 자연재해로 인한 위협에는 어떤 특정 계급과 계층도 예외적이지 않다는 점이다. 계급 및 계층에 따라 재난 발생 이후의 대응 및 대책의 안전 정도는 달라질 수 있지만 재난발생 자체가 특정 지역이나 집단에 한정되는 경우는 드물다. 이 같은 재난의 비계급성과 비지역성은 국토의 안전관리 측면에서 두 가지 시사점을 던져준다.

첫째, 국토의 안전관리는 사회적 약자에 대해 우선적 고려가 있어야 한다는 점이다. 재난 발생 자체는 사회적으로 지극히 평등하게 이루어지지만 대응과정은 철저하게 비대칭을 이루는 경우가 많다는 점이다. 특히 사회적 약자는 위험지역에 거주하는 경우가 많기에 동일 강도의 재해라도 더 심각한 영향을 받을 수밖에 없다. 위험사회에서 무엇보다 사회적 약자의 재해대응에 대한 고려가 우선적으로 이루어져야 할 이유가 여기에 있다. 공교롭게도, 실제 국토의 안전관리는 반대로 이루어지는 경우가 흔하다. 경제적으로 부유한 사람들이 사는 곳은 상대적으로 안전한 곳이 많다. 아이러니하게도 정부의 안전에 관한 투자는 영향력을 행사하는 기득권층이 밀집된 상대적으로 안전한 지역에 우선적으로 할당되는 경향을 보인다. 때문에 국토의 안전관리는 국가의 개입 말고는 자체적인 안전시스템 개선을 이루기 어려운 사회적 취약계층이 있는 곳에 우선적으로 눈을 돌려야 한다.

둘째, 어느 지역이건 불확실성을 감안한 재해관리 대응체계를 구축해야 한다는 점이다. 위험사회에서는 정도의 차이만 있을 뿐 어느 지역도 안전할 수 없기 때문이다. 기후변화의 불확실성은 자연재해 발생의 불확실성 증가 현상을 더욱 가속화시키고 있다. 과거 패턴에 근거해 설계된 재난방지 구조물이 이를 넘는 자연재해로 인해 속수무책으로 무너지는 현상이 자주 관찰된다. 예를 들어, 100년 홍수 빈도의 강도를 고려하여 설계된 예방구조물이 이상기후로 인해 200년 빈도 이상의 강도의 홍수발생으로 맥없이 무너지는 일은 비일비재하며 더 이상 놀라운 뉴스도 아니다. 2010년 서울 도심 한복판을 강타했던 광화문 홍수는 좋은 사례다. 100년 홍수 빈도로 구조물을 세우면 그 정도의 홍수량에 대해서만 방어능력을 갖추는 것일 뿐 그 이상의 강도에 대해서는 방어력이 떨어질 수밖에 없다는 점이다. 하지만 재해 발생은 설계된 예방 범위 내에서 발생하지 않을 수 있다는 불확실성이 상존한다는 점을 주목할 필요가 있다. 위험사회에서는 과거 재해가 발생하지 않았던 지역은 미래 재해 발생 가능성이 낮을 것이라는 예측이 위험할 수 있음을 경고한다. 흔히 법정 설계기준으로 구조물이 건축되면 피해가 발생하지 않을 것이라고 믿기 쉽다. 행정 관료들뿐만 아니라 전문가들조차도 큰 규모로 설계하는 것이 경제적이고 안전하다고 주장한다. 하지만, 위험사회에서는 발생빈도 개념 자체가 갖는 공학적 의미에 절대적 신뢰를 부여하는 것이 더욱 위험할 수 있는 점을 주지해야 한다.

무엇보다 위험사회를 극복하고 재해에 안전한 국토관리를 위해서는 개발과 성장이라는 목표보다 안전이라는 가치가 더 존중될 수 있는 패러다임으로의 전환이 필요하다. 위험사회의 국토안전관리를 위한 안전 패러다임이란 무엇일까. 안전패러다임은 인간의 존엄성에 근거한 안전관리시스템을 구축하는 것을 의미한다. 안전패러다임의 핵심은 재해 대응 시스템 향상 자체에 있는 것이 아니라 개선된 시스템을 통해 지켜야 하는 인간의 존엄성 자체에 있기 때문이다. 미래의 바람직한 국토안전관리는 이 같은 위험사회의 안전 패러다임으로의 변화와 동일선상에서 논의되어야 하겠다.

내적 요소로서 도시화와 외적 요소로서 기후변화에 의해 우리 사회는 빠르게 위험사회로 변해가고 있다. 위험사회 속에서 인지적 유동성은 인간과 자연의 관계를 왜곡할 뿐만 아니라 인간과 인간과의 관계도 왜곡하는 위험성을 노출해왔다. 인지적 유동성(cognitive fluidity)은 자연의 사물화에서 나아가 인간에 대한 공감적 능력이 결여되는 인간의 사물화로 이어지기 쉽기 때문이다. 경제성장과 도시화과정에서 자연을 도구화했던 인지적 유동성의 시대가 이제 막을 내려야할 시점이다. 타자화된 자연과 인간의 관계 회복이 위험사회의 위험요소를 근본적으로 치유할 수 있는 첫걸음이 될 것이다.

1   미세먼지 정책을 분석하는 방법론으로서 행위자 네트워크 이론의 특징에 대해 설명하시오.

2   미세먼지 저감정책 네트워크의 관계변화에 대해 설명하시오.

3   미세먼지 정책의 의무통과점과 블랙박스 형성에 대해 설명하시오.

4   미세먼지 정책에서 나타난 '배반' 현상에 대해 설명하시오.

5   안전사회로 이행하기 위한 대안에 대해 행위자 네트워크 이론을 적용시켜 설명하시오.

참고문헌

국내문헌

감사원 (2016). 수도권 대기환경 개선사업 추진 실태 감사 보고서.

관계부처합동 (2011). 2011년 이상기후보고서, 기상청.

국립환경과학원 (2015). 대기환경연보 2014.

국민안전처, (2016). 2016 국민안전처 통계연보.

김근영 (2014). 대한민국 정부수립 후 주요재난 및 재난정책 변천사, 「방재저널」, 16(2): 24−29.

김대환 (1998). 돌진적 성장이 낳은 이중 위험사회, 「계간사상」. 가을호: 26−45.

김도균 (2011). 「환경재난과 지역사회의 변화: 허베이스피리트호 기름유출사고의 사회재난」, 한울아카데미.

김동영 (2013). 건강을 위협하는 미세먼지, 원인과 대책, 「이슈&진단」, 121, 경기연구원.

김성철·박기묵 (2006). 사회적 이슈에 대한 언론의 관심도와 정책결정에 관한 연구, 「한국행정연구」, 15(4): 271~298.

김영대·박관규 (2015). 위험의 사회적 증폭요인−수정된 SARF를 통한 아스팔트 방사선 사례분석, 한국정책학회보, 24(1), 225−261.

김영욱 (2008). 「위험, 위기 그리고 커뮤니케이션」, 커뮤니케이션북스, 이화여자대학교출판부.

김원제 (2003). 한국사회 위험(Risk)의 특성과 치유, 「사회연구」, 5, 169−196.

김은성 (2016). 「불확실성에 대응하는 위험거버넌스」, 법문사

김진택 (2012). 행위자 네트워크 이론(ANT)을 통한 문화콘텐츠의 이해와 적용: 공간의 복원과 재생에 대한 ANT의 해석, 「인문콘텐츠」, 24, 9−37.

김철민·최충익 (2015). 대형재난사고 이슈의 생존주기 분석. 「서울도시연구」, 16(4): 145−159.

김학열·허태영 (2012). 일반화 포아송 회귀모형을 이용한 교통사고모형 개발, 「국토계획」, 47(1): 5−20.

대한민국건국십년지 간행회 (1956). 「대한민국 건국십년지」.

박기묵 (2002). 공공이슈들 간 경쟁으로 인한 사회적 관심도의 변화에 관한 연구, 「한국행정학보」, 36(3): 57~75.

박동균 (2009). 허베이 스피리트호 기름유출사고를 통해 본 재난보도의 문제점, 「한국콘텐츠학회논문지」, 9(5): 241~248.

박동균 (2006). 상주 MBC 가요콘서트 사례를 통해 본 혼잡경비 의 문제점과 개선방향. 「한국지방자치연구」, 8(2): 43−60.

박정식·윤영선 (1995) 「현대통계학」, 다산출판사.

보건복지부 질병관리본부 (2015). 「2014년도 감염병 감시연보」.

서덕록 (2016). 미세먼지: 정부의 대책과 향후 전망, 「융합 weekly TIP」, 25, 융합연구정책센터.

서울특별시 (1961−2010). 「서울통계연보」.

서울특별시 시사편찬위원회 (1977). 「서울육백년사」.

_____ (1995). 「서울육백년사 제5권」.

_____ (1997). 「서울행정사」.

_____ (2004). 「사진으로 보는 서울3: 대한민국 수도서울의 출발(1945~
　　　　1960)」.

_____ (2005). 「사진으로 보는 서울4: 다시 일어서는 서울(1961~1970)」.

_____ (2008). 「사진으로 보는 서울5: 팽창을 거듭하는 서울(1971~1980)」.

_____ (2010). 「사진으로 보는 서울6: 세계로 뻗어가는 서울(1981~1990)」.

_____ (2012). 「서울재해사 상, 하」.

_____ (2014). 「서울2천년사23: 근대의 사회와 시민」.

성경륭 (1998). 「실업과 사회해체: 총체적 위험사회의 등장. 사상. 가을호. 247-278.

소방방재청 (2009). 「재난관리 60년사」.

소방방재청 (2010). 「재해연보」.

손해보험협회 (2006). 「한국손해보험산업과 함께한 손해보험협회 60년사」.

송종길·이동훈 (2003). 「사회위기와 TV 저널리즘」, 서울: 한국방송영상산업진흥원.

송해룡·조항민·이윤경·김원제 (2012). 위험 커뮤니케이션의 개념화. 구조분석 및 영역 설정에
　　　　관한연구, 「분쟁해결연구」, 10(1): 65-100.

신동원 (1999). 「한권으로 읽는 동의보감」, 들녘.

심종칠 (1998). 재해발생 도수율과 재해발생시간 간격의 분포에 관한 연구, 「명지대학교 박사학
　　　　위논문」.

안형준 (2009). 이소연은 우주인인가 관광객인가?: ANT의 관점 으로 본 한국최초우주인 논쟁.
　　　　「과학기술학연구」, 9(1): 89-127.

알렌 (1886). 「조선왕실병원 제1년도 보고서」. 조선의보 3

오재호·허모랑·우수민 (2013). 20세기 이후 발생한 재난 특성 분석을 통한 미래 변동추이 전망,
　　　　「한국위기관리논집」, 9(1): 47-74.

우정현 (2016). 대기환경관리의 관점에서 본 수도권 미세먼지 환경 개선. 「환경논총」, 58: 24-35.

유철상·안재현·류소라 (2004). 포아송 과정을 이용한 가뭄의 공간분포 분석, 「한국수자원학회
　　　　논문집」, 37(10): 813-822.

이경자 (1994). 94 대형사건과 상업주의적 보도경쟁의 문제: 과장 또는 축소하는 이중구조적 '냄비'
　　　　저널리즘, 「저널리즘 비평」, 14: 23~29.

이관형·정호근·강민구·윤용운 (2000). 전이함수를 이용한 산업재해 발생자 예측에 관한 연구,
　　　　「한국보건 통계학회지」, 25(2), 25-32.

이두석 (1998). 물난리에 허둥대기만 한 '냄비언론'-수해 관련 보도검증, 「신문과방송」, 334:
　　　　32~36.

이상욱·이중원·장대익·홍성욱 (2007). 「과학으로 생각한다」, 동아시아.

이승훈 (2009). 현대사회의 위험과 위험관리: "위험의 사회적 구성"에 대한 이론적 논의를 중심
　　　　으로, 「현대사회와 문화」, 29, 61-88.

이영재·이성일 (2008). 확률분포에 의한 리스크 빈도수와 손실규모 추정 프로세스, 「정보기술응
　　　　용연구」, 15(2) : 67-82.

이종혁·신동호·강성민 (2013). 이슈보도주기로 관찰된 "냄비저널리즘" 현상, 「한국방송학보」,

27(4): 206~250.

이태진 (1997). 고려~조선 중기 천재지변과 천관의 변천. 「한국사상사방법론」, 소화.

임연희 (2014). 세월호 참사에 대한 텔레비전 뉴스의 보도행태, 「사회과학연구」, 25(4): 179−201.

임채성 (2004). 미군정하 신국가건설과 한국철도의 재편. 「경제사학」. 36: 143−172.

임현진 (2003). 「한국사회의 위험과 안전」, 서울대학교 출판부.

임희완 (2000). 「역사학의 이해(증보판)」, 건국대학교출판부.

장경섭 (2003). 압축적 근대성과 비교위험사회, 「비교사회」, 2: 371−414.

전용일 (2011). 지역별 산업재해 발생에 영향을 미치는 요인에 관한 연구, 「안전보건 연구동향」, 5(5): 32−39.

정지범 (2009). 광의와 협의의 위험, 위기, 재난관리의 범위. 「한국방재학회논문집」, 9(4): 61−66.

차하순 (2007). 「역사학의 본질과 인식」, 학연사.

최진식 (2009). 위험성 인식의 사회적 증폭요인에 관한 연구, 「한국정책과학학회보」, 13(3), 165−188.

최충익 (2008). 「도시화와 자연재해」. 부연사.

_____ (2011). 미디어 분석을 통한 재해의연금 배분이슈 고찰, 「한국지역개발학회지」, 23(2), 135−152.

_____ (2011). 지방자치단체 기후변화 적응정책의 의사결정과정과 함의, 「한국행정학보」, 45(1), 257−274.

_____ (2013). 현대 서울의 재난⋅재해 발생 특성에 관한 역사적 연구, 한국지역개발학회지, 25(1): 159−182.

_____ (2015). 서울의 전염병 발생 특성에 관한 연구사적 고찰, 「한국위기관리논집」, 11(9): 119−134.

최충익·김철민 (2016). 미세먼지 정책의 경로의존성과 위험의 사회적 확산. 「한국지역개발학회」, 28(5): 89−107.

_____ (2016). 위험의 사회적 증폭의 지역적 특성에 관한 사례연구.「한국지적정보학회지」, 18(1): 113−121.

한국방재학회 (2014). 「재난관리론」, 구미서관.

한국지방행정연구원 (2014). 재난안전대책의 현재와 미래, 「지방자치 Foucs」, 79호.

한국환경정책·평가연구원 (2010). 「대기질 개선 경험 및 성과 평가」.

_____ (2012). 「기후변화와 대기오염으로 인한 건강 영향 연구」.

한동섭·김영일 (2011). 위험과 커뮤니케이션: 원자력의 사회적 수용에 미치는 커뮤니케이션의 효과: 신뢰성, 효용인식, 위험인식을 매개로, 「한국위기관리논집」, 7(2): 1−22.

한상진 (1998). 왜 위험사회인가?, 「계간사상」, 가을호: 3−25.

허종 (2004). 1945−1946년 대구지역 좌파세력의 국가건설 운동과 10월 인민항쟁, 「대구사학」, 75: 149−187.

환경행정연구회 (2014). 「환경행정학」, 대영문화사.

• 국외문헌

Adger N., Paavola J., Huq S. & Mace M. (2006). Fairness in Adaptation to climate change", MIT Press: Cambridge, Massachusetts, USA.

Ang B.W., Zhang F.Q. (2001). A survey of index decomposition analysis in energy and environmental studies, Energy Policy, 25: 1149−1176.

Ang B.W. (2004). Decomposition analysis for policy making in energy: which is the preferred method?, Energy Policy, 32: 1131−1139.

Ang B.W. (2005). The LMDI approach to decomposition analysis: a practical guide. Energy Policy. 33: 867−871.

Arthur, W. Brian. (1994). Increasing Returns and Path Dependence in the Economy, Ann Arbor: University of Michigan Press, USA.

Babbie, Earl (2013). The Practice of Social Research(13th Edition), Wadsworth Publishing, USA.

Bain, J. L. & M. Engelhardt (1992). Introduction to Probability and Mathematical Statistics (2nd Edition).

Beck, Ulich (1992). Risk Society, Sage Publications: London. U.K.

_____ (1992). Risk Society: Towards a New Modernity, Sage Publications: London. U.K.

_____ (1999). World Risk Society, Polity Press. London. U.K.

_____ (2007). 글로벌 위험사회, 길 (역서).

Biesbroek, G. r., r. j. Swart & Wim G.M. van der Knaap. (2009). The Mitigation−Adaptation Dichotomy and the Role of Spatial Planning, Habitat International, 33(3): 230−237.

Bizikova, Livia, John Robinson & Stewart Cohen (2007). Linking Climate Change and Sustainable Development at the Local Level, Climate Policy, 7(4): 271−277.

Breisach, E. (1994). Historiography: Ancient, Medieval and Modern. University of Chicago Press: Chicago, USA.

Burton E. (2000). The Compact City: Just or Just Compact? A Preliminary Analysis, Urban Studies, 37(11):1969−2001.

Callon, Michel (1986). The Sociology of an Actor−Network: The Case of the Electric Vehicle, In Callon, Michel, Law John, and Rip Arie(eds.). Mapping the Dynamics of Science and Technology. Macmillan: London, UK.

Carr, E. H. (1961). What Is History?, Cambridge University Press: Cambridge, UK.

Changnon A. S., Pielke A. R., Changnon D., Sylves T. R., & Pulwarty R. (2000). Human factors explain the increased losses from weather and climate extremes, Bulletin of the American Meteorological Society, 81:437−442.

Choi ChoongIk (2011). Implications of Decision Making Process for Adapting to Climate Change in Local Governments, Korean Public Administration Review, 45(1): 257−274.

Choi ChoongIk (2010). Does Urbanization Indeed Increase Disaster Damages?, Journal of Environmental Policy, 9(3):3−27.

Cobb, Roger, W. & Elder, C. D. (1995). Issue and Agendas, Public Policy, The Essential Prentice Hall. New Jersey, USA.

Commoner B. (1971). The environmental cost of economic growth. In: Schurr, S. (Ed.), Energy, Economic Growth and the Environment. John Hopkins University Press. Baltimore. USA.

_____ (1990). Making Peace with the Planet (1st ed.), Pantheon Books, New York, USA.

Dang, Hanh H., Michaelowa, Axel & Dao D. Tuna (2003). Synergy of Adaptation and Mitigation Strategies in the Context of Sustainable Development : the Case of Vietnam, Climate Policy, 3(1): 81−96.

David, Paul A. (2000). Path Dependence, Its Critics and the Quest for 'Historical Economics', Working paper, All Souls College, Oxford University. UK.

Djauhari, MA. (2002). Stochastic Pattern of Traffic Accidents in Bandung City, International Association Traffic Safety Science´ 26 : 85−91.

Downs, Anthony (1972). Up and Down with Ecology−the Issue Attention Cycle. Public Interests. 28(Summer): 38−50.

Drabek, T. E. (1986). Human System Responses to Disaster, Springer−Verlag, New York, USA.

Ehrlich P.R., & Holdren J. (1971). Impact of population growth, Science. 171: 1212−1217.

ESCAP (2010). Protecting Development Gains: Reducing Disaster Vulnerability and Building Resilience in Asia and the Pacific.

ESCAP and UNISDR (2012). Reducing Vulnerability and Exposure to Disasters.

Famoye, F., Wulu, J. T. & Singh, K. P. (2004). On the Generalized Poisson Regression Model with an Application to Accident Data, Journal of Data Science, 2: 287−295.

Foster, H.D. (1976). Assessing disaster magnitude: A Social Science Approach, Professional Geographer, 28(3): 241−247.

Fritz, Charles E. (1961). Contemporary Social Problems, edited by R. Merton and R. Nisbet. Harcourt, NY, USA.

Ghosh, M., Natarajan, K., Stroud, T. W. F. & Carlin, P. B. (1998). Generalized Linear Models for Small−Area Estimation, American Statistical Association, 93: 273−282.

Giddens, Anthony (2009). The Politics of Climate Change. Polity Press: Cambridge. USA.

Grasso M. (2007). A normative ethical framework in climate change. Climate Change. 81:223−246.

Hay, Colin & Richards David (2000). The Tangled Webs of Westminster and Whitehall: The Discourse, Strategy and Practice of Networking within the British Core Executive. Public Administration. 78(1): 1−28

Hilgarterner, Stephen & Bosk, Charles L. (1988), The Rise and Fall of Social Problems: A Public Arneas Model, American Journal of Sociology, 94(1): 53~78.

Holsti, O. (1969), Content Analysis for the Social Sciences and Humanities, Reading. Addison−Wesley: MA, USA.

IPCC (2014). Climate Change 2014: Synthesis Report, Contribution of Working Group, I, II and III to the Fifth Assessment Report of the Intergovernmental Panel on Climate Change.

IPCC (2012). Managing the risks of extremeevents and disasters to advance climate change adaptation. Special Report of the Intergovernmental Panel on Climate Change. Cambridge University Press: New York.

Kasperson, J. X., R. E. Kasperson, N. Pidgeon, and P. Slovic (2003). The Social Amplification of Risk: Assessing Fifteen Years of Research and Theory. Pidgeon, N., Kasperson, R. E. & Slovic, P.(eds.). The Social Amplification of Risk. Cambridge University Press: Cambridge, UK.

Kasperson, R. & Kasperson, J., 1996, "The social amplification and attenuation of risk", The Annals of the American Academy of political social sciences, 545:95~105

Kasperson, R. E., Renn, O., Slovic, P., Brown, H. S., Jacque Emel, J., Goble, R., Kasperson, J. X. and Ratick, D. (1988). The Social Amplification of Risk: A Conceptual Framework. Risk Analysis. 8(2): 177−187.

Kinnick, Kathrine N., Krugman, Dean M., & Cameron, Glen T. (1996). Compassion Fatigue: Communication and Burnout Toward Social Problems, Journalism Quarterly, 73(3), 687~707.

Klein R. J. T., Huq S., Denton F., Downing T. E., Richels R. G., Robinson J. B., F. L., Toth (2007). Inter−Relationships between Adaptation and Mitigation, Climate change 2007:Impacts, Adaptation and Vulnerability Contribution of Working group II to the Fourth Assessment Report of the Intergovernmental Panel on Climate Change. UK: Cambridge University Press. p.745−777.M. L Parry, O. F. Canziani, J. P. Palutikof, O. J. van der Linden and C. E. Hanson(eds.)

Klinke A. and Renn, O. (2002), A New Approach to Risk Evaluation and Management: Risk−Based, Precaution−Based, and Discourse−Based Strategies, Risk Analysis, 22(6): 1071−1094.

Kreps, G.A. (1984). Sociological inquiry and disaster research. Annual Review of Sociology, 10: 309−330.

Kenneth E. Kunkel & Karen Andsager (1999). Long−Term Trends in Extreme Precipitation Events over the Conterminous United States and Canada. Journal of Climate, 12: 2515−2527.

Kwon Tae−Hyeong (2005). Decomposition of factors determining the trend of CO2 emissions from car travel in Great Britain. ecological economics. 53: 261−275.

Law, John & Callon, Michel. (1992). The Life and Death of an Aircraft: A Network Analysis of Technical Change, In Bijker & Law (eds.) Shaping Technology/Building Society: Studies in Sociotechnical Change, Cambridge: MIT Press. USA.

Lippman, Walter (1922), Public Opinion, Harcourt, Brace and Co.: N.Y. USA.

Liu Lan−Cui; Ying Fan; Gang Wu; et al. Wei Yi−Ming (2007). Using LMDI method to analyze the change of China's industrial CO2 emissions from final fuel use: An empirical analysis. energy policy. 35 p.5892−5900.

Loch, H. C., DeMeyer, A. & Pich (2006). Michael. Managing the Unknown: A New Approach to Managing High Uncertainty and Risk in Projects, Wiley Press, New Jersey, USA.

Mahoney, J. (2000). Path Dependence in Historical Sociology. Theory and Society. 29(4): 507−548.

Martin, R. and Simmie, J. (2008). Path Dependence and Local Innovation System in City−Regions. Management. Policy and Practice. 10: 183−196.

Maslow, A. H. (1943). A Theory of Human Motivation. Psychological Review, 50(4), 370−96.

Michel, Durampart. 2007. Bruno, Latour et Didier Gille, L'espoir de Pandore: Pour une Version Realiste de l'activite Scientifique. La Decouverte. 347.

Moustakas, C. 2001. Heuristic Research: Design and Methodology. London: Sage.

Mutter, C. J. (2015). The Disaster Profiteers, St. Martin's Press: New York, USA.

Nandram, B, Sedransk, J. and Pickle, L.W. (2000). Bayesian Analysis and Mapping of Mortality Rates for Chronic Obstructive pulmonary Disease, Journal of the American Statistical Association, 95: 1110−1118.

Neuman, Russell W. (1990). The Threshold of Public Attention, Public Opinion Quarterly, 54(2): 159~176.

Norman Barbara (2008). Principles for an intergovernmental agreement for coastal planning and climate change in Australia. Habitat International. 30 p.1−7.

Pelling M. (2007). Urbanization and Disaster Risk, Panel contribution to the Population− Environment Research Network Cyber−seminar on Population and Natural Hazards.

Peters, B. G., Pierre J. and King, D. S. (2005). The Politics of Path Dependency: Political Conflict in Historical Institutionalism. The Journal of Politics. 67(4): 1275−130

Pielke R. A. & Downton M. W. (2000). Precipitation and damaging floods: trends in the United States, 1932−97, Journal of Climate. 13: 3625−37.

Rubiera et al., 2003

Sanderson D. (2000). Cities, Disasters and Livelihoods. Environment and Urbanization. 12(2) p.93−102.

Schulberg(1974)

Slovic, P. (2000), The Perception of Risk, Earthscan Publications, London, UK.

Stern Nicholas (2008). The Economics of Climate Change: The Stern Review. Cambridge University Press. UK.

Tierney, K. and Bruneau, M. (2007). Conceptualizing and Measuring Resilience: A Key to Disaster Loss Reduction, Transportation Research Board 205:16−19

UKCIP, 2003

UN (2012). World Urbanization Prospects: The 2011 Revision. United Nations: New York. USA.

UN (2015). World Population Prospects: 2015 Revision, United Nations: New York, USA.

UNDP (2004). Reducing Disaster Risk: A Challenge for development. New York, USA.

UNISDR (2012). Making Cities Resilient Report 2012.

UNISDR, (2015)

Wellenius, A. G., R. M. Burger, A. B. Coull, J. Schwartz, Koutrakis, Suh, H. Schlaug. P. G., R. D. Gold, & A. M. Mittleman. (2012). Ambient Air Pollution and the Risk of Acute Ischemic Stroke. Archives of Internal Medicine. 172(3): 229−234.

Wilbanks et al., (2007)

World Bank & UNISDR (2010). Integrating Disaster Risk Reduction and Climate Adaptation into the Fight against Poverty, Annual Report. Global Facility for Disaster Reduction and Recovery, Washington, DC. USA

World Bank (2013). Planning, Connecting and Financing Cities−Now. Washington, DC. USA

Wulu, J. T., Singh, K.P., Famoye F. & McGwin, G. (2002), Regression analysis of count data, Journal of the Indian Society of Agricultural Statistics, 55: 220−231.

Zha D., Zhou D. & Zhou P. (2010). Driving forces of Residential CO2 emissions in urban and rural China: An index decomposition analysis, Energy Policy. 38: 3377−3388.

• 언론보도

강원도민일보. 2014. 1976년 대화퇴 317명 사망, 실종. 4월 21일.

강원희망신문, 2011, "춘천산사태 희생자 유족, 사태책임 촉구 상여행진", 9월 26일.

경인일보, 2011, "재난재해에도 부익부, 빈익빈", 8월 12일.

경향신문 1998. 주요수해일지. 8월 7일.

경향신문. 1954. 나룻배 전복사건 13명의 시체 인상. 6월 12일.

경향신문. 1966. 혹한의 화마 생지옥 이뤄. 1월 19일.

경향신문. 1973. 목포−진도간 한성호 진도 5백m 앞바다서 대낮 여객선 침몰, 61명 사망,실종. 1월 26일.

경향신문. 1974. 소흑산도 근해 서해서 어부 47명 실종. 8월 30일.

경향신문. 1982. 군수송기 추락 53명 순직. 2월 4일.

경향신문. 1987. 115명 탑승 KAL기 실종. 11월 30일.

경향신문. 1997. 선박충돌 10명 사망, 실종 제주해상서 어선 1척 침몰...1명은 구조. 9월 14일.

국민일보, 2011, "서울시가 한 원인조사 어떻게 믿나", "市·서초구 상대 소송도 불사 태세", 9월 16일.

국민일보. 2002. 대기오염 총량제 5년째 표류. 2002년 1월 10일자.

국민일보. 2003. 대기특별법 제정 의미 파장: 쾌적한 수도권 만들기 시동. 2003년 4월 3일자.

뉴시스, 2014, "춘천산사태 발생 3년...아직도 복구중", 6월 16일.

동아일보, 2011, "고장난 경보시스템, 또 다른 '우면산 비극'부른다", 8월 3일.

동아일보. 1949. 선주와 선장기소 평해호 사건 일단락. 11월 8일.

동아일보. 1953. 부산에서 사상 초유의 대화. 11월 29일.

동아일보. 1954. 승객익사 청양군 장진 나루터서 도선 침몰. 8월 7일.

동아일보. 1958. 진천군 초평저수지에서 초팔일 놀이배 전복 십칠명 익사 25명 중에. 5월 28일.

동아일보. 1959. 농민 11명 익사. 3월 12일.

동아일보. 1960a. 참! 서울역 구내서 집단압사. 1월 27일

동아일보. 1960b. 부산 국제고무공장에 대화. 3월 3일.

동아일보. 1961. 풍랑으로 여객선전복 52명 중 34명 행방불명. 12월 21일.

동아일보. 1963. 목포 앞바다 연호침몰(1월 18일, 사망 122). 11월 30일.

동아일보. 1970. 남영호 대참사. 11월 29일. 동아일보. 1972. 시민회관 전소 52명 사망, 76명 부상. 12월 5일.

동아일보. 1974. 뉴남산호텔 화재 사망 1명 더늘어 사장 등 5명 구속. 10월 18일.

동아일보. 1979. 버스추락 24명 사망 삼척도계. 6월 4일.

동아일보. 1983a. 어선 1척 침몰 선원10명 실종. 10월 8일

동아일보. 1983b. 소련의 KAL기 격추. 9월 2일.

동아일보. 1984. 서울대홍수 2만채 침수 9만명 긴급대피. 9월 3일.

매일경제. 1971. 대연각화재 사망 백56, 부상 48명. 12월 27일.

매일경제. 1974. 김해참총장 기자와 일문일답 원인조사중. 2월 23일.

매일경제. 1981. 실종된 한일호 침몰한듯. 11월 28일.

매일경제. 1993. 목포행 아시아나기 추락. 7월 27일.

매일경제. 1999. 어떻게 이런 일이통곡…실신 어린이 캠프참사, 화성 현장르포. 7월 1일.

부산일보. 1996. 〈특종의 현장 (4)〉 화객선 창경호 침몰 다대포 해상. 7월 10일.

부산일보. 1996. July 10. http://news20.busan.com/controller/newsController.jsp?newsId= 19960710000332.

서울경제, 2011, "인하대 아이디어 뱅크 동아리 학생들 충격", 7월 27일.

서울신문, 2011, "물폭탄 맞은 강남 아파트 속사정은...", 7월 30일.

세계일보, 2011, "우면산 일대 '지뢰 주의보'", 7월 29일.

시사인. 2014. 선장은 '3년형', 해경은 '무죄'… 남영호 판결. 5월호.

시정일보, 2011. (오늘의 역사)[1949년] 중앙선 죽령터널 열차 사고. 8월 18일.

연합뉴스, 2011, "춘천 산사태 조사위 한달만에 해체", 9월 9일.

월간중앙. 2009. 미륵불 배꼽을 내놔라 일제와 조선인 숨바꼭 질. 2월호.

조선일보. 2014. 남영호 사건 1970년도에 일어난 人災 … 세월 호 사건으로 새삼 화제. 4월 16일.

투데이 에너지. 2008. 경유車 배출가스 저감사업 '문제 많다'. 2008년 1월 30일자.

한겨레. 1988. 활주로 5km앞 언덕에 "쾅" 대한항공기 괌 추락 참사. 8월 6일.

한겨레. 1989. 대한항공기 추락 78명 사망. 7월 28일. 한겨레. 1999. 인천호프집 화재 참사 유족; 친구들 표정. 11월 1일

한겨레. 2000. OECD 지난해 환경통계: 한국 대기오염물질 배출 심각. 2000년 2월 19일자

한겨레. 2003. 대구지하철참사, 역대 세계 두 번 째 규모의 지하철 참사. 2월 18일.

• **온라인 자료**

구글 트랜드 (https://trends.google.com/trends/explore?q=%EC%84%B8%EC%9B%94%ED%98%B8)

국가기록원 도로교통정책 (http://www.archives.go.kr/next/search/listSubjectDescription.do?id=002548)

국가재난 정보센터. 2003 대구지하철 화재사고, http://www. safekorea.go.kr/dmtd /contents/room/ldstr/LargOcrcList.jsp?

국민안전처 국가화재정보센터 (http://www.nfds.go.kr/fr_date_0601.jsf)

네이버 트랜드 (http://ca.datalab.naver.com/ca/step1.naver)

뉴스 빅데이터 분석 서비스 KINDS (http://www.bigkinds.or.kr)

도로교통공단 교통사고 분석시스템 (http://taas.koroad.or.kr/sta/acs/exs/typical.do?menuId=WEB_KMP_STA_UAS_TAT)

서울특별시 대기환경정보 (http://cleanair.seoul.go.kr/alert_year.htm?method=dust).

통계청 (http://kosis.kr)

EM-DAT website(http://www.emdat.be/disaster_trends/index.html)

EPI(Environmental Performance Index)(http://epi.yale.edu/chapter/air-quality)

National Disaster Information Center, "2003 대구 Subway 화재", http://www.safe korea.go.kr/dmtd/contents/room/ldstr/LargOcrcList.jsp?q_menuid=M_NST_SVC_01_02_03&LARG_CLMY_SEQ_NO=1. 2016.1.15.

OECD 2015. Better Life Index 2015(http://www.oecdbetterlifeindex.org)

최충익
한양대학교 공과대학 공학사
서울대학교 환경대학원 도시계획학 석/박사
미국 Hazard and Vulnerability Research Institute (HVRI) 연구원
미국 Cal Poly Pomona 객원연구원
미국 Southern California Association of Governments 자문위원
한국지역개발학회 부회장
현) 강원대학교 행정학과 교수

환경정책론

초판발행	2018년 2월 20일
지은이	최충익
펴낸이	안종만
편 집	전채린
기획/마케팅	송병민
표지디자인	김연서
제 작	우인도·고철민
펴낸곳	(주)박영사
	서울특별시 종로구 새문안로3길 36, 1601
	등록 1959. 3. 11. 제300-1959-1호(倫)
전 화	02)733-6771
f a x	02)736-4818
e-mail	pys@pybook.co.kr
homepage	www.pybook.co.kr
ISBN	979-11-303-0485-4 93350

* 이 저서는 2014년 정부(교육부)의 재원으로 한국연구재단의 지원을 받아 수행된 연구임
(NRF-2014S1A6A4024343)

* This work was supported by the National Research Foundation of Korea Grant funded by the Korean Government(NRF-2014S1A4024343)

정 가   20,000원